JOHN

PSICOLOGÍA DEL VESTIDO

melusina

Título original: *The Psychology of Clothes*

www.melusina.com

Diseño de cubierta: Silvio García Aguirre

Primera edición: febrero de 2015

Corrección de galeradas: Albert Fuentes
Fotocomposición: Carolina Hernández Terrazas

ISBN: 978-84-15373-17-9
Depósito legal: TF-50-2015

Impresión: Estugraf s.l.

Impreso en España

CONTENIDO

Si me fuera posible elegir de entre el fárrago de libros que se publicarán cien años después de mi muerte, ¿sabe cuál tomaría? ... No sería una novela la que elegiría de esta futura biblioteca, ni un libro de historia, pues cuando ofrece algún interés no deja de ser todavía una novela. Escogería lisa y llanamente, amigo mío, una revista de moda para ver cómo se vestirían las mujeres un siglo después de mi tránsito. Y este papel de trapo me diría más sobre la humanidad futura que todos los filósofos, novelistas, predicadores y sabios.

Anatole France

1. Los motivos fundamentales

> Si no habláramos y permaneciéramos silenciosas,
> nuestros vestidos y el estado de nuestros cuerpos
> revelarían la vida que hemos llevado.
>
> *Coriolano*
> Shakespeare

A menudo se ha dicho que el hombre es un animal social. Necesita la compañía de sus semejantes, ante cuya presencia y conducta es delicadamente reactivo. Y, sin embargo, en lo que respecta al sentido de la vista, el hombre civilizado tiene pocas oportunidades de observar directamente los cuerpos de sus congéneres. Aparte del rostro y las manos —que, de hecho, son las partes socialmente más expresivas de nuestra anatomía, y a las cuales hemos aprendido a dedicar una atención especialmente alerta— aquello que realmente vemos y ante lo cual reaccionamos no son los cuerpos sino la ropa de quienes nos rodean. A partir de ésta nos formamos una primera impresión de nuestros semejantes cuando los conocemos. El reconocimiento detallado de los rasgos faciales requiere una cierta proximidad íntima. En cambio, la ropa, dado que ofrece una más amplia superficie de inspección, puede ser claramente distinguida desde una distancia más considerable. La expresión indirecta de un individuo a través de su vestimenta es la que nos dice, por ejemplo, que conocemos a una persona a la que «vemos» aproximarse; y es el movimiento impartido a su ropa por los miembros y no el movimiento de los miembros en sí lo que nos permite juzgar, a primera vista, si la actitud de este conocido es amistosa, hostil, asustadiza, curiosa, apresurada o tranquila. Si se trata de un individuo desconocido, la ropa que lleva nos dice inmediatamente algo de su sexo, ocupación, nacionalidad y posición social, lo cual nos hace posible elaborar un ajuste preliminar de nuestro comportamiento hacia él, mucho antes de que se pueda intentar el análisis más refinado de los rasgos y del lenguaje.

Es a todas luces innecesario enumerar las funciones que el vestido desempeña en nuestras relaciones sociales; sólo es necesario recordar el carácter general de esas funciones para que la misma familiaridad que con ellas tenemos no nos haga pasarlas por alto. Una vez que hayamos advertido la significación social del vestido por medio de este simple proceso de recordar un hecho cotidiano, no necesitaremos más advertencia acerca de la importancia de la ropa en la vida y en la personalidad humanas; de hecho, la misma palabra personalidad, tal como nos lo han mostrado autores recientes, implica una «máscara», que es en sí un artículo de vestir. De hecho, la ropa, aunque parezca un mero apéndice extraño, ha penetrado en el núcleo mismo de nuestra existencia como seres humanos. En consecuencia, no sólo permite sino que exige un análisis psicológico, y tal vez sea la ausencia de tal análisis en nuestros manuales sistemáticos de psicología lo que requiera una excusa y una explicación.

El psicólogo que considera el problema del vestido disfruta de una gran ventaja que puede ahorrarle un largo y tedioso capítulo preliminar. Casi todos los que han escrito sobre la materia convienen en que la vestimenta cumple tres propósitos principales: adorno, pudor y protección. Podemos aceptar estas conclusiones como fundamentales para nuestras propias consideraciones. También existe consenso en que los motivos que subyacen a estos tres propósitos operan constantemente en las sociedades civilizadas. Surge una cierta discrepancia cuando se llega a la cuestión acerca de cuál de estos tres motivos debe ser considerado como primario, si bien incluso en este punto hay menos diferencias de opinión de lo que tal vez podría esperarse. La primacía de la protección como causa del uso de la ropa tiene pocos defensores, como si los estudiosos de la humanidad se resistieran a admitir que una institución de tanta importancia como el vestido pudiera tener un origen tan meramente utilitario. Prescindiendo del hecho de que la especie humana surgió probablemente en las regiones más cálidas de la Tierra, el caso de ciertos pueblos primitivos que perviven, en particular los habitantes de Tierra del Fuego, muestra que el vestido no es indispensable incluso en un clima húmedo y frío. A este respecto, la manida observación de Darwin acerca de la nieve que se funde sobre la piel de esos curtidos salvajes habría demostrado a la algo desconcertada generación del siglo XIX que sus cómodas y calientes vestimentas, con todo lo deseables que pudieran parecer, no eran imprescindibles para las necesidades de la constitución humana.

El pudor, dejando a un lado la autoridad de la tradición bíblica de la que parece gozar, ha sido puesto en primer lugar por sólo una o dos autoridades, basándose en razones puramente antropológicas.[1]

La gran mayoría de los investigadores ha considerado sin vacilaciones el adorno como el motivo que condujo a la adopción del vestido, y sostiene que sus funciones de preservación de la temperatura corporal y del pudor, aunque posteriormente hayan adquirido una enorme importancia, sólo fueron descubiertas después de que el uso de la ropa se hiciera habitual por otras razones. No necesitamos entrar aquí en consideraciones más detalladas sobre esta discusión especulativa y algo árida. Es un problema que concierne al etnólogo más que al psicólogo, y existen otros asuntos más importantes que reclaman nuestra atención.

Sin embargo, no parece probable que, con los datos disponibles, el psicólogo se sienta inclinado a contradecir al antropólogo cuando éste considera el adorno como motivo primario y en cierto sentido más importante que el pudor y la protección. Los datos antropológicos se basan en el hecho de que entre las razas más primitivas existen pueblos que no se visten, pero no pueblos que no se adornen. Comparando la ontogenia con la filogenia, parecería asimismo que en los niños el placer de adornarse se desarrolla antes que la vergüenza de exhibirse, si bien aquí la observación resulta difícil porque el niño está sujeto desde el comienzo a la influencia de su entorno de adultos. Sin embargo, un estudio cuidadoso parece mostrar que de forma más primitiva que el pudor o el adorno existe un simple goce en el ejercicio y exhibición del cuerpo desnudo, un goce que el niño puede sentir con intensidad y que a menudo se ve interferido por la ropa que tiene que llevar de suerte que, a través de las asociaciones desagradables así adquiridas, la satisfacción del adorno a través de la indumentaria a menudo aparece mucho más tarde de lo que cabría esperar. No obstante, a veces el niño manifiesta una tendencia simple al adorno que no difiere de la del salvaje. A los niños pequeños, señala Sully,[2] «les gusta una variedad de adornos, como un collar de cuentas o flores alrededor del cuello, una pluma en el sombrero, un trozo de cinta o de tela de color brillante como lazo para el vestido, y demás».[3] Por tanto, el niño se asemeja al hombre primitivo en que se interesa más por los adornos aislados que por la vestimenta completa o por esquemas coherentes de adorno; sin duda esto coincide con lo que manifiesta en su apreciación del arte pictórico pues, como ha demostrado la experimentación, disfruta de la representación de objetos aislados mucho antes de obtener placer con una composición total o con la representación de una escena compleja. El hecho de que no percibamos más esta temprana tendencia al adorno se debe, posiblemente, a que, al hacer hincapié en la necesidad del pudor y de la protección, expresamos de diversos modos nuestra desaprobación de la tendencia a la exhibición en una edad en la que todavía está ligada en su mayor parte al cuerpo desnudo, de suerte que todo el impulso a la exhibición es en gran media aniquilado de raíz antes de que haya tenido tiempo de llegar a la etapa del adorno.

Sin embargo, descontando la prioridad realmente manifiesta del motivo del adorno en el individuo o la especie, existen más razones a priori de naturaleza psicológica que hacen improbable que el pudor pueda ser el motivo primario para vestirse. El pudor, por su propia naturaleza, parece ser algo secundario; se trata de una reacción contra una tendencia más primitiva a la autoexhibición y, en consecuencia, parece implicar su existencia previa, sin la cual pierde su razón de ser. Además, las manifestaciones del pudor son de una naturaleza cambiante. No sólo varían enormemente de un lugar a otro, de una edad a otra, de un sector de la sociedad a otro, sino que, aun dentro de un círculo de personas íntimas, lo que se considera absolutamente permisible en una ocasión puede juzgarse como verdaderamente indecente pocas horas más tarde. En realidad, las manifestaciones prácticas del pudor parecen ser enteramente una cuestión de hábito y convención. En sí mismo esto no demuestra que el impulso del pudor en general no sea innato; por el contrario, casi con seguridad lo es. No obstante, el estímulo del pudor en conexión con cualquier parte del cuerpo o con el cuerpo desnudo en su conjunto sólo puede ser una cuestión de una visión tradicional y no una tendencia primitiva fundamental comparable a la autoexhibición que, aunque maleable también en sus manifestaciones, parece determinada mucho más rígidamente en sus principales formas. Sea como fuere, ha sido muy difícil para muchos autores suponer que el hábito general de usar ropa pueda deberse a una tendencia tan variable y tan fácilmente remplazable como el pudor donde sea que se manifieste. Sin embargo, como ya hemos dicho, por fortuna no es necesario entrar en una consideración minuciosa del problema de la prioridad. Se acepta que cada uno de los tres motivos —adorno, pudor y protección— es suficientemente importante a su modo, y que así se deja planteado el asunto, guardando la piadosa esperanza de que la observación más exacta de pueblos primitivos y de niños pequeños, en condiciones favorables, pronto permitirá evaluar con mayor precisión el significado genético de cada motivo.

Mientras tanto, es de mayor importancia para nosotros, desde nuestro punto de vista psicológico, examinar las relaciones entre los tres conjuntos de motivos, y ésta es una tarea que ha recibido hasta ahora una menor atención, pero que parece conducir directamente al nudo mismo del problema del vestido, tal y como interesa al psicólogo, en particular en el caso de la relación entre el pudor y el adorno. Está claro que en algunos sentidos estos dos motivos se oponen entre sí. La finalidad del adorno es embellecer la apariencia física a fin de atraer las miradas admirativas de los otros y fortalecer la autoestima. El propósito esencial del pudor es, si no exactamente lo contrario, por lo menos muy diferente. El pudor tiende a hacernos ocultar las excelencias corporales que podamos tener y, generalmente, nos impide llamar la atención de los otros hacia nosotros mismos. La simultánea y plena satisfacción de las dos tendencias parece lógicamente imposible, y el conflicto inevitable puede encararse, en el mejor de los casos, con alguna solución aproximada, ya sea por medio de una alternancia rápida o de un compromiso entre ambas, que es una solución algo semejante a lo que algunos psicólogos han descrito elocuentemente con el nombre de «recato».[4]

Esta oposición esencial entre los motivos del adorno y el pudor es, a mi parecer, el hecho más relevante de toda la psicología del vestido. Implica que nuestra actitud hacia la ropa es desde el primer momento «ambivalente», por usar el inapreciable término introducido por los psicoanalistas. Por medio del vestido tratamos de satisfacer dos tendencias contradictorias y, por lo tanto, tendemos a considerarlo desde dos puntos de vista incompatibles: por un lado, como un medio para desplegar nuestros atractivos y, por el otro, como un recurso para ocultar nuestra vergüenza. De hecho, la ropa, en cuanto artículo ideado para satisfacer necesidades humanas, tiene esencialmente la naturaleza de un compromiso; se trata de un ingenioso artificio para establecer algún grado de armonía entre intereses en conflicto. En este sentido, el descubrimiento del vestido, o en todo caso su uso, parece asemejarse psicológicamente al proceso de desarrollo de un síntoma neurótico. El gran mérito del psicoanálisis consiste en haber demostrado que los síntomas neuróticos tienen también algo de compromiso debido a la interacción de impulsos conflictivos en gran medida inconscientes. Algunos síntomas de esta clase parecen funcionar como un compromiso entre casi exactamente las mismas tendencias que se expresan en la vestimenta. Así, los ataques de rubor psicológico que sufren algunos pacientes son, por un lado, una exageración de los síntomas normales de vergüenza pero, por otro, tal como lo ha demostrado el psicoanálisis, atraen involuntariamente la atención hacia el paciente y, por tanto, gratifican su exhibicionismo inconsciente. En términos de esta estrecha analogía puede decirse que el vestido se asemeja a un perpetuo rubor sobre la faz de la humanidad.[5]

La circunstancia de que el vestido pueda cumplir eficazmente esta doble y en el fondo contradictoria función se relaciona con el hecho —al que ya hemos aludido— de que las tendencias de exhibición y de vergüenza se vinculan en su origen no con el cuerpo vestido sino con el cuerpo desnudo. La vestimenta sirve para cubrir el cuerpo y gratificar así el impulso de pudor. Pero al mismo tiempo puede realzar su belleza, y ésta fue probablemente su función más primitiva. Cuando la tendencia exhibicionista pasa del cuerpo desnudo al cuerpo vestido, puede satisfacerse con una oposición mucho menor por parte de las tendencias al pudor que cuando éstas se enfrentan con el cuerpo en estado de naturaleza. Sucede como si las dos tendencias fueran satisfechas mediante este nuevo proceso, y el compromiso resultante se transforma, en consecuencia, en algo relativamente estable. Veremos después cómo los distintos cambios manifestados en sucesivas modas representan otras tantas alteraciones menores y reajustes del equilibrio que se había establecido, unos cambios en la relativa preponderancia del pudor y el exhibicionismo, su orientación hacia distintas partes del cuerpo y en el grado de su desplazamiento del cuerpo en sí hacia la ropa que lo cubre. De hecho, toda la psicología de la vestimenta se clarifica y se simplifica en gran medida si se entiende plenamente y si se tiene siempre presente esta ambivalencia fundamental de nuestras actitudes.

Después de comprender este gran compromiso entre los motivos conflictivos de adorno y pudor, resulta relativamente fácil ver cómo se refuerza con el tercer motivo: la protección. Una vez que el vestido demuestra ser un medio eficaz para conciliar dos actitudes aparentemente incompatibles hacia el cuerpo humano, se descubre que todavía tiene una tercera ventaja: proteger el cuerpo contra la desagradable sensación de frío. Aunque las consideraciones puramente higiénicas son ajenas a la mente primitiva (dado que ésta tiende a considerar que toda enfermedad es producto de la magia o de los espíritus), las ventajas biológicas inherentes a la reducción de la pérdida de calor corporal y la posibilidad resultante de reducir la energía que debe ser repuesta mediante la alimentación pueden haberse hecho gradualmente evidentes, sobre todo a medida que la presión demográfica y la consiguiente lucha por la existencia indujeron a ciertos sectores de la raza humana a penetrar en climas cada vez más fríos. Sin embargo, las ideas sobre la función higiénica de las vestimentas se basaban en gran medida —por lo menos en los últimos siglos— en una exagerada estimación de los peligros del frío para la salud[6] y, por consiguiente, se prestaban admirablemente para apoyar las exigencias de vestirse y para reforzar la satisfacción que las ropas ya daban a los motivos de pudor y de exhibición. En realidad, estas dos tendencias se escudaron, en ciertas ocasiones, en el motivo de protección, el más puramente utilitario y, por lo tanto, el menos emocional. Éste fue usado, en la terminología psicológica, como una «racionalización» de los primeros, y en virtud de este proceso el hombre aparecía y se consideraba a sí mismo como obedeciendo al propósito simplemente razonable de proteger su salud cuando, en realidad, era movido principalmente por el conflicto más primitivo entre pudor y exhibición. Este proceso, como veremos, puede observarse aún en nuestros días, aunque ciertas ideas de la higiene moderna son menos favorables a su aparición que las de la generación anterior. Es evidente que en los últimos años se ha operado un cambio en nuestras ideas sobre la higiene, a raíz del cual se ha acentuado la suposición de que la ropa proporciona no poca sino excesiva protección, lo que nos ha hecho simpatizar con el punto de vista expresado por el viejo Heródoto en el sentido de que cubrir demasiado el cuerpo es una causa de la debilidad. Este cambio ha acarreado las correspondientes modificaciones en nuestras concepciones del pudor y del adorno; del pudor, en la medida en que se ha llegado a una mayor tolerancia en ciertos aspectos de la forma del cuerpo; y del adorno porque han surgido fuertes tendencias hacia la simplicidad y naturalidad en el vestido. Estos cambios correlativos son del mayor interés, tanto para el historiador como para el psicólogo del vestido, y en un capítulo posterior volveremos a tratarlos de una manera más acorde con su importancia. Basta aquí con haber llamado la atención sobre ellos para ver cómo el motivo de protección interactúa con el pudor y la exhibición. En sus manifestaciones, los tres motivos están tan imbricados que un cambio en uno de ellos implica casi inevitablemente cambios correspondientes en los otros dos.

2. El adorno: aspectos teleológicos

Tan grande es su interés por buscar la belleza.

Sátiras VI, 501
Juvenal

Después de este breve examen de los principales motivos del vestido humano, nos corresponde analizar cada uno de ellos con mayor detalle. En el curso de este estudio, y en la medida en que tengamos éxito, adquiriremos un conocimiento más preciso de los distintos modos en que cada uno de los tres motivos logra alcanzar la satisfacción, tanto en lo que se refiere a los medios y situaciones externos de los que se vale cada uno como en cuanto a los impulsos internos que satisface y de los cuales surge.

En este capítulo y en el próximo nos ocuparemos sólo del motivo del adorno. Éste puede estudiarse mejor si se lo considera bajo dos epígrafes principales. En primer lugar, nos ocuparemos de ciertos propósitos fundamentales del adorno; aquí insistiremos principalmente en factores psicológicos o sociales. En el próximo capítulo consideraremos ciertas formas o modos del adorno; por supuesto, la categoría psicológica de propósito también quedará referida allí, pero, en el tratamiento real, el acento recaerá sobre factores relacionados más definidamente con la indumentaria. En realidad, esa sección consistirá en gran medida en una clasificación de las principales formas de adorno.

EL ELEMENTO SEXUAL

Ha sido evidente para los estudiosos serios del vestido que de todos los motivos concernientes al uso de la ropa, los relacionados con la vida sexual tienen una posición predominante. Hay un total acuerdo en este punto, cualquiera que sea la concepción que se tenga acerca de la primacía relativa del adorno o del pudor. La minoría que considera al pudor como motivo primario piensa que el vestido es el resultado de un intento de inhibir la sexualidad (la historia de la hoja de parra en el Génesis es, por supuesto, un ejemplo de esta actitud). La gran mayoría que afirma la primacía del motivo del adorno sostiene que el uso del vestido surgió del deseo de realzar la atracción sexual y de llamar la atención sobre los órganos genitales.

Entre los pueblos salvajes, el vestido y el adorno (lo mismo que sus antecedentes: el tatuaje, la pintura, etc.) comienzan anatómicamente en la región genital o cerca de ella y se refieren con frecuencia a un acontecimiento sexual (pubertad, matrimonio, etc.).[1]

Entre los pueblos civilizados, el papel abiertamente sexual de muchas ropas es demasiado obvio y familiar como para que sea necesario extenderse. Es el caso particular de las modas femeninas de los últimos siglos. El diseñador que las planea, el modista que las vende, el teólogo y el moralista que las denuncian, el historiador del vestido que las valora a medida que ocupan sucesivamente la escena durante los breves años o meses de su vigencia, todos ellos concuerdan en que su propósito último, y a menudo su propósito abierto y consciente,[2] es aumentar el atractivo sexual de los que las llevan y estimular el interés sexual de los admiradores del sexo opuesto y la envidia de los rivales del mismo sexo.

Pero aunque la naturaleza general del motivo sexual subyacente ha sido reconocida universalmente, sólo en los últimos años se ha advertido con claridad el hecho de que la ropa no sólo sirve para despertar el interés sexual, sino que también puede simbolizar en sí misma los órganos sexuales. También aquí el psicoanálisis ha contribuido considerablemente a enriquecer nuestro conocimiento, y ha mostrado que, en cuanto al vestido, el simbolismo fálico es casi tan importante como, por ejemplo, en la religión. En realidad, todavía ignoramos el alcance total de este simbolismo en el caso del vestido y la naturaleza exacta del papel que éste desempeña en la historia del individuo y de la especie.[3] Sabemos, sin embargo, que un gran número de artículos de vestir como, por ejemplo, los zapatos, la corbata, el sombrero, el cuello y la indumentaria más grande y voluminosa, como el abrigo, los pantalones y la capa, pueden ser símbolos fálicos, mientras que los zapatos, el cinturón y las ligas, así como la mayoría de las joyas, pueden ser los correspondientes símbolos femeninos.[4]

Como una afirmación de esta naturaleza puede suscitar la incredulidad algo hostil con que se reciben muchas de las afirmaciones psicoanalíticas concernientes al simbolismo, haremos referencia a otros dos conjuntos de hechos, pues pueden contribuir a que el simbolismo en cuestión sea más fácil de aceptar. En primer lugar, si comparamos observaciones provenientes de distintas fuentes y de diferentes tiempos, podemos establecer la existencia de una transición continua que va desde una ostentosa exhibición de los genitales hasta su completa simbolización inconsciente mediante el uso de vestimentas que se les parecen, aunque sea ligeramente.

Así, tenemos en un extremo la perversión bastante familiar de un exhibicionismo fálico localizado, en el cual se obtiene una satisfacción sexual obsesiva mostrando el pene desnudo, usualmente en estado de erección. Psicológicamente no existe sino una ligera modificación de esto (que implica, sin embargo, el importante paso del «desplazamiento del afecto» del cuerpo a la ropa) en el hecho —ocurrido durante cerca de cincuenta años con nuestros antepasados de la época de los Tudor— de llevar la vestimenta inferior masculina tan estrecha que obligaba a situar los genitales en una parte abultada de las calzas (la coquilla o bragueta de armar) hacia la que a veces se atraía gratuitamente la atención por medio de un color vívido o en contraste, y que además a veces se embellecía rellenándola para simular una erección perpetua. Podemos escoger nuestro próximo ejemplo en un período anterior, cuando el sustituto fálico se encontraba no próximo a la región genital, sino en una parte remota del cuerpo: en los pies. Por algún tiempo, durante la Edad Media, existió una moda de zapatos largos, conocidos con el nombre de *poulaine*, de forma fálica, cuyo uso gozó de larga popularidad a pesar de la tormenta de indignación que despertó.[5] En una etapa posterior hacia el enmascaramiento, la larga punta de los zapatos perdió su forma fálica y fue sustituida por un pico o una garra de pájaro. En la etapa siguiente[6] sólo el excesivo y ridículo largo del zapato nos recuerda su simbolismo subyacente, pero el hecho de que este simbolismo aún se registraba lo demuestra la desaprobación moral y la acusación de impudicia que suscitaba. Como etapa final, podemos considerar el zapato moderno, en el que aún se manifiesta la tendencia a una agudeza mayor que la que justifica la forma del pie, y en el que las objeciones a su forma no natural son casi enteramente racionalizaciones presentadas como argumentos de higiene.

El otro conjunto de hechos al que podemos referirnos es el relativo al fetichismo, es decir, una perversión en la que el deseo sexual elige como objeto exclusivo y suficiente alguna parte inapropiada del cuerpo (por ejemplo, los pies, el cabello) o algún artículo de vestir (por ejemplo, los zapatos, las medias, el corsé, el pañuelo). La investigación psicoanalítica reciente[7] ha mostrado que también el fetiche es a menudo (tal vez siempre) un símbolo fálico, aunque de una naturaleza especial, en la medida en que representa el pene imaginario de la madre, cuya ausencia observada ha tenido mucho que ver con el desarrollo del «complejo de castración» del cual hablaremos más tarde.

Esto puede bastar por el momento con respecto al elemento sexual en el adorno. En lo que sigue tendremos amplias oportunidades para advertir su importancia y (puede esperarse) para despejar la impresión de simplicidad o dogmatismo que esta exposición algo sumaria y condensada pueda haber suscitado en la mente del lector.

Analizaremos ahora factores de recurrencia menos universal y de alcance más restringido que, sin embargo, individual o colectivamente desempeñan —o han desempeñado— un papel de cierta importancia en el desarrollo del vestido. Pero antes de exponerlos haremos bien en tener en cuenta que, aun aquí, debe distinguirse a menudo un cierto elemento sexual en las satisfacciones que ofrecen, elemento que es a veces tan obvio y claro que no necesita señalarse pero que, en otros casos, requiere una explicación para que se advierta plenamente su fuerza y naturaleza.

TROFEOS

Algunos autores (especialmente Herbert Spencer)[8] han sugerido con sólidos fundamentos que muchos de los rasgos decorativos de nuestra vestimenta estaban relacionados originalmente con la práctica de portar trofeos. Cuando un cazador mataba un animal, a menudo llevaba a su casa alguna parte que le pareciera útil o decorativa, o que sirviera como recuerdo permanente de su proeza. Particularmente los cuernos y las astas se adaptaban a sus propósitos decorativos y, de una forma u otra, los cuernos se han usado muy a menudo como ornamento, sobre todo en el tocado. Las pieles de animales, especialmente las cubiertas de pelaje, eran tanto decorativas como útiles, y servían también como signo del éxito de un cazador. Pero tales símbolos del éxito no sólo eran codiciados por los cazadores. El guerrero que salía a combatir a un enemigo humano deseaba también una señal de la victoria y alguna parte del enemigo muerto era guardada frecuentemente con este propósito. El cuero cabelludo que los indios norteamericanos arrancaban a sus víctimas era una forma de este adorno y tal práctica de ninguna manera se ha limitado a América del Norte.[9] En otros lugares se llevaban collares confeccionados con los dientes de los enemigos muertos y, en otros, los huesos de los adversarios eran llevados como ornamento. Así, en algunas partes el hueso del maxilar se llevaba alrededor del brazo como un brazalete. Incluso la mano y el falo de un enemigo caído a menudo eran seccionados y se consideraban como un importante y valioso trofeo.

Este último ejemplo nos recordará que el simbolismo fálico tiene un importante papel (aunque más o menos inconsciente) en la popularidad de los trofeos. Muchas veces se emplean como signo del poder (en última instancia, del poder fálico) del que los lleva o del que los posee; es como si el trofeo proveyera a su propietario de un nuevo y mejor falo. Por otro lado, despojar del trofeo a la víctima es con frecuencia un proceso simbólico de castración, lo que proporciona más datos sobre el modo en que el complejo de castración puede influir en la ropa.[10] Sin duda, los efectos del complejo en este sentido son probablemente mucho más amplios y más vastos de lo que podría suponerse a primera vista. Tomar los trofeos de los enemigos muertos es psicológicamente afín al despojo de las armas de los enemigos capturados (cf. la entrega ceremonial de las espadas por parte de los oficiales como símbolo de sumisión). Esto se relaciona con la costumbre, difundida entre muchos pueblos primitivos, de desvestirse o quitarse alguna vestidura en señal de respeto, costumbre que persiste todavía entre nosotros, por ejemplo, quitarse el sombrero, y a la que tendremos ocasión de referirnos nuevamente cuando hablemos de las diferencias entre los sexos.

ATERRORIZAR

Los adornos consistentes en despojos de enemigos derrotados se transforman fácilmente en horrendos o temibles. Y esto nos lleva a otra de las funciones del adorno, aunque se trate de una función que tiene sólo un significado ocasional: el deseo de infundir terror en los corazones de los enemigos o de otras personas a las cuales se desea impresionar o alarmar. Otros ejemplos de este tipo de adorno pueden encontrarse en la práctica de la «pintura de guerra» —acompañamiento natural de las danzas guerreras y de otras formas de ceremonias militares— y en el empleo de máscaras grotescas o feroces. Éstas se utilizan más a menudo en los rituales de las sociedades secretas. Nosotros mismos podemos todavía obtener una débil comprensión del uso agresivo de las máscaras a través de su empleo en fiestas como el carnaval y, en general, los uniformes militares quizás desempeñan aún esta función en alguna medida, o lo hacían así hasta que las condiciones de la guerra moderna relegaron todo este simbolismo al plano del desfile, conservando sólo las más simples y útiles formas de indumentaria militar. Se supone que el uniforme de los húsares provino originalmente de un intento de imitar las costillas, lo que sin duda estaba destinado a provocar terror a través de la simbolización de la muerte, sobre todo cuando se completaba con la representación de una calavera en el gorro. La influencia de esta indumentaria puede rastrearse todavía en el uniforme aparentemente inofensivo de los botones.[11]

DISTINTIVOS DE RANGO, POSICIÓN, ETC.

La mención de los uniformes militares conduce naturalmente a otra función del adorno: la indicación del rango y la posición del que los ostenta. Ciertos ornamentos o colores especiales (por ejemplo, la corona, el cetro, el manto real) siempre han sido prerrogativas de la realeza o de otras altas dignidades militares, civiles o religiosas.

Con el establecimiento de jerarquías eclesiásticas o militares, un elaborado sistema de rangos ha encontrado su contrapartida en un sistema igualmente elaborado de diferenciación por la indumentaria o el adorno, cuyo principio general establece que, cuanto más alta sea la categoría, más elaborada y más costosa será la ornamentación. Cuando, como ocurre en la mayoría de las civilizaciones militaristas, las diferencias de rango o cargo se relacionan estrechamente con diferencias en la posición social, un sistema igual o similar de diferencias en la indumentaria y ornamentación puede llegar a distinguir diferentes castas, clases o profesiones. En el curso de su evolución, algunos rasgos decorativos particulares del vestido pueden llegar a asociarse con casi cualquier cuerpo de individuos ligados por intereses comunes. Al respecto, son de particular importancia las insignias de las sociedades secretas (por ejemplo, entre las sociedades civilizadas, los Rosacruces, los Masones, los miembros del Ku Klux Klan, la sociedad Duk Duk en el archipiélago Bismarck). Son menos importantes, por su carácter más efímero, las peculiaridades de la indumentaria asociadas con partidos o tendencias políticas, por ejemplo, la asociación del rojo con la revolución y del blanco con la reacción.

SIGNOS DE LOCALIDAD O NACIONALIDAD

Los trajes tradicionales, asociados con la localidad o la nacionalidad difieren sólo levemente, por lo menos en lo que concierne a su psicología, de los ejemplos señalados más arriba. Los así llamados trajes «nacionales» (que, en realidad, son más a menudo «locales») indican que el que los usa pertenece a un distrito, a un clan, o a una nación en particular.

Todos los trajes o adornos que entran en las dos últimas categorías poseen un importante rasgo en común: su tendencia a la inmutabilidad. Su valor, en cualquier momento en que se lleven, depende en gran medida de que son similares a los vestidos ligados al pasado del mismo distrito, clan, etc. En este sentido, contrastan marcadamente con las vestimentas que están sujetas a los cambios impuestos por la moda, cuyo valor deriva casi enteramente del hecho de que no son las mismas que las usadas en el pasado. Esta es una diferencia fundamental a la que volveremos en el capítulo 8.

OSTENTACIÓN DE RIQUEZA

Además de estar vinculados con categorías como clase, rango, posición, localidad, etc., los aspectos decorativos de la vestimenta frecuentemente tienen relación con la riqueza. Los individuos más ricos se permiten usar materiales más elaborados y costosos que sus hermanos y hermanas más pobres y, en las sociedades en las que la riqueza es motivo de orgullo y un medio de obtener poder y respeto, es natural que aquéllos traten de distinguirse de esta forma.

Las diferencias en atuendos y adornos así surgidas tienen, sin embargo, la característica de ser mucho menos estables que las referidas anteriormente. La adquisición de riqueza es, en cierto sentido, un asunto más fácil que la adquisición de poder, rango o posición social, por cuanto depende más de la suerte o de la habilidad individual y menos de la tradición y del consenso sociales y, además, porque las diferencias de grado de riqueza son mucho menos fijas y arbitrarias que las de rango. Por esta razón resulta prácticamente imposible que las clases o individuos más ricos mantengan sus particularidades distintivas en el vestido durante mucho tiempo. Se puede concluir, pues, que las diferencias en el vestido debidas a la diferente riqueza tienen mucho más en común con las fluctuaciones características de la moda que con las distinciones basadas en el rango o en la posición.

La riqueza de un individuo puede ser denotada no sólo por la opulencia de su vestimenta, sino que también puede ser llevada de un modo más fácilmente cambiable en la forma del adorno. En las sociedades civilizadas, la aproximación más común a esto es el uso de piedras preciosas como joyas, aunque las propias monedas (en su mayoría, de hecho, antiguas) pueden cumplir a veces la misma función, mientras que en los pueblos primitivos la riqueza se ostenta a menudo en forma de conchas y dientes que representan su dinero. A medida que se desarrolla la vida económica y las circunstancias que requieren el uso real de dinero se hacen más frecuentes, el motivo de exhibición se mezcla con motivos de tipo más puramente utilitario, y las monedas, o un equivalente de ellas, pueden llevarse no sólo para mostrar que el que las lleva es rico, sino para permitirle realmente comprar lo que necesita.

USO DE ARTÍCULOS IMPRESCINDIBLES

Esta última consideración conduce sin solución de continuidad a otro de los motivos del uso del vestido: la necesidad de llevar con nosotros lo que necesitamos en nuestra vida diaria. Este factor ha tenido una clara influencia sobre ciertos atuendos convencionales, especialmente en los uniformes militares en los que, por ejemplo, la espada y las espuelas pueden llegar a ser partes de un todo reconocido y usadas con propósitos decorativos y ceremoniales, aun en circunstancias en las cuales no se requieren. El uniforme de los *boy scouts*, con un cinturón del que cuelgan los cuchillos e instrumentos de exploración, constituye el ejemplo moderno de un atuendo que obviamente se ha visto influenciado por la misma idea.

La necesidad o costumbre de llevar artículos imprescindibles es un asunto de considerable importancia que ha sido indebidamente descuidado por los estudiosos del vestido. Volveremos más tarde sobre este asunto cuando nos ocupemos de las consideraciones prácticas relativas a la reforma del vestido.

EXTENSIÓN DEL YO CORPORAL

Queda aún otro motivo, relacionado con el adorno, que es algo más sutil en su funcionamiento y cuya primera formulación clara y explícita se debe a Hermann Lotze (63). Se trata, en esencia, de un motivo psicológico que, reducido a sus términos más simples, consiste en lo siguiente: la ropa, aumentando de un modo u otro el tamaño aparente del cuerpo, nos da una sensación mayor de poder, de una mayor extensión de nuestro yo corporal, ya que, en última instancia, nos permite ocupar más espacio. En palabras de un autor que ha hecho una de las más valiosas contribuciones a la psicología del vestido:[12] «siempre que ponemos un cuerpo extraño en relación con la superficie de nuestro cuerpo —porque no es sólo en la mano donde se desarrollan estas particularidades— la conciencia de nuestra existencia personal se extiende a las extremidades y a las superficies de ese cuerpo extraño y las consecuencias son diversas sensaciones, sea de expansión de nuestra propia persona, sea de la adquisición de un tipo y cantidad de movimiento extraño a nuestros órganos naturales, de un grado inusual de vigor, poder o resistencia, o de firmeza en nuestra posición». Se observará que, de acuerdo con esta formulación, el principio no se limita de ninguna manera al vestido. El ejemplo más simple y más claro de su aplicación puede verse en el caso de los utensilios y de las herramientas. Si uno toma un bastón y toca el suelo con él a medida que camina, le parecerá sentir realmente el suelo cuando toma contacto con el extremo del palo; es como si el alcance de su brazo se extendiera de forma considerable. De un modo similar, el vestido nos permite extender nuestro yo corporal. De hecho, hay ciertos casos muy claros de transición entre la ropa y los instrumentos, y no es fácil decidir si los patines, los esquís y los guantes de boxeo deben ser considerados como prendas o como herramientas que han sido agregadas al cuerpo. Otro ejemplo muy claro de este principio, en una esfera que corresponde más bien a la indumentaria que al instrumento, lo proporciona la más simple y obvia de las prendas: la falda. Si el lector echa un vistazo a la figura 1, recordará inmediatamente el hecho, en realidad muy familiar, de que la falda añade a la forma humana ciertas cualidades de las que la naturaleza no la ha dotado. En lugar de estar sostenido por sólo dos piernas con nada entre ellas salvo el aire, un ser humano con falda adquiere proporciones mucho más amplias y voluminosas, y el espacio comprendido entre las piernas se ve colmado, a menudo, con un gran aumento de dignidad. La simple pose de la bailarina en la figura muestra esto claramente. Sosteniendo su falda como lo hace, crea una impresión de poder corporal y de gracia que no habría podido ser alcanzada por el cuerpo desnudo, por muy hermoso que fuera. El mismo principio está ilustrado en la serie de fotografías de la figura 3, en la cual la extensión aparente de la persona corporal producida por un chal puede compararse con una pose aproximadamente similar de la misma modelo vestida sólo con un ajustado traje de baño.

Sin embargo, como se indica en el pasaje citado anteriormente, no sólo cuando el cuerpo está inmóvil puede experimentar esta clase de extensión sino que, en algunos casos, puede alcanzarse aún más fácil e intensamente cuando el cuerpo está en movimiento. Los movimientos del cuerpo se transmiten a la ropa, pero debido a la inercia éstas no siguen estrechamente los movimientos corporales, a menos que sean ajustadas y, entonces, toda clase de efectos notables se producen de esta manera. Consideremos otro simple ejemplo: la patinadora de la figura 2 parece adquirir a través del movimiento de su falda «un tipo y cantidad de movimiento extraño a nuestros órganos naturales». Tales efectos son susceptibles de gran desarrollo y ciertas formas de la danza dependen en gran medida de ellos. En particular, la danza de Loie Fuller es un notable ejemplo de su empleo con fines artísticos (fig. 4).

Estos efectos, que sin duda son de gran importancia en la consecución de diferentes satisfacciones derivadas del vestido, dependen psicológicamente de una ilusión, del tipo conocido por los psicólogos como «confluencia». En esta ilusión, la mente no es capaz de distinguir dos cosas que en otras circunstancias son fácilmente discernibles y atribuye a A lo que en realidad pertenece a B, de tal manera que A parece experimentar un incremento.

Así, en la figura 5, el cuadrado W y el cuadrado interno X son, en realidad, del mismo tamaño. Sin embargo, el último puede parecer más grande porque participa de la extensión adicional provista a la figura central por el cuadrado exterior que la rodea. Esto es algo análogo a lo que pasa con el vestido. La extensión de la figura humana total debida al vestido se atribuye inconscientemente al cuerpo que lo lleva, porque es la porción más vital e interesante del todo.

Sin embargo, aquí, como en los demás casos, deben observarse ciertas leyes que rigen la ilusión. De éstas, la principal es que la diferencia entre las dos partes del todo que se confunden no debe ser tan grande como para impedir la confusión. Si la diferencia es demasiado grande, el proceso de «confluencia» da lugar al proceso opuesto de «contraste», como se ve en Y, donde el cuadrado relativamente grande a su alrededor tiende a hacer parecer más chico el cuadrado interno, cuando, en realidad, es igual al cuadrado W y al cuadrado interno de X. De forma similar, hay un límite para lograr un aumento aparente de la extensión corporal por medio del vestido. Es el caso de una prenda que por su gran tamaño puede producir por contraste el efecto de empequeñecer el cuerpo. Un ejemplo de esto se encuentra en las páginas 37 y 38 y se ilustra en la figura 9.[13]

Sin embargo, debe aclararse que el tamaño excesivo de la prenda no es el único factor que contrarresta el efecto de confluencia. Para que éste se produzca, las diferentes partes de un todo (en este caso, cuerpo y ropa) deben, en alguna medida, fusionarse mentalmente en una unidad. Una prenda que por su aparente resistencia a convertirse en parte de un todo orgánico con el cuerpo (por ejemplo, un gran sombrero que amenaza caerse) puede no ser capaz de realizar el necesario proceso de incorporación. En este caso, el efecto puede no ser diferente del de Z en la figura 5, donde el cuadrado derecho (nuevamente del mismo tamaño de W) no aumenta aparentemente por la yuxtaposición del cuadrado inclinado, que es del mismo tamaño del cuadrado exterior en X.

Como se sobrentiende, los efectos de los que hablamos no se limitan de ninguna manera al sentido de la vista. Para el que la lleva, la ropa se aprecia en gran medida a través del sentido del tacto. Si la prenda en cuestión puede comportarse de un modo que no está de acuerdo con los deseos del que la lleva, es probable que parezca un cuerpo extraño molesto más que una extensión agradable de la persona. Un gran sombrero, inseguramente asentado y expuesto a salir volando por cualquier ráfaga de viento o por cualquier movimiento descuidado de la cabeza, es un ejemplo extremo de lo que decimos. Por otro lado, un gran tocado que siga fácilmente los movimientos de la cabeza puede dar un sentido muy estimulante de expansión ascendente. Quizás esto sea particularmente cierto del sombrero de copa (cualesquiera sean sus defectos estéticos en cuanto a forma y color). Sin embargo, lo principal[14] es que la función «extensiva» de las prendas debe ser tal que esté en armonía con nuestro empeño más que bajo nuestro control directo. Una pluma, una bufanda, o una falda volando al viento o destacando con su inercia nuestros movimientos, pueden ser muy satisfactorias en tanto no interfieran con la realización de nuestros deseos. De esta manera, y por así decirlo silenciosamente, nos anexionamos los efectos del viento y de la inercia, los tratamos como si los produjéramos nosotros mismos, y sentimos que con ello nuestro propio poder corporal aumenta.[15]

La determinación de las condiciones que producen la extensión óptima es evidentemente un asunto difícil y delicado, ya que estas condiciones varían, como es obvio, según los gustos y hábitos individuales y según las circunstancias. Quizás sea más frecuentemente cierto que, como sugiere Flaccus, «cuanto menos se distraiga la atención con elementos irritantes en la superficie de contacto real, más perfecta será la ilusión [de extensión]». De este modo, los materiales no flexibles, que provocan ásperos contactos con la piel, pueden dificultar la necesaria incorporación al yo. No obstante, no puede haber dudas de que, en ciertas circunstancias y usadas con las debidas precauciones, las telas rígidas son también capaces de aumentar considerablemente esta extensión ilusoria de nuestra personalidad. Existe aquí un campo en el que el método experimental puede aplicarse con provecho.

3. El adorno: aspectos formales

Cada adorno suyo con gracia miente
En una composición del curioso azar o de un arte indolente.

Godfrey of Bullogne
Edward Fairfax

Hemos realizado hasta ahora la primera de las dos tareas enunciadas al comienzo del capítulo anterior, es decir, se han examinado los principales propósitos psicológicos y sociales del adorno. Podemos pasar, entonces, a la segunda parte: la descripción de las principales formas de adorno a través de las cuales se expresan estos propósitos, en especial, el considerado en último lugar.

Las maneras de adornarse pueden clasificarse muy convenientemente en dos categorías fundamentales: corporal y externa. El adorno corporal consiste en moldear o manipular el propio cuerpo; el adorno externo en agregarle ropa u otros objetos ornamentales. El adorno corporal no nos interesa demasiado en este trabajo; sin embargo, puede ser conveniente considerarlo brevemente, en tanto que: 1) los motivos que impulsan a esta forma de adorno son muy similares a los relacionados con el uso de la ropa; 2) las dos formas de adorno pueden tener en algunos casos una cierta interdependencia. Así, los aros de las orejas o de la nariz implican alguna mutilación de las partes del cuerpo correspondientes, y muchas formas de vestimenta europea han dependido para su pleno efecto de algún estrechamiento (es decir, deformación) de la cintura.

Para nuestros propósitos, las dos principales formas de adorno pueden considerarse según varias subcategorías, como las siguientes:

CORPORAL

Cicatrización: embellecimiento por medio de cicatrices.
Tatuaje.
Pintura.
Mutilación.
Deformación («plástica corporal»).

EXTERNO

Vertical: tendente a aumentar la estatura aparente.
Dimensional: tendente a aumentar el tamaño aparente.
Direccional: acentúa los movimientos del cuerpo.
Circular (con forma de aro): que llama la atención sobre los contornos redondeados del cuerpo.
Local: que acentúa una parte especial del cuerpo.
Sartorial: embellece prendas ya existentes.

Cicatrización

Esta forma de adorno consiste en cicatrices hechas a propósito en la piel para embellecerla. Es una costumbre muy difundida entre ciertos pueblos primitivos, especialmente entre las tribus nativas de Australia. La figura 7 ofrece una buena idea de la extraña apariencia que las cicatrices pueden dar a la piel. Este adorno parece en realidad muy alejado de nuestros propios ideales de belleza, no obstante lo cual existen algunos ejemplos en la cultura occidental que pueden ayudarnos a comprender a los que admiran las cicatrices. Entre los pueblos guerreros, las cicatrices producidas en el campo de batalla han sido vistas a veces como un signo de honor y, por lo tanto, como señales que enaltecen, y no que denigran la apariencia humana. Hasta se ha hecho una distinción entre cicatrices «honrosas», las de la parte anterior del cuerpo, adquiridas presumiblemente al enfrentarse con gallardía al enemigo, y cicatrices «deshonrosas» en la parte posterior, porque se supone que evidencian una huida. En los tiempos modernos, el caso más notable de admiración de las cicatrices lo proporcionan los estudiantes de las universidades alemanas. En estas universidades el duelo ha sido considerado durante mucho tiempo como una honrosa forma de deporte, y las cicatrices así producidas llegaron a ser admiradas como signo de que su poseedor había gozado de la distinción de una educación académica. Esta noción puede parecer extraña y espuria porque, si el duelo es considerado como algo admirable, deberíamos esperar que los mejores duelistas recibiesen el mayor honor, y el objeto del duelo es infligir el daño más que recibirlo.

Tatuaje

Otra forma mucho más difundida de adorno es el tatuaje. Esto nos parece menos extraño y, en realidad, se encuentra en todas las gamas de la cultura. Es quizás la más artística de todas las formas de adorno corporal. El buen tatuaje puede ser realmente hermoso y, al mismo tiempo, produce el efecto de que el cuerpo aparezca menos desnudo disminuyendo así la necesidad de cubrirse; en alguna medida puede actuar como un equivalente psicológico de la propia ropa.

La pintura

Es otra forma de embellecimiento que se encuentra en todos los niveles culturales. De hecho, se han descubierto restos que indican definitivamente que la práctica de pintarse la piel fue empleada por pueblos prehistóricos. Los salvajes, en ciertas ocasiones especiales, se pintan completamente el cuerpo; por ejemplo, en períodos de duelo, a menudo se lo pintan de blanco. Otras veces el objetivo de pintarse parece ser el deseo de intensificar el color natural. Esto puede lograrse de dos maneras. En primer término, aplicando pintura de un color similar al de la superficie total, a fin de acentuar el matiz natural; es el caso del uso actual del colorete y del lápiz de labios por medio de los cuales se hacen más coloradas algunas partes rosadas del cuerpo, como las mejillas y los labios. En segundo término, el tono natural puede ser aumentado por contraste: si se pinta una parte de la piel de modo que contraste fuertemente con el color natural, éste parecerá más fuerte en el lugar donde no está pintado. Por esta razón algunos pueblos de piel negra usan pintura blanca para cubrir ciertas partes del cuerpo, siguiendo el mismo principio de las razas blancas, que usan lunares negros para aumentar la blancura de su piel.

Los métodos descritos hasta aquí son sólo superficiales. Los dos métodos restantes son más completos.

Mutilación

Consiste en la extirpación de alguna parte del cuerpo. Entre los nativos hay innumerables ejemplos: pueden hacerse agujeros en los labios, mejillas y orejas; pueden extirparse articulaciones de los dedos o arrancarse dientes; pueden practicarse operaciones en los órganos genitales, como la circuncisión o la subincisión. En muchos casos, tales mutilaciones se relacionan con las ceremonias de iniciación a las que se somete a los niños y niñas en la adolescencia, y recientes estudios psicoanalíticos[1] indican que en su intención psicológica inconsciente dichas prácticas están estrechamente relacionadas con el «complejo de castración». Sea como fuere, la mutilación es considerada a menudo como un signo de que se ha alcanzado la edad adulta, tanto para los hombres como para las mujeres. En general, parece que la mutilación nos atrae cada vez menos a medida que entramos en la civilización.[2] La única supervivencia que se encuentra entre los pueblos europeos es la perforación de las orejas de las mujeres para insertar los aros; pero incluso esta práctica está declinando.

Deformación

La última forma de adorno corporal es la deformación, o plástica corporal, si usamos el nombre más agradable que ha sido empleado por algunos autores para referirse a este asunto. Las partes del cuerpo que han sido sujetas en mayor medida a la deformación son los labios, las orejas, la nariz, la cabeza, los pies y la cintura. A veces, los labios y los lóbulos de las orejas se estiran hacia abajo y se hacen largos y pendulares por medio de pesos prendidos a ellos. En otros casos, se perfora o achata la nariz. La cabeza puede adoptar toda suerte de formas curiosas mediante estudiadas presiones ejercidas sobre el cráneo durante los primeros días de la infancia. Los pies se acortan o se estrechan y la cintura puede ser constreñida.

Sólo los dos últimos tipos de deformación han sido practicados por los pueblos civilizados. El ejemplo más notorio se encuentra en el acortamiento de los pies de las mujeres chinas, que se obtiene mediante una firme presión aplicada en la puntas del pie y el talón de las niñas pequeñas; el resultado es que los pies se tornan más arqueados, de tal manera que el talón es forzado por último a una posición muy cercana a la parte anterior de la planta del pie. Aunque tales prácticas no son aprobadas en las naciones occidentales, el gusto europeo prevaleciente por los zapatos largos y finos no tiene en cuenta de ninguna manera la forma del pie y, por lo tanto, también ha sido causa de su considerable deformación. Pero el caso más asombroso de plástica corporal en el mundo occidental es, sin duda, el que concierne a la cintura. Hasta hace unos pocos años, prácticamente todo libro que tratara de la vestimenta femenina desde el punto de vista moral o higiénico tenía una sección que explicaba, con la ayuda de alarmantes diagramas e ilustraciones, las consecuencias nefastas del «ceñido», sección que ahora confiere a todos esos libros un aire curiosamente antiguo. Pero el furor por la «cintura de avispa», al que asistimos desde hace no muchos años, no es de ninguna manera nuevo. Los antiguos habitantes de la Creta minoica que, como sabemos, habían alcanzado un alto grado de civilización más de dos mil años antes de Cristo, permitían la constricción de la cintura en ambos sexos, producida no por corsés sino por estrechos cinturones de metal (cf. fig. 8); y el ideal de la cintura estrecha ha sido responsable de una moda constantemente repetida entre las mujeres europeas durante los últimos siglos. En general y a pesar de ciertas excepciones sorprendentes, tales como las de los cretenses, la deformación es un tipo de embellecimiento al que parecen recurrir más las mujeres que los hombres, mientras que el tatuaje y la mutilación son más propios del sexo masculino.

Con respecto a las diferentes formas de deformación practicadas en diferentes partes del mundo, se ha dicho que hay una tendencia general a acentuar las características naturales de la raza en cuestión. En palabras de Darwin: «El hombre admira y a menudo trata de exagerar los caracteres que la naturaleza pueda haberle dado».[3] Cuando los labios son gruesos y grandes, se les hace sobresalir más todavía; cuando la nariz es ancha, es achatada más aún. Las mujeres chinas tienen pies naturalmente pequeños, pero no contentas con esta distinción de la naturaleza, tratan de empequeñecerlos todavía más. La cintura esbelta es sin duda una característica específicamente europea, y parece que sólo entre los europeos existe la fatal atracción por la cintura de avispa.

Como sucede con la mutilación, a medida que la civilización avanza parece haber una tendencia general a abandonar la deformación como medio de embellecimiento, pero no parece haber ido tan lejos, como en el caso de aquélla. Nos resulta difícil imaginar cómo se pueden embellecer las manos quitándoles una articulación digital, o la boca, por la extracción de un diente; pero la repetición de la moda de la cintura de avispa en tiempos recientes parece demostrar que de ningún modo es imposible que volvamos a algún ideal similar de la forma femenina. Sin embargo, pasando revista a toda la evolución humana parece indudable que, a medida que la cultura avanza, las formas más drásticas, es decir, más brutales, del adorno corporal tienden a desaparecer.

Hay una forma de adorno corporal a la que no nos hemos referido de modo específico y que entra lógicamente en la categoría de mutilación o deformación aunque, en cierto modo, parece diferir tanto de éstas que es difícil situarla entre ellas. Me refiero al corte y arreglo del pelo y de las uñas. Cuando uno se corta el pelo, se afeita la barba o se arregla las uñas, ocurre una eliminación forzada y artificial de ciertas partes del cuerpo. Cuando uno se «arregla» el cabello (el equivalente psicológico del adorno corporal o sartorial) en diversos estilos, ya sea con la ayuda de instrumentos externos (peines, horquillas, etc.) o dándole alguna forma artificiosa, tiene lugar lo que estrictamente hablando es una deformación de esa parte del cuerpo. Las razones por las que tendemos a considerar estas manipulaciones artificiales como fundamentalmente diferentes de las mutilaciones o deformaciones referidas más arriba, parecen ser: 1) que en gran medida, en estos casos el arte sólo se anticipa a la naturaleza; los cabellos se caerían solos y las uñas se romperían, aunque no aceleráramos el proceso cortando y afeitando el cabello y emparejando las uñas; 2) que los procedimientos adoptados no tienen efectos permanentes o irrevocables. Incluso la más duradera de las «permanentes» desaparece y cabellos nuevos, no tratados, ocupan el lugar de los viejos; por el contrario, cuando se arrancan las puntas de los dedos o los dientes, estos no vuelven a crecer, y el ceñido de la cintura, si se practica regularmente, produce una modificación permanente de la figura natural y de las posiciones relativas de los órganos internos.

Esta última diferencia distingue también a la pintura de otras formas (permanentes) de adorno corporal. De cualquier modo, sea pertinente o no esta diferenciación, es indudable que nuestra actitud actual hacia la pintura y hacia el cuidado del cabello es diferente (en el sentido de su mayor tolerancia) de nuestra actitud hacia la mayoría de estas otras formas. De hecho, la popularidad alcanzada por la pintura y por la ondulación del cabello ha aumentado considerablemente en los últimos años. Sin embargo, aun aquí existe tal vez una tendencia a imitar aquello que pensamos que es la mejor expresión de la naturaleza, más que a intentar una forma de adorno que exagera o se opone violentamente a ella. Las implicaciones psicológicas de este deseo general de eliminar todas las desviaciones extremas de la naturaleza en el adorno corporal (suponiendo que tenemos razón en creer que existe este deseo) merecen ser señaladas aquí, aunque después hablaremos de ellas más extensamente. Esta creciente satisfacción por las formas más naturales de adorno y el correspondiente rechazo a lo burdamente artificial parece implicar que los seres humanos, a medida que avanzan culturalmente, son más aptos, en general, para aceptar el cuerpo tal como es, están más inclinados a encontrar belleza en su forma natural y menos predispuestos a encontrar agradables sus distorsiones o modificaciones violentas. Esta tendencia parece ser muy importante para toda la historia y el desarrollo del vestido, y servirá seguramente como guía a los que esperan, de un modo general, influir o predecir el curso futuro de la vestimenta humana.

Pasamos ahora a las formas externas de decoración.[4]

Vertical

La primera de ellas puede denominarse vertical. Su función es la de acentuar la postura erecta del cuerpo humano y aumentar su altura aparente. Este efecto puede alcanzarse mediante todos los adornos o prendas que cuelgan con holgura del cuerpo como cadenas, collares (particularmente los que llegan hasta el pecho) y largos aros colgantes; pero el más notable de todos estos efectos es tal vez el que produce la falda. La mayoría de nosotros ha tenido ocasión de observar que, si una mujer viste pantalones o un bombacho, parece más baja que cuando lleva falda. En efecto, ésta tiende marcadamente a aumentar la altura aparente del cuerpo y confiere una correspondiente dignidad. Pero tal aumento de estatura puede también lograrse por otros medios. Las botas y zapatos de tacón alto la aumentan realmente así como todos los tocados altos; al igual que el hennin medieval, el colbac y el sombrero de copa de tiempos más recientes producen el mismo efecto. Probablemente la forma más temeraria de adorno de esta naturaleza se encuentre en las inmensas pelucas del siglo XVIII. El cabello de las mujeres se enrollaba en una masiva estructura en forma de torre que se colocaba en la cima de la cabeza y a la que se agregaba cabello natural cuando era necesario y se empolvaba abundantemente para que pareciera más prominente por su blancura; todo este arreglo se coronaba con pequeñas figuras de hombres, animales, barcos, carruajes u otros objetos.

Dimensional

La siguiente forma de decoración es la dimensional. Su propósito es aumentar el tamaño aparente del que la usa y, por lo tanto, se parece en general a la forma de decoración vertical. De hecho y estrictamente hablando, la vertical debe considerarse sólo como una especie particular de la dimensional que, a causa de su peculiar importancia, conviene clasificar como un grupo aparte.

Nuevamente aquí, desde el punto de vista del incremento del tamaño, muchos de los más notables efectos pueden producirse con la falda. De hecho, esto se sobreentendía en lo que se señaló acerca de ella en el último capítulo, cuando nos ocupamos de la «extensión del yo corporal». De tiempo en tiempo, en la historia de la moda europea, la falda sufrió grandes cambios. Uno de los más notables aumentos de tamaño ocurrió durante el período del miriñaque, a mitad del siglo XIX. Mirándolas desde nuestro actual punto de vista, estas prendas que estuvieron tan en boga pueden parecer ridículas más que impresionantes. Pero para una generación que valoraba la afectación y la presencia más que la elegancia o la eficiencia, parecían conferir —en virtud de su mero bulto— una cierta dignidad al sexo que las llevaba. De hecho, el miriñaque ha sido considerado como un símbolo de las dominación femenina,[5] y en esa época eran muchas las bromas relacionadas con la dificultad que experimentaban los hombres para encontrar espacio en un cuarto ocupado por una cantidad de mujeres ataviadas de ese modo. La revista satírica *Punch* sugería que un leve aumento en el tamaño de estas extravagantes prendas habría obligado al caballero que desciende las escaleras con una dama a bajar peligrosamente por el otro lado de la baranda, ya que todo el ancho estaría ocupado por las voluminosas faldas de su compañera. Los tamaños relativos de los hombres y las mujeres de esa época sugieren inevitablemente una comparación con ciertas especies de insectos, como la mantis religiosa, cuyos machos son pequeños e insignificantes al lado de sus hembras magníficamente desarrolladas.

Las faldas también pueden aumentar el tamaño y la dignidad aparentes mediante el agregado de colas y, de hecho, las por lo general largas colas forman parte de los vestidos ceremoniales. Creo que la más larga fue la que usó Catalina II de Rusia en su coronación. No tenía menos de setenta metros de largo y se necesitaron quince personas para sostenerla. Se vio una copia de ella en un baile artístico de Chelsea, en el Albert Hall de Londres. Esta prenda fue una curiosidad más que un éxito sartorial porque es indudable que no logró su objetivo. Era demasiado vasta para percibirla como parte de quien la vestía y, lejos de aumentar su dignidad, parecía empequeñecer su tamaño. Esto ilustra el principio al que nos referimos en el último capítulo en el sentido de que existen límites en el uso oportuno de esas formas de adorno. La figura humana es susceptible sólo de una cierta cantidad de extensión aparente.

Otra forma muy común de decoración dimensional intenta producir un ensanchamiento de los hombros mediante el uso de hombreras. Esto se encuentra en particular en la vestimenta masculina. Los hombres desean parecer anchos de hombros por cuanto esto se asocia con la fuerza muscular; de ahí que muchas chaquetas masculinas tengan hombreras y muchos uniformes militares charreteras que aumentan claramente el ancho aparente del pecho. En la figura 10 puede observarse un caso de adorno primitivo con el mismo objetivo.[6] También el relleno puede servir a veces para mejorar las deficiencias reales o imaginadas de otras partes del cuerpo. En un tiempo u otro, las piernas, caderas y pechos rellenados han desempeñado su papel en algún momento en la historia del traje europeo.

Direccional

Otra forma de adorno externo que han anticipado las consideraciones finales del capítulo anterior es la direccional. Esta tiende a destacar los movimientos del cuerpo, en particular, la dirección en la que el cuerpo avanza a través del espacio; los efectos producidos se deben principalmente a la inercia de la prenda, pero a veces también a la acción del viento. Toda prenda suelta o flotante o todo adorno colgante puede contribuir a este fin. La mayoría de las formas de adorno que pueden ser clasificadas como verticales cuando el cuerpo está quieto, se convierten en direccionales cuando está en movimiento.

Y esto nos recuerda la naturaleza inevitablemente arbitraria y provisional de la presente clasificación, o de cualquier otra; muchas formas de adorno pueden entrar ya en una, ya en otra de nuestras categorías, según las circunstancias.

Algunos de los efectos direccionales más notables se producen —una vez más— con ayuda de la falda, y a este respecto el lector puede recordar las figuras 1, 2 y 4. Sin embargo, también las plumas son muy útiles, especialmente cuando se llevan en la cabeza o en la parte inferior de la espalda, como acostumbran los indios norteamericanos. Lo mismo se aplica a las cintas y bandas e incluso al cabello, cuando se lleva largo y suelto. El típico yelmo griego, aguzado como la proa de un barco, tiene también un fuerte efecto direccional al sugerir el movimiento hacia adelante.

El principio tiene no sólo una aplicación positiva, sino también una negativa. No sólo el movimiento en sí, sino la restricción o ausencia de movimiento puede ser sugerida por los medios adecuados. Las prendas holgadas y flotantes que caen en amplios pliegues hasta los pies, traban necesariamente el movimiento e imposibilitan la marcha rápida. Obligan al individuo a adoptar un aire solemne y mesurado e imparten dignidad al sugerir que no tiene necesidad de apresurarse. La cola entra obviamente en esta categoría, lo mismo que la toga romana. De hecho, a menudo hay una cierta incompatibilidad entre las formas de adorno direccional y dimensional, como ya se insinuó antes al hablar del miriñaque. Pero si la prenda simplemente estorba, sin ser voluminosa, no logra el efecto del que se habla aquí. La falda estrecha tenía poca dignidad y evidentemente no tenía tal objetivo, sino que su propósito parecía ser sólo el de producir una impresión de delgadez, opuesto en alguna medida al que procura la forma dimensional de adorno.[7]

Circular (en forma de aro)

Esta difundida forma de adorno atrae la atención hacia los contornos redondeados del cuerpo, en especial hacia los miembros, que difieren notablemente de los de otros animales. Pueden usarse aros en muchas partes del cuerpo, pero en particular se usan alrededor de la cintura, los brazos, el cuello, las piernas y los dedos. Las formas más extravagantes de adorno con aros son, probablemente, las que se colocan alrededor del cuello. Muchos pueblos primitivos han usado adornos de este tipo que eclipsan, sea por su magnitud o por su aspecto grotesco, las grandes golas usadas por nuestros antepasados isabelinos. Las figuras 11 y 12 ilustran algunos casos notables en este sentido. Particularmente las dos mujeres birmanas que aparecen en la figura 12 tienen un estilo de vestimenta y de ornamentación que, juzgado desde nuestro punto de vista actual (debemos recordar que todos los puntos de vista son subjetivos), se aproximan al grado máximo de incomodidad y de fealdad. Por lo que vemos, sus cabezas se asoman con gran dolor desde la cima de su gran masa de collares; de hecho, parecen emular con éxito a las jirafas en su esfuerzo por usar tantas argollas como sea posible. Pero ellas están lejos de ser las únicas víctimas de una idea equivocada de la belleza. Stanley, por ejemplo, nos habla de un rey negro que obligaba a sus esposas a usar alrededor del cuello argollas de metal que pesaban en total entre veinte y cuarenta kilos.[8]

Puede notarse, además, que la incomodidad de tales aros metálicos en un clima cálido es aún más grande de lo que parece a primera vista ya que, expuestos al sol tropical, se calientan tanto que debe echárseles agua para poder soportarlos.

La figura 10 nos muestra, además de numerosas argollas alrededor de las piernas, una alrededor de las caderas, detalle que se registra con frecuencia entre los pueblos primitivos y que tiene una cierta importancia para el desarrollo del vestido, en la medida en que se puede considerar como la más primitiva de todas las prendas, a diferencia de otras formas de adorno. Tendremos oportunidad de volver a este punto en otro capítulo.[9]

Local

La siguiente forma de adorno externo tiene poco que ver, como lo indica su nombre, con el cuerpo como un todo. O bien atrae la atención hacia alguna de sus partes o bien se lleva por sus propios atributos de belleza como un objeto independiente, atractivo por su valor intrínseco (forma, color, brillo) o por su significado y por las asociaciones que implica. Entre las formas de adorno clasificadas en esta categoría figuran el uso de agujas, peines y joyas en el cabello, las piedras preciosas engastadas en los anillos, los broches elaborados, las hebillas, etc. Las insignias y los símbolos de rango o de dignidad se clasifican también aquí. A veces se incluyen las máscaras y, psicológicamente, estas son tal vez las más interesantes de todo el grupo, más a causa de sus aspectos sociales que estéticos. Cuando usamos una máscara cesamos en alguna medida de ser nosotros mismos; ocultamos a los demás tanto nuestra identidad como la expresión espontánea de nuestras emociones y, en consecuencia, no sentimos la misma responsabilidad como cuando nuestra cara está al descubierto; nos parece que, debido a nuestra irreconocibilidad y a la alteración de nuestra personalidad (*persona* = máscara), lo que hacemos mientras llevamos la máscara no puede reprochársenos cuando retomamos nuestra vida normal a cara descubierta. Por lo tanto, la persona enmascarada tiende a ser más libre y menos inhibida, tanto en sus sentimientos como en la acción, y puede hacer cosas que en otra situación le impediría el miedo o la vergüenza. De ahí que el bandolero, el ladrón y el verdugo hayan usado frecuentemente la máscara, y que un baile de máscaras permita expresiones menos restringidas de ciertas tendencias, especialmente las eróticas, de lo que es posible en otras situaciones. Si hablamos con una persona enmascarada, y no lo estamos nosotros, sentimos una clara desventaja. En alguna medida, cualquier prenda que tienda (como el velo) a ocultar la cara produce el mismo efecto, y aun las gafas o los anteojos pueden tener la misma consecuencia, ya que hacen más difícil de observar la dirección y los movimientos de la mirada. El autor debe confesar que siempre se siente un poco incómodo al hablar con mujeres cuyos sombreros cubren tanto sus frentes que ocultan más o menos sus ojos.

Artísticamente, esta forma local de adorno puede ser peligrosa, porque no se relaciona con la forma natural del cuerpo y porque, aunque los objetos individuales empleados como adorno puedan ser agradables en sí mismos, podrían no armonizar con el esquema general del adorno corporal. Aquí, como en otras esferas artísticas, el progreso (individual o racial) implica un creciente interés en un todo estético, ya se trate este todo de un cuadro, una composición musical o un atuendo. Por lo tanto, aunque el salvaje o el niño puedan encontrar un gozo ilimitado en los adornos locales sin tener en cuenta sus efectos en la apariencia general del que los lleva y en su vestimenta, el gusto refinado requiere una subordinación cada vez mayor del adorno local a las exigencias del efecto total del atavío. Aquí, nuevamente, nos encontramos con un principio general de gran importancia para cualquier consideración de la futura historia probable o deseable del vestido humano.

Sartorial

La última forma de decoración externa, de acuerdo con nuestra presente clasificación, es la sartorial. Consiste en el embellecimiento de las prendas ya existentes. Considerando que este embellecimiento imita en su mayor parte las formas ya mencionadas (vertical, dimensional, direccional, circular y local) no hay necesidad de tratarlo aquí por separado.

4. El pudor

Entre el pudor y la hermosura hay un gran conflicto.

Heroides, XVI, 288
Ovidio

Habiendo examinado más o menos profundamente el motivo del adorno, nos ocuparemos de estudiar ahora más en detalle los fenómenos del pudor, en la medida en que se relacionan con el vestido. Si tomamos en cuenta las declaraciones de moralistas y predicadores, acaso sea verdad que se ha dicho y escrito más sobre el pudor que sobre cualquier otro aspecto de la psicología del vestido. Pero hasta donde el autor sabe, no ha habido ningún intento serio de clasificar las distintas manifestaciones del pudor o de mostrar las relaciones entre unas y otras. Como sería totalmente imposible, en un libro de modestas dimensiones, pasar revista a todas las manifestaciones reales del pudor (que, como ya se ha señalado, varían enormemente tanto en el tiempo como en el espacio), parece más útil indicar aquí ciertos principios generales, con la ayuda de los cuales pueden clasificarse las múltiples manifestaciones reales y clarificarse sus interrelaciones.

Tras reflexionar, podría parecer que cualquier supuesto de pudor puede ser descrito más o menos satisfactoriamente en términos de cinco (y no menos de cinco) variables. Esto puede parecer un poco alarmante; pero si el lector persevera, creo que percibirá en seguida que el análisis propuesto, por muy complicado que parezca a primera vista, es sin embargo un gran paso adelante en el ordenamiento de un campo aún caótico por la confusión que acompañó a la etapa de la simple enumeración de supuestos. Además, la tarea es menos formidable de lo que puede parecer, en la medida en que cuatro de las cinco variables se sitúan entre dos extremos que pueden ser considerados, para muchos propósitos, como simples opuestos. De hecho, en la mayoría de los casos será suficiente decir que cualquier manifestación del pudor exhibe predominantemente uno u otro de estos opuestos.

Procederemos ahora a enumerar estas variables y a mostrar su uso para los fines de clasificación por medio de un simple diagrama.

En primer lugar, debemos recordar que, como se indicó con anterioridad, el pudor es en sí mismo, en todos los casos, un impulso negativo más que positivo. Nos obliga a reprimir ciertas acciones que de otra manera tenderíamos a permitirnos. Psicológicamente, parece implicar la existencia de ciertas tendencias desarrolladas más primitivamente y consiste esencialmente en una inhibición de estas tendencias. Para nuestro propósito podemos, por lo tanto, considerar el pudor como un impulso cuya función es inhibitoria y que se dirige contra las diferentes formas de la tendencia opuesta y más primitiva a la exhibición. Ahora bien, este impulso inhibitorio:

1) puede dirigirse contra formas de exhibición principalmente sociales o sexuales;
2) puede dirigirse principalmente contra la tendencia a exhibir el cuerpo desnudo o contra la tendencia a exhibir vestidos suntuosos o hermosos;
3) puede referirse principalmente a las tendencias de la propia persona o a las tendencias de otros;
4) puede apuntar principalmente a obstaculizar el deseo o la satisfacción (social o sexual), o principalmente a prevenir el disgusto, la vergüenza o la desaprobación;
5) puede relacionarse con distintas partes del cuerpo.

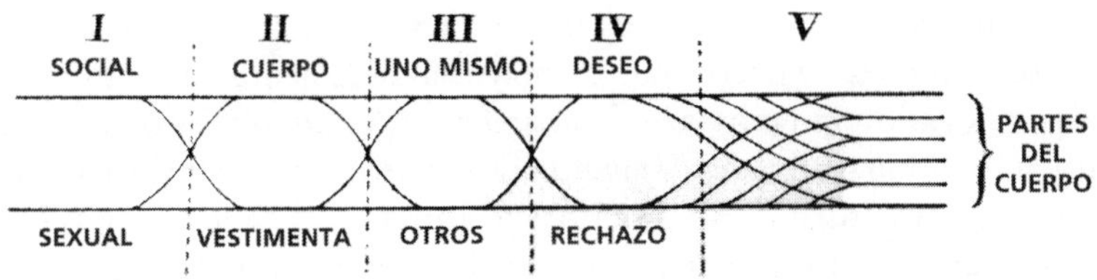

Ahora bien, imaginemos este impulso inhibitorio fluyendo (digamos de izquierda a derecha) como una corriente eléctrica a lo largo de las líneas del diagrama. En su curso debe pasar a través de cada una de las partes marcadas, desde I hasta V (en la terminología del psicoanálisis requiere una «catexis» o «investidura libidinal»); pero, en el caso de cada una de las partes, la mayoría de la corriente puede pasar a través de uno u otro de los canales alternativos, en cualquier proporción. Las diferentes partes del curso total son, además, relativamente independientes entre sí, de manera que si la corriente pasa, por ejemplo, a través del canal inferior de I, no hay razón para que deba pasar por el canal superior o inferior de II.

Así, si formuláramos un ejemplo imaginario, una manifestación particular de pudor puede dirigirse principalmente contra las formas de exhibición sexuales (línea inferior), contra la exhibición del cuerpo desnudo (línea superior), y su principal objeto puede ser impedir el despertar en otra gente (línea inferior) la emoción de deseo sexual (línea superior), y puede relacionarse primariamente con la exposición de las piernas (una línea particular de V).

Consideremos ahora las cinco variables más detalladamente.

I. El impulso de pudor puede despertarse sea por una situación predominantemente sexual o predominantemente social aunque, por supuesto, por lo general tanto el elemento sexual como el social están presentes en algún grado. Sin duda el elemento sexual es comúnmente el más importante de los dos y, por lo menos en las civilizaciones europeas, opera casi exclusivamente en el caso del pudor relacionado con la exposición del cuerpo desnudo (II). Pero las situaciones de pudor social, en las que en el mejor de los casos existe sólo una mezcla más o menos inconsciente de elementos sexuales, no son difíciles de encontrar. La mayoría de la gente ha sentido en alguna ocasión el embarazo de aparecer en una reunión social con un atuendo inapropiado, y el embarazo puede ser igualmente grande si nuestro atuendo es «superior» o «inferior» al de los demás. Un alejamiento relativamente pequeño del atuendo «correcto» para una ocasión particular como, por ejemplo, encontrarse vestido con esmoquin cuando la mayoría de los demás lleva un frac o viceversa, colocará a algunos hombres en una situación de extrema incomodidad y habrá pocos, si hay alguno, que escapen a esa desagradable sensación. La mayoría de la gente, en una situación así, mirará alrededor ansiosamente con la esperanza de descubrir otros con atuendos similares y se sentirá aliviada si la búsqueda es exitosa. Mucha gente sueña con relativa frecuencia (a menudo con mucha emoción) que está vestida inapropiadamente, sea por una combinación no convencional de prendas (por ejemplo, «bombín con traje de noche», por citar de algunos ejemplos que me han dado) o por lo inapropiado de un atuendo particular en una ocasión en particular (por ejemplo, «dar conferencias a líderes sindicales con traje de noche», «asistir a un baile con un traje de sastrería y un sombrero cloché»). Todas estas situaciones, sea que ocurran en la vida real o en sueños, demuestran de forma exquisita el sentimiento de vergüenza y culpa ligados a una apariencia o comportamiento distintos del de nuestros compañeros, a menos que tal diferencia sea manifiestamente de un tipo que suscite su envidia, admiración o aprobación (o, en raras ocasiones, nuestra propia aprobación). Sin embargo, dejemos la consideración pormenorizada de este importante asunto hasta que hablemos de la moda.

Entre los salvajes, las formas sociales del pudor a menudo requieren quitarse realmente las prendas como signo de respeto.[1] En las sociedades primitivas, la desnudez relativa o absoluta es a menudo un signo de estatus social inferior, de servidumbre o de sumisión; tiende a darse allí una correspondencia positiva entre el rango social y la cantidad de prendas usadas. Al aproximarse a lugares sagrados o al hallarse ante la presencia de la realeza o de otras personas relevantes, normalmente uno se desprenderá de las prendas que lleva; ésta es una tendencia de la que quedan pocos vestigios en los pueblos civilizados (por ejemplo, quitarse el sombrero y, entre los musulmanes, quitarse los zapatos).

II. Este último punto nos lleva a la consideración de nuestra segunda variable. Entre los pueblos primitivos, quienes en su mayoría usan menos ropa que los civilizados, el pudor se refiere con menor frecuencia al cuerpo desnudo que entre nosotros. Sin embargo, por lo que respecta a la cultura occidental en sí misma, se observa que tuvo lugar un gran aumento del pudor en el momento del colapso de la civilización grecorromana. Este incremento —probablemente debido en su mayor parte a la influencia del cristianismo con sus tradiciones semíticas— sin duda fue reforzado por el atuendo y el punto de vista de los invasores del norte, que provenían de climas más fríos. El cristianismo sostuvo una oposición rigurosa entre el cuerpo y el alma, y sus enseñanzas predicaban que la atención dirigida al cuerpo era perjudicial para la salvación del alma. Una de las formas más fáciles de lograr apartar los pensamientos del cuerpo era el ocultarlo y, consecuentemente, cualquier tendencia a exhibir el cuerpo desnudo se convirtió en impúdica. Pero el aumento en la cantidad y la complicación de las prendas que trajo aparejada esta tendencia, proporcionó por sí mismo la posibilidad de una nueva irrupción de las necesidades exhibicionistas así reprimidas. El interés en el cuerpo desnudo se desplazó, en alguna medida, a la ropa, de manera que, a su vez, se necesitó un nuevo esfuerzo de pudor para combatir esta flamante manifestación de las tendencias a las cuales se oponía el pudor. Así se llegó a que la desaprobación, por parte de la autoridad eclesiástica, de la fastuosidad o la extravagancia en el vestir se expresara casi tan vigorosamente como la desaprobación del culto al cuerpo en sí. De ahí la doble dirección del pudor que se indica en el diagrama por el doble paso de II. Tomando ejemplos reales de la historia moderna, nos encontramos, por un lado, con denuncias por hombros, pechos y brazos desnudos (los brazos desnudos eran «considerados con horror y disgusto» en la época de Enrique VIII),[2] por la exigüidad general del atuendo que caracterizó las postrimerías del siglo XVIII y los primeros años del siglo XIX, y por la exposición de las piernas de hoy en día que, por lo menos en Italia, ha sido condenada tanto por el gobierno como por la religión.[3] Por otro lado, hemos oído denuncias igualmente fogosas contra los zapatos puntiagudos, los tocados altos y las colas largas, y se ha sostenido que la mera posesión de numerosas prendas era un peligro espiritual; por lo menos una mujer, se nos ha dicho, fue llevada al Infierno por el demonio porque «tenía diez vestidos distintos y otros tantos abrigos».[4] (Uno se imagina qué severos castigos estarían reservados para el duque de Buckingham, el amigo de Jaime I, que tenía 1.625 trajes, y para la emperatriz Isabel de Rusia, que tenía 8.700 vestidos).[5]

Debemos cuidarnos de exagerar la influencia de estas diatribas morales por parte de la Iglesia, que probablemente no fueran más efectivas que los sermones sobre otros muchos asuntos. Sin embargo, cualquiera que sea la causa, está suficientemente claro que, en la historia del vestido europeo, ha habido sucesivas olas de pudor que condenaron lo que una generación anterior había tolerado tanto con respecto a la exposición del cuerpo como a la confección de la ropa. Así, nosotros mismos tendemos a considerar como impúdicas tanto la exposición de los senos, característica de mediados del siglo XIX, como la acentuación de las nalgas, implícita en los polisones de un período posterior. Los puritanos desaprobaban también tanto la exposición real de la parte superior del cuerpo como el refinamiento del vestido en sí que caracterizaba a la sociedad real en la época de los Estuardo.

Ya que la innovación de cualquier tipo (que es, de suyo, en lo que se refiere a la vestimenta, una forma de exhibición) puede despertar no sólo curiosidad sino también pudor, el cubrirse una parte del cuerpo que habitualmente había estado descubierta puede en sí mismo despertar sentimientos de vergüenza. Así, se afirma que las mujeres salvajes que acostumbran a estar desnudas pueden sentirse tímidas y avergonzadas si una parte de su cuerpo se cubre de pronto. Y nuestras propias jovencitas experimentaron el año pasado sentimientos similares, cuando se encontraron ataviadas por primera vez en su vida con vestidos (de noche) que les ocultaban las piernas. Es como si el impulso de pudor hubiera penetrado todo disfraz y advertido el elemento erótico que constituye un factor esencial en todos los esfuerzos de encubrimiento corporal.

Un caso que, a primera vista, parece presentar alguna dificultad para nuestra clasificación es el que ocurre cuando el pudor se dirige no tanto contra el cuerpo desnudo en sí, sino contra alguna prenda muy ajustada y ceñida que revela la forma del cuerpo, sin exhibir realmente su superficie. Ejemplos de este tipo son las apretadas calzas de los hombres del siglo XVI, las modas femeninas de la década de 1890 y las medias de las mujeres de hoy en día. Reflexionando un poco, está claro, sin embargo, que la objeción en estos casos no se dirige contra las prendas en sí mismas, sino más bien contra la exhibición de la forma natural que permiten estas prendas. El pudor no protesta contra su esplendor, magnificencia o carácter grotesco, sino más bien a causa de su exigüidad y de la falta de forma independiente como prendas, ya que, de hecho, son poco más que pieles artificiales. En todos estos casos es indudable que el pudor se dirige realmente contra la exhibición escasamente velada del cuerpo en sí y no contra la forma desplazada de esta tendencia que se manifiesta a través de la ropa.

III. Nuestra tercera variable concierne a la dependencia del pudor con respecto a motivos psicológicos, originados en la propia persona y en los otros, respectivamente. Por supuesto, y en cierto sentido, toda conducta pudorosa (como toda otra conducta) debe depender directamente de factores psicológicos personales; pero en algunos casos estos factores pueden ser no sólo necesarios sino suficientes, mientras que en otros tienen una referencia definida a la actitud de otras personas, y dependen para su misma existencia de esta referencia.[6] En el primer caso, la persona siente que una cierta clase de vestido (o ausencia del mismo) es impúdico en sí mismo. Sus propios sentimientos son una guía suficiente en la materia, y pueden ser independientes de lo que sientan otras personas; de hecho, pueden estar en conflicto con los sentimientos de otros, como cuando una persona de mente puritana evita ciertas formas de exhibición consideradas por sus vecinos como naturales e inofensivas. La actitud de tal persona puede permanecer intacta aun cuando no haya otras personas presentes, como en el caso extremo de los que, actuando de acuerdo con las recomendaciones de sus consejeros religiosos, llevan ropa puesta hasta cuando se bañan, temiendo el efecto de su propia desnudez aun sobre sí mismos. En el otro extremo, hay casos en los que no existe ninguna convicción íntima de la impudicia de la forma del vestido o desnudez en cuestión, pero en los que el motivo primario es impedir el despertar de algún sentimiento no deseado en otros. Uno puede sentir, por ejemplo, que ciertas formas de exhibición producirán en los observadores tal emoción y optar, en consecuencia, por evitarla, si bien, independientemente de la referencia a otros, dicha actitud podría ser considerada como inofensiva.

Es indudable que tal actitud se adopta a menudo; hoy en día, en Inglaterra, puede observarse tal vez con más frecuencia en las clases sociales bajas que en las altas. Y, en realidad, no puede negarse que la actitud esté justificada, por lo menos en cuanto concierne al miedo real de causar disgusto. Por ejemplo, existen personas que incluso pueden sentirse «físicamente enfermas» al contemplar cuerpos expuestos de una manera no habitual (por ejemplo, durante el baño); y esta sensibilidad anormal es, después de todo, sólo una extensión de los sentimientos que pueden despertar en casi todo el mundo, por ejemplo, la enfermedad o la deformidad.

Pero el disgusto no es el único sentimiento de los otros que puede afectar a nuestra conducta de esa manera. El desprecio social prevalente hacia la persona vestida «incorrectamente» es otro ejemplo de una actitud de los otros que puede hacernos evitar ciertas formas de exhibición sartorial y ciertas formas de libertad o individualidad en el vestir hacia las que de otra manera nos sentiríamos proclives.

Los celos son otra de las emociones de parte de los otros que probablemente han desempeñado un papel de gran importancia en la historia del vestido, en particular, los celos de los maridos respecto a sus esposas. Un marido celoso no quiere que su mujer suscite demasiada admiración en otros hombres, y la manera más fácil de evitar esto es mantenerla oculta. Esto puede lograrse excluyéndola realmente de la sociedad masculina, tal y como se acostumbra a hacer en gran medida en muchos países orientales. Pero el mismo objetivo puede alcanzarse hasta cierto punto ocultando su cuerpo de la vista de los hombres en las ocasiones en las que se aventura en lugares públicos. Las civilizaciones orientales que han mantenido a la mujer en el retiro doméstico, lejos de todos los hombres excepto de su marido, han ocultado también, en general muy eficazmente, las formas físicas de la mujer cuando sale del hogar. De hecho, puede decirse que toda la teoría musulmana del vestido de calle de la mujer representa un intento —a veces desesperado en su rigurosidad— para impedir que despierte el deseo sexual en los hombres; teoría que, por supuesto, está lógicamente en armonía con un sistema social que hace hincapié en la percepción de que todas las mujeres son propiedad de un hombre u otro. Un ejemplo particularmente notable del funcionamiento de esta teoría se muestra en el vestido de calle tunecino, ilustrado en la figura 14. Se verá que la persona que lo lleva está ampliamente a cubierto de las miradas de los curiosos. El único contacto que tiene su cuerpo con el exterior se da a través de la minúscula hendidura para los ojos; por lo demás, uno sólo puede imaginar la forma y rasgos de esta mujer.

El motivo de los celos, aunque desarrollado con más fuerza en la tradición musulmana, puede observarse a menudo en otras partes, especialmente, quizás, en el hecho de que entre un buen número de pueblos más o menos primitivos las mujeres casadas tienen por costumbre llevar más ropa que las solteras. Incluso entre nosotros, a menudo los maridos no sienten muchos deseos de que sus mujeres atraigan la atención mediante la audacia de sus vestidos, si bien pueden apreciar vestidos de igual atrevimiento cuando los llevan otras mujeres.

IV. Hasta ahora hemos hablado del empeño para impedir el despertar de dos emociones diferentes y opuestas en los otros: deseo y rechazo. Esta actitud doble del pudor constituye la cuarta de las cinco variables en cuyas coordenadas estamos tratando de describir el pudor. Dado que el rechazo, por lo menos el del tipo que nos interesa aquí, tiene en sí el carácter de una reacción contra el deseo, cabría decir que el pudor puede dirigirse o bien contra un deseo primitivo —que si se le permite satisfacerse sin inhibición comportaría placer— o bien contra la manifestación consciente de la inhibición en sí, que si se le permite fortalecerse, producirá necesariamente dolor. En este último caso, se observará que el pudor parece funcionar como una inhibición del segundo grado, que protege del dolor que provocaría el desarrollo pleno de las inhibiciones más primarias.[7] Unos pocos ejemplos bastarán para aclarar el sentido de esto. Una mujer puede, por ejemplo, abstenerse de concurrir a un baile con un vestido muy escotado: a) porque, aunque piensa que le sienta bien y experimenta una verdadera gratificación con la vista y la sensación de la desnudez de la parte superior de su cuerpo, no obstante también experimenta una sensación de vergüenza y embarazo ante el mero hecho de que tuviera que hacerlo. El impulso pudoroso aquí se dirige contra el deseo en vez del desagrado (el número IV de nuestro diagrama), y está conectado con los sentimientos que despierta en sí misma y no en los demás (el número III de nuestro diagrama), pues puede sentirse avergonzada en su propio vestidor cuando no hay nadie más; b) porque, si bien no experimenta los escrúpulos que acabamos de mencionar y disfruta con libertad ante el reflejo de sí misma en el espejo, a pesar de ello teme poder suscitar en demasía el deseo sexual de sus posibles parejas; en este caso, el pudor todavía se dirige contra el deseo, pero ahora se refiere a los sentimientos de los otros en vez de los propios; c) porque, en cuanto se pone el vestido, le sobreviene al instante un sentimiento de repulsión ante su propia imagen. La visión de tanta carne propia desnuda en vez de resultar agradable aunque «pícara» como en a), ahora resulta definitivamente desagradable desde el primer momento, por lo que decide no llevar el vestido para protegerse de esta desaprobación. El pudor funciona aquí en contra del desagrado que nace en su propia mente sin ninguna referencia a los otros; d) porque, si bien puede que a ella misma le agrade el efecto del vestido escotado, piensa en el shock que su apariencia causará a ciertas amistades con mentalidades puritanas y, por su bien, se niega sí misma el placer que la exhibición libre de sus encantos podría proporcionarle. En este caso, el pudor se dirige contra el desagrado en vez del deseo (pues no se atreve a aventurar que esas amistades en concreto encontrarán seductora su desnudez), y se refiere a los sentimientos de otros en vez de los propios.

Está claro que en esta antítesis entre el deseo y el desagrado en realidad estamos tratando con una forma particular del antagonismo general entre la tendencia a exhibirse y la tendencia al pudor del que hablamos en el primer capítulo. La complicación que nos ocupa aquí, tal y como se indicó, estriba en que la inhibición de la tendencia a exhibirse puede darse en varios niveles mentales. Si ocurre de manera subconsciente, es muy probable que se dé la emoción consciente de desagrado. La función de los aspectos más conscientes de la tendencia al pudor se desvía entonces de su objetivo original de combatir el deseo (objetivo ya conseguido) hacia el objetivo secundario de prevenir el desarrollo de la nada placentera emoción del desagrado. Si, por otro lado, la tendencia a exhibirse es lo suficientemente fuerte (en relación con las resistencias) para forzar el camino a la consciencia, entonces estos mismos aspectos conscientes del pudor continúan con su misión original y se oponen a la exhibición.

La medida y el nivel en que los impulsos de pudor logran inhibir las tendencias de exhibición están determinados, por supuesto, por una variedad de factores, algunos de los cuales dependen probablemente de un equilibrio de fuerzas congénitamente determinadas y otros del modo en que las circunstancias, la tradición y la crianza han afectado a este equilibrio. Nos llevaría muy lejos investigar en detalle estos factores. Sin embargo, hay una circunstancia que merece tal vez alguna consideración especial: la belleza natural o la fealdad del individuo en cuestión (de acuerdo con los criterios de belleza de su tiempo y lugar). Un alto grado de belleza hace más fácil que una mujer encuentre placer en exhibirse y adornar su cuerpo, y por lo tanto tiende poderosamente a reforzar las tendencias a la exhibición y el adorno. La posesión de un cuerpo estéticamente inferior, por otro lado, limita las oportunidades de tal placer y, si los demás factores se mantienen iguales, no proporciona una estimulación ni un fortalecimiento correspondientes de las tendencias a la exhibición. En este último caso, por consiguiente, el impulso de pudor tiene una tarea más fácil. Si volvemos al ejemplo que estábamos considerando, está claro que a la mujer vestida con un traje escotado le será muy difícil sentirse disgustada o avergonzada de su propia apariencia si en realidad es extremadamente hermosa; sentirse así representará para ella un *tour de force* por parte del pudor. Sin embargo, será relativamente fácil para el pudor (o para las inhibiciones subconscientes que actúan a favor del pudor) alcanzar este resultado si su cuerpo está realmente lejos de ser perfecto. De hecho, en este caso ella puede que agradezca un vestido más amplio que oculte sus defectos corporales, o incluso (como sucede a menudo) recurrir a un exagerado pudor para ponerse a salvo de la dolorosa percepción de estos defectos. Así, Knight Dunlap tiene indudablemente razón al recalcar, en una reciente contribución muy interesante a la psicología del vestido,[8] la importancia del deseo de ocultar defectos físicos como un factor que interviene en el incremento de ropa o su mantenimiento. En la medida en que el cuerpo está cubierto (a condición de que las ropas no sean ajustadas), las diferencias estéticas entre un individuo y otro tienden a ocultarse. No tenemos realmente medios para juzgar el grado de belleza de la mujer retratada en la figura 14; y, en general, el uso de la ropa tiende a poner en pie de igualdad al que es agraciado y al que no lo es, mientras que el abandono o la reducción de ropa permite al más hermoso el pleno aprovechamiento de sus dones naturales. Probablemente sea verdad, como sugiere Knight Dunlap, que en algunos sentidos hay una lucha continua entre los que pueden sacar ventaja de su cuerpo y aquellos cuyo cuerpo está mejor oculto. Una mengua en la cantidad de ropa que se lleva habitualmente favorece a los primeros y su incremento a los segundos. Así, la reducción en el largo de la falda de los años recientes ha otorgado una gran ventaja a las mujeres que pueden mostrar provechosamente sus piernas, mientras que ha sido seguramente motivo de considerable embarazo para otras. Dunlap considera que la razón por la que los hombres rechazan con tanta vehemencia y persistencia desnudar sus brazos se encuentra en el miedo, por parte de aquellos con un desarrollo muscular menos adecuado, de que sufrirán por la comparación con los miembros más atléticos de su sexo. Sugiere también que, cuando ocurre un triunfo para los que pueden permitirse exhibir cualquier parte de su cuerpo, es probable que este triunfo se compense en otro sentido que admita la igualación de las ventajas del hermoso y del feo en relación con otra parte del cuerpo. De ahí que piense que tal vez no sea casual que, en cuanto a las mujeres, la exposición mayor de la pierna ha sido acompañada por un mayor uso de cosméticos en la cara.

Si las deficiencias de las que están peor dotadas en sus miembros inferiores se han expuesto libremente, esta desventaja ha tenido que ser compensada por la igualación de todos los cutis, buenos y malos, a través del uso más general de afeites y cosméticos.[9]

V. Hemos señalado ya en más de una ocasión la variabilidad de las manifestaciones de pudor. Esta variabilidad no es meramente cuantitativa sino también cualitativa; se relaciona no sólo con la cantidad total de exposición corporal o de exhibición sartorial que se permite, sino también con las partes del cuerpo que pueden ser expuestas o acentuadas. Recientemente, por ejemplo, ha tenido lugar un cambio revolucionario en nuestras ideas acerca de la respetabilidad de la pierna femenina, y las mujeres muestran ahora libremente lo que había estado cubierto, salvo pocas excepciones, desde los albores de la civilización occidental. Puede percibirse mejor la importancia del cambio que ha tenido lugar en relativamente pocos años si recordamos que, no hace mucho tiempo, era poco delicado no sólo mostrar las piernas sino incluso referirse a ellas, por lo menos por su nombre correcto en inglés. Incluso durante un período de excepcional exhibición, lady Brownlow, cuando describe la moda parisina de 1802, afirma que los vestidos se «usaban hasta descubrir una *jambe*» (y emplea el término francés, según Cecil Brown, que cita el párrafo en una reciente carta a *The Times*, «presumiblemente porque no era de buena educación mencionar las piernas»). Cuando la madre de Ruskin se rompió una pierna, se refería a su miembro dañado (de acuerdo con su costumbre) como su «extremidad»[10] mientras que, en un período anterior, un bienintencionado donante de un par de medias de seda a una novia real fue censurado por las implicaciones indiscretas de su proyectado regalo mediante la afirmación: «la reina de España no tiene piernas».[11]

Nuestra mayor libertad en lo que respecta a las piernas ha venido acompañada, sin embargo, por una mayor intolerancia de ciertas otras partes del cuerpo y una consecuente incapacidad de usarlas con propósitos de exhibición erótica como ocurría en algunas épocas anteriores. La acentuación de las regiones posteriores del cuerpo lograda por medio del polisón nos parece ahora por lo menos de un gusto muy cuestionable,[12] mientras que en este momento hacemos todo lo posible para disimular los senos, que fueron durante mucho tiempo la suprema atracción de la anatomía femenina.

El pudor varía, por supuesto, no sólo en el tiempo sino también en el espacio. En algunos lugares de África central, las nalgas son la región en la que se concentra la vergüenza, vergüenza que excede en mucho, para los habitantes de estos lugares, la relativa a los órganos genitales externos.[13] Nuestra sensibilidad pasada con respecto a las piernas no atraía a los musulmanes, que nunca trataron de ocultar el hecho de que las mujeres, al igual que los hombres, son bípedos. Para ellos la parte del cuerpo que había que cubrir era la cara; actitud que, a su vez, era poco comprendida por los europeos, entre los que el velo nunca ha disfrutado más que de una significación decorativa o simbólica, y para quienes la cara, junto con las manos, ha sido usualmente la región más libre del sentimiento de vergüenza.

Así, el pudor varía enormemente en su incidencia anatómica, y una descripción completa de su naturaleza y funcionamiento en un caso dado requiere un análisis de este aspecto tanto como cualquiera de los otros puntos que hemos tratado en este capítulo. La única diferencia es que, en el presente caso, la dirección del pudor no puede ser descrita en términos de una simple variación entre dos extremos (como en el caso de nuestras primeras cuatro variables) sino que puede, por lo menos teóricamente, distribuirse en cualquier proporción en las diferentes superficies del cuerpo: aunque, en la práctica, se aplica comúnmente de manera principal a una o dos de un pequeño número de zonas bien definidas.

5. La protección

> Aún más, ahora mismo, ahora que para ti ha concluido, o se ha modificado, el reinado de la locura y no empleas el Vestido para el triunfo sino para la defensa, ¿lo has llevado siempre por obligación y a consecuencia de la Caída del Hombre? ¿Nunca has disfrutado de él como de una cálida Casa portátil, un Cuerpo alrededor de tu Cuerpo, donde ese extraño «tú» tuyo se refugia cómodamente desafiando todas las variaciones del Clima?
>
> Rodeado de gruesa carisea doble, semienterrado en chales y sombreros de ala ancha, y sobretodos, y botas de agua, con los dedos enfundados en mitones y gamuzas, te has subido «al caballo que monto» y, aunque estuviésemos en plano invierno, te has precipitado a recorrer el mundo, regocijándote en él como si fueses su dueño. ... La Naturaleza es buena, pero no es perfecta: ahí radica la verdadera victoria del Arte sobre la Naturaleza.
>
> *Sartor Resartus,* cap. IX
> Carlyle

La función protectora del vestido puede parecer a primera vista bastante simple. Sin embargo, al examinarla demuestra ser mucho más diversa y compleja que lo que nos pueden llevar a esperar nuestros poco rigurosos y algo sesgados hábitos de pensamiento sobre este asunto.

La forma más obvia de protección lograda por medio del vestido es contra el frío.

Sin duda, en un clima frío se corre un riesgo considerable de que sea considerada la única forma de protección. Parece indudable que, por lo menos en los últimos desarrollos del vestido, ha desempeñado una parte más importante que cualquier otra función protectora. Es probable que muchos de los más altos logros de la sastrería (como los comprendidos en el cambio de un atuendo suelto «gravitacional» a uno «anatómico», más ajustado y entallado), no hubieran ocurrido nunca en un clima cálido, y que deban su existencia a la migración de ciertos sectores de la raza humana desde regiones meridionales a regiones más septentrionales. Sin embargo, es posible, como hemos visto, que los seres humanos existan en un estado prácticamente de desnudez incluso en una de las regiones más inclementes del mundo habitado; y esto nos previene del peligro de exagerar la importancia del motivo de la protección en comparación con los motivos de adorno y pudor. Sobre todo en virtud de que el motivo de protección aparece en cierto modo como más «racional», más adaptado a la realidad que los otros motivos, y de que el hombre se inclina siempre a la «racionalización» de sus motivaciones. Existe una resistencia a admitir la fuerza plena de las tendencias hacia el adorno y el pudor y, en consecuencia, el hombre ha exagerado probablemente su necesidad de cubrirse para protegerse del frío. Sea como fuere, la mayoría de las autoridades médicas está de acuerdo en que, desde el punto de vista de la higiene, los europeos usan más bien demasiada ropa (aunque se ha producido una gran reducción en la ropa femenina en los últimos años).[1] Y lo mismo se aplica *a fortiori* a los vestidos de los últimos siglos que, excepción hecha de breves períodos, eran en general más abundantes que en el presente.

Pero la vestimenta puede proteger no sólo contra la temperatura desagradablemente baja sino también contra el calor, en la medida en que éste depende directamente de los rayos solares. En todo caso, pocos europeos pudieron vivir en países tropicales sin protegerse la cabeza del sol mediante sombreros y muchos de nosotros hemos tenido ocasión de lamentar, durante un verano caluroso, tener que prescindir durante mucho tiempo de la protección que nos proporciona nuestra ropa contra los rayos solares sobre ciertas partes del cuerpo ya que, como muchos han comprobado, los baños de sol, tomados de repente y sin el debido hábito, tienen consecuencias muy dolorosas.

La ropa también puede protegernos contra los enemigos, tanto humanos como animales. El deseo de protección contra enemigos humanos ha conducido al desarrollo de una especie muy particular de vestimenta, conocida como armadura. En los países occidentales, la armadura ha sido por lo general de metal; en esta forma tuvo un enorme desarrollo en la Edad Media, y como vestimenta profesional típica del caballero, llegó a simbolizar íntimamente todo el espíritu marcial de ese momento. La desaparición gradual de la armadura se debió indudablemente a los progresos de las armas de fuego que, finalmente, la inutilizaron para su propósito real. Pero, como prenda ceremonial, han permanecido ciertos vestigios de ella hasta el presente; por ejemplo, el peto de acero que forma parte del uniforme de los guardias, el más suntuoso de todos los trajes militares. Y, lo que es bastante curioso, la guerra moderna, aunque ha hecho anticuada en otros aspectos la armadura, ha llevado sin embargo al resurgimiento de un casco de acero de apariencia muy medieval, así como a ciertos rasgos enteramente nuevos de la ropa protectora, como por ejemplo la máscara de gas.[2] En algunos lugares, sin embargo, se han usado materiales de otra clase para las armaduras, como en el caso de algunas tribus africanas, que emplean almohadillas de lana que cubren todo el cuerpo.[3]

Aparte de la guerra convencional, la armadura u otras formas especiales de ropa protectora pueden, por supuesto, proteger contra ataques súbitos o aislados de seres humanos. Hubo un tiempo en que muchas personas que tenían razón para suponer que su vida corría peligro llevaban una túnica metálica debajo de sus ropas ordinarias, y si lo que se dice es verdad, un buen número de ellas lograba prolongar su vida de esta manera. Incluso la ropa común, si es suficientemente gruesa o voluminosa, puede servir a veces para este propósito; muy recientemente el *Observer*, bajo el título de «Pasión y enaguas», dio cuenta de un caso semejante: un celoso amante disparó con un revólver sobre una muchacha de una aldea eslovaca pero, afortunadamente, ella tenía puesto el traje campesino tradicional de la región y, estando en consecuencia «acorazada» con diez almidonadas enaguas, el proyectil le dañó sólo levemente la cadera.

Pasando de ataques deliberados a daños involuntarios, ciertas formas especiales de vestimenta, confeccionadas en su mayoría con un material relativamente muelle y dócil, se emplean para la prevención de accidentes que suelen ocurrir en ocupaciones o deportes peligrosos. Prueba de esto son las gafas protectoras del picapedrero, los trajes acolchados de los pilotos de carreras y de los jugadores de baloncesto, la máscara protectora del esgrimista y las rodilleras del jugador de críquet que defiende el *wicket*. El sombrero de copa del jinete de cacería, aunque usado sin duda principalmente porque se ha convertido en una parte del equipo correcto para este deporte (al igual que muchos deportes han llegado a asociarse con cierto uniforme que sólo permite pequeñas variaciones individuales), se justifica a menudo —ignoro si con razón o no— porque disminuye el peligro de lastimarse la cabeza en una caída.

De entre los enemigos animales contra los que el hombre ha tratado de protegerse mediante la ropa probablemente los insectos sean los más importantes. De hecho, algunos autores (por ejemplo Knight Dunlap) consideran que el uso de vestimentas para protegerse de los insectos ha desempeñado una parte importante en el desarrollo del vestido humano. Nosotros mismos vestimos a veces a los caballos para protegerles contra las moscas, y no parece imposible que prendas sueltas que batieran contra los miembros cuando están en movimiento puedan haber sido de inmensa utilidad en muchos países y hayan conducido a la adopción permanente de prendas de este tipo.

Todas las funciones del vestido que hemos considerado hasta aquí en este capítulo se relacionan con la protección contra peligros e inconvenientes físicos y son, sin duda, en su mayor parte suficientemente simples y obvias. Los modos por los que la ropa puede asegurarnos contra distintos peligros reales o imaginarios de origen y naturaleza principalmente psicológica son mucho más sutiles en su funcionamiento y más fáciles de ser pasados por alto.

La más importante de esta segunda clase de funciones protectoras de la ropa (especialmente en las etapas más tempranas de la historia de la vestimenta) es indudablemente la que se relaciona con la supuesta influencia de la magia y los espíritus. Para la mente primitiva, la causa de todos los males, cuya fuente no es inmediatamente obvia, no se encuentra en las propiedades físicas y en las interacciones de las cosas sino más bien en la influencia de agentes mágicos o espirituales. Para una mente así, todo el universo está continuamente imbuido por estas influencias y los desastres que acaecen a los seres humanos —como accidentes, enfermedad y muerte (porque la muerte no se atribuye a «causas naturales»)— se supone que son obra de acciones mágicas hostiles puestas en funcionamiento por otros hombres, o por la intervención de fantasmas u otras fuerzas psíquicas desencarnadas. La única protección posible contra estas influencias multitudinarias y maléficas es el uso de la contramagia y, como resulta imposible ocuparse perpetuamente en el ejercicio de esta contramagia mediante prácticas mágicas reales (aun suponiendo que se conoce el procedimiento requerido, porque las fórmulas más potentes son a menudo propiedad de ciertos profesionales o especialistas), es muy conveniente llevar algún amuleto, en el que se confía para preservar de todas las malas influencias sin necesidad de una intervención activa. Con este fin se colgaban o se adherían al cuerpo distintos objetos que se suponían investidos de propiedades mágicas y algunas autoridades[4] se inclinan a creer que este uso mágico de artículos precedió incluso al propósito ornamental y, por consiguiente, constituye el motivo real de los primeros comienzos de la vestimenta. Este punto de vista está en armonía, por supuesto, con la opinión que comparten ahora muchos antropólogos en el sentido de que, en general, las primeras formas de arte cumplían fines utilitarios (es decir, mágicos) más que puramente estéticos. Si esto es verdad con respecto a la ropa, puede decirse que, en sus primeras manifestaciones, el motivo del adorno en el vestido surgió gradualmente del motivo utilitario mágico, de un modo muy parecido al que, en formas de arte posteriores, los instrumentos y otros objetos construidos originalmente para cumplir algún propósito necesario llegaron a ser decorativos y, finalmente y en ciertos casos, persistieron como adornos incluso cuando el avance cultural había reducido o abolido su función utilitaria. Sin duda, lo que podemos reconstruir de la historia más reciente de la vestimenta apoya este punto de vista, porque hay numerosas características en la ropa que llevamos hoy en día que son ahora puramente ornamentales pero que alguna vez fueron necesarias; encontraremos muchos ejemplos de ello en el capítulo sobre la evolución de las prendas.

Si este punto de vista sobre la prioridad de la magia sobre el adorno es correcto, la opinión sostenida por la mayoría de los autores acerca de que el adorno fue el motivo original subyacente al uso del vestido deberá ser revisada; el honor del primer lugar deberá ser concedido no al adorno sino a la protección; pero, por supuesto, a la protección contra agentes diferentes de aquellos en los que hoy pensamos principalmente. Sea como fuere, podemos afirmar que las funciones mágicas y decorativas se desarrollaron en alguna medida concurrentemente, encontrando satisfacción ambas en los mismos objetos; y que el motivo del adorno adquirió gradualmente una independencia cada vez mayor, de suerte que al final el propósito mágico pasó a un segundo plano y tendió a desaparecer. Pero nunca desapareció del todo y aún hoy podemos apreciar algo de la actitud del salvaje en este asunto, porque todavía usamos objetos que los supersticiosos (y pocos de nosotros podemos jactarnos de habernos liberado totalmente de la esclavitud de la superstición) creen que traen buena suerte o que conjuran la mala suerte. No poca gente ha usado en algún momento de su vida un collar, un anillo, una joya u otra baratija decorativa al que se atribuían propiedades protectoras, como la de prevenir enfermedades o accidentes; de hecho, existe una amplia tradición mágica acerca de algunas piedras preciosas que hoy se usan como adornos.

En culturas en cierto modo más primitivas, normalmente se considera que la función de dichos amuletos es la de proteger contra el «mal de ojo» (al igual que en la Edad Media se suponía que la cruz tenía el poder de alejar al demonio y a sus esbirros). Ahora bien, esta creencia nos puede ayudar a vislumbrar el significado profundo que parece subyacer a una gran cantidad (tal vez a todas) de estas supersticiones relativas al valor protector de ciertos adornos. Las observaciones psicoanalíticas y antropológicas han aclarado que uno de los principales modos por los que se suponía que el «mal de ojo» hería a sus víctimas era dañando sus facultades o sus órganos reproductores. De hecho, la doctrina del mal de ojo parece estar vinculada íntimamente con el complejo de castración.[5] El hecho de que la mayoría de los amuletos usados para rechazar el mal de ojo parecen ser símbolos de los órganos reproductores —masculinos o femeninos— concuerda con este punto de vista; al parecer, el principio psicológico que opera aquí es el de ser una especie de garantía de que la potencia y el poder reproductivo están todavía intactos.

Aquí volvemos al asunto general del simbolismo fálico al que nos hemos referido en el capítulo 2. Parecería que el simbolismo sexual general del vestido, en virtud del cual la ropa parece constituir un sustituto inconsciente de la cruda exhibición sexual, se ve reforzado por la exhibición mágica de símbolos sexuales como una defensa contra el temor a la esterilidad. Es imposible decir con certeza, en el estado actual de nuestro conocimiento, en qué medida el uso generalizado del simbolismo genital obedece a una tendencia activa y agresiva de orgullo sexual, y en qué medida es un mecanismo de defensa contra los temores sexuales relacionados con el complejo de castración. En este caso, como en otros muchos similares, los elementos positivos y negativos están tan íntimamente imbricados que es difícil o imposible separarlos.

La función del vestido como medio de protección contra el peligro moral es muy similar a la anterior, tanto en su naturaleza psicológica esencial como en su tendencia a asociarse con el simbolismo fálico. El monje se protege con su hábito simple y envolvente contra los atractivos y tentaciones de este mundo depravado, y la vestimenta es una ayuda para muchos otros en el intento de impedir influencias perturbadoras que podrían conducirles fuera del recto y estrecho sendero de la virtud. Para tal fin, la ropa debe ser abundante, gruesa, cerrada, ajustada o de color no provocativo; o, mejor aún, poseer varias de estas cualidades o todas. Pero estas cualidades (en particular las cuatro últimas) no son puramente negativas en su valor protector; en muchos casos son al mismo tiempo un símbolo de la resistente fuerza interna. Hay una continua transición que discurre desde las funciones más simples y puramente protectoras hasta una reacción más positiva ante los peligros morales a través de la certeza de la fuerza moral que puede proporcionar la ropa. Así es como ciertas prendas pueden convertirse en símbolos de inflexibilidad de carácter, severidad de criterios morales y pureza de propósitos morales, simbolismo ético que desempeña un papel muy considerable en los trajes más austeros y formales de los hombres modernos. En el grosor del material y en la solidez de la estructura de sus trajes de sastrería, en la grave y sobria negrura de sus zapatos, en el blanco virginal y en la rigidez almidonada de sus cuellos y de sus pecheras, los hombres exhiben ante todo el mundo exterior su presunta fuerza, firmeza e inmunidad ante las distracciones frívolas. Así es cómo las prendas de este tipo han llegado a significar seriedad en el carácter y devoción al deber, y se asocian a todas las formas más responsables de trabajo profesional y comercial. Las prendas estrechamente ajustadas tienen también una significación moral; y las mujeres han compartido también esto en un momento u otro por medio de sus corsés, ballenas y corpiños cuya estrechez sólo se avenía con su rigidez.

Todas las prendas de este tipo contrastan con las ropas más alegres, sueltas, muelles y livianas que se consideran convenientes para un día de fiesta. Los cuellos flexibles son vistos como inapropiados para los negocios, porque se asume que su falta de forma rígida revela una correspondiente «dejadez» del que los usa; mientras que una bata y chancletas, por el otro lado, se han convertido en signos casi proverbiales de comodidad y relajación.

Distintas fuentes han contribuido al crecimiento de las asociaciones de este tipo, de las cuales las más importantes parecen ser:

1) Color. La conexión universal (en cuyo origen no podemos entrar aquí) del negro con la seriedad y del blanco con la inocencia y la pureza moral, en contraposición a los colores del espectro —en particular, los más brillantes— que significan una expresión más libre de las emociones.
2) Amplitud. La noción ascética del cuerpo como una fuente de pasiones nefastas que por lo menos pueden olvidarse o controlarse cubriéndolo lo mejor posible.
3) Grosor (y rigidez). El valor protector real de la ropa gruesa contra ciertos peligros físicos, con la extensión inconsciente de esta

protección a la esfera moral. Es posible que el uso anterior de la armadura y sus asociaciones con las tradiciones morales de la caballería hayan contribuido a esta conexión.

4) Rigidez. La equiparación simbólica de la rigidez y de la «rectitud» físicas (nótese la palabra) con la probidad moral y la firmeza, y de las ropas «sueltas», «holgadas» y «desaliñadas» con estilos de vida correspondientes.
5) Estrechez. La asociación se debe sin duda primariamente al soporte real de la ropa estrecha, que es en gran medida físico, pero que se transfiere fácil y frecuentemente a la esfera moral.[6] La estrechez, por su presión sobre el cuerpo, puede simbolizar un control firme sobre nosotros mismos (por ejemplo, «manteniendo con correa corta» nuestras pasiones), lo opuesto de la «soltura» o «disolución» que asociamos con la inmoralidad.[7]

Sin embargo, tanto la rigidez como la estrechez son susceptibles de verse sobrecondicionadas por el simbolismo fálico. El cuello duro, por ejemplo, que es el signo del deber, es también el símbolo del falo erecto y, en general, aquellas prendas masculinas más asociadas con la seriedad y corrección son también las más saturadas de un sutil falicismo. Aquí encontramos nuevamente la formación una transacción entre los factores morales e instintivos que el psicoanálisis nos ha mostrado como característicos no sólo de muchas manifestaciones neuróticas, sino también de otros muchos aspectos de nuestra cultura.[8]

Desde mi punto de vista, existe aún otra forma más general por la que el vestido ejerce una función protectora. Al igual que las funciones que acabamos de mencionar de protección ante peligros morales y mágicos, es de naturaleza psicológica; al igual que estas funciones, también parece depender, en última instancia, del simbolismo inconsciente. El tipo de protección al que nos estamos refiriendo es, debido a su generalidad, más difícil de describir que las formas anteriores. Tal vez pueda concebirse como una protección contra la hostilidad general del mundo en su conjunto o, expresándolo de manera más psicológica, como una garantía contra la falta de amor. Si estamos en un entorno hostil, sea humano o natural, tendemos, por decirlo de alguna manera, a abotonarnos la ropa, a envolvernos estrechamente en ella. En un día frío, cuando dejamos nuestro cálido hogar y nos adentramos temblando por la calle inhóspita, nos levantamos el cuello y procuramos acurrucarnos todo lo posible en nuestros abrigos. Por el contrario, bajo la influencia del cálido sol, nos quitamos la ropa de más o la llevamos en la mano con descuido, de manera que no nos envuelva y nos aísle del mundo exterior. Pienso que estas influencias no deben explicarse sólo por la temperatura. En un caso hay una suerte de hostilidad general que nos impulsa a retraernos en la protección de nuestra ropa, de manera muy parecida a la tortuga que puede ocultar su cabeza en el caparazón protector con el que la naturaleza la ha dotado. En el otro caso hay una suavidad general con la que queremos entrar en contacto íntimamente, y a la que extendemos y abrimos los brazos (a menudo literalmente) como si le diéramos la bienvenida. Aquí no hay necesidad de capas protectora, antes bien sentimos un anhelo de poner en contacto nuestro ser más íntimo con los amistosos elementos.

Ocurre más o menos lo mismo con respecto a nuestro entorno humano. Si nos encontramos entre gente antipática —gente ante la que nos sentimos superiores, con la que no tenemos nada en común, o de la que tenemos miedo— también tenderemos a envolvernos estrechamente en nuestras ropas, como si ellas pudieran de alguna manera apartarnos o protegernos de esa gente con la que no deseamos compartir la intimidad.

Estudiosos del vestido[9] ya advirtieron de que ciertas formas de vestimenta, por ejemplo, una tirilla alta para fijar el cuello de la camisa o el cuello alto de un abrigo, han simbolizado en el pasado «inaccesibilidad», «antipatía» y resistencia a los principios democráticos. No es difícil encontrar ejemplos actuales de esta misma tendencia general. Así, por ejemplo, un hombre vestido con un traje de etiqueta usará seguramente un abrigo al salir a la calle, incluso en un clima caluroso. Puede no necesitarlo como protección contra el clima, pero lo lleva porque siente que el resto de la gente de la calle, la mayoría de la cual probablemente no está vestida de fiesta, es de alguna manera distinta a él, y sólo por el mero hecho de vestir, por así decirlo, en un espíritu distinto lo mirarán con cierto grado de suspicacia y hostilidad. Se reserva la visión de su esplendor interno para sus propios compañeros, vestidos de igual modo, con los que luego se encontrará al final de su viaje.[10]

En las mujeres obran tendencias similares, aunque tal vez más teñidas de un elemento erótico. Aún más que los hombres (en los cuales es a menudo un mero signo de respeto), quitarse las prendas exteriores significa una condición de amigabilidad y de estar «en casa». Además, parecería existir una correspondencia entre los sentimientos democráticos, la libertad sexual y la exhibición pública de la belleza femenina. En los países musulmanes, donde la libertad sexual de las mujeres se reducía al mínimo, las mujeres se ocultaban cuidadosamente de la mirada pública y la vista de su rostro se reservaba celosamente para sus maridos. En Europa, tras la Revolución Francesa, cuando la divisa del día era «libertad, igualdad, fraternidad», las mujeres usaban las ropas más livianas en la calle, donde las prendas escotadas eran consideradas no menos apropiadas que en la sala de baile. En el período de mojigatería y gran esnobismo social y diferenciación al que se llegó en el siglo XIX, esta exhibición se reservó para ocasiones íntimas, con amigos y gente de igual condición social. Hoy en día, cuando los puntos de vista democráticos y la mayor libertad sexual han triunfado una vez más, las mujeres exhiben decididamente una parte más grande de su cuerpo a la contemplación general.

Me inclino a pensar que la misma correspondencia se mantiene en casos individuales y que, por ejemplo, la rapidez con la que una mujer se quite su manto, cuando está vestida de fiesta, en un teatro o en otra función pública, es en alguna medida un diagnóstico de su actitud amistosa y disposición a suscitar la admiración sexual. Si se quita prontamente su vestimenta exterior, simpatiza social y sexualmente con su entorno; en la medida en que la retenga, conserva un cierto retraimiento, ya sea porque tiene vergüenza de sus propias capacidades o encantos, o porque no se siente en armonía con quienes la rodean y no desea intimar con ellos.

Se dirá, naturalmente, que aun suponiendo que esto sea verdad, la situación se complica aquí por la existencia de diferencias individuales en la sensibilidad al frío y en la consecuente disposición a despojarse de las prendas que cubren los brazos y los hombros. Lo admito hasta cierto punto pero, como estoy tratando de mostrar, este asunto de la sensibilidad al frío está lejos de ser en sí mismo independiente de los factores psicológicos que se consideran aquí. El hecho de que nos protejamos tanto del frío como de la hostilidad mediante la ropa está relacionado seguramente con el hecho adicional de que tendemos naturalmente a simbolizar el amor y la amistad mediante el calor y la animadversión mediante el frío. La «frialdad» es una metáfora universal para la falta de amor, como cuando hablamos de la frigidez sexual o del estilo frío de una persona, del mismo modo que, por otro lado, hablamos de una pasión ardiente o de un cálido abrazo. Ahora bien, parece probable que esta conexión, lo mismo que otras muchas asociaciones lingüísticas, está profundamente enraizada en nuestra estructura mental, y que nuestra reacción y aun nuestros sentimientos de frío y calor vienen en gran medida determinados inconscientemente por estas identificaciones psicológicas. Pienso que incluso es posible que algunas personas sean en general más sensibles al frío que otras porque sienten una falta de amor en sus vidas. A otros tal vez les disguste el calor porque temen dar rienda suelta a sus sentimientos de amor. En cualquier caso, hay una clara evidencia de que ciertos períodos individuales de depresión, ansiedad, soledad o nostalgia, pueden coincidir con un deseo de estar vestido más abrigadamente que de costumbre. Así, una mujer que durante el resto de su vida puso especial cuidado en usar la ropa más liviana que pudo, vistió continuamente un abrigo, incluso cuando jugaba al tenis, en un periodo particular de su adolescencia durante el cual pasó por una fase de depresión en la que contemplaba la posibilidad del suicidio. Un chico que en su casa se negaba a llevar abrigo, una vez en el internado, cuando extrañaba su hogar, insistía en ir a todos lados con un abrigo, a pesar de las burlas de sus compañeros. Un joven estadounidense, estudiante en Londres, escribe: «Puede que la nostalgia haga necesarias más ropas, porque he notado que una manta de viaje y el fuego de gas ... hacen maravillas en un ataque de autocompasión».

Recientemente Eve Macaulay llevó a cabo una investigación sobre este extremo en una ciudad del sudoeste de Inglaterra. Se preguntó a un grupo de cincuenta estudiantes lo siguiente: «¿Hay alguna circunstancia (aparte de la temperatura) o estado de ánimo en el que siente la necesidad de usar más ropa de la que lleva normalmente?». De los cincuenta, veinticuatro afirmaron que ciertas condiciones puramente mentales del tipo mencionado tenían ese efecto. Por supuesto, es posible que esta necesidad de ropa más cálida sea enteramente un resultado secundario de la influencia de la depresión, ansiedad, etc., sobre la circulación. Pero debe señalarse que sólo tres de los veinticuatro se refirieron a una «disminución de la vitalidad» o a otras condiciones físicas por el estilo y, desde el punto de vista de nuestra ignorancia general en cuanto a las interrelaciones causales reales entre el cuerpo y la mente en casos de este tipo, y del hecho indudable de la existencia de una asociación psíquica entre frío y falta de amor (tal y como se reveló, por ejemplo, en los usos lingüísticos antes mencionados), sería precipitado descuidar la posible existencia de un determinante puramente (o principalmente) psíquico, que incidiera en la necesidad de más ropa. Thomas Carlyle —el autor del que probablemente sea el libro más famoso sobre el vestido— ha expresado admirablemente en unas pocas palabras la analogía entre un amor protector y una prenda protectora (analogía que, por otra parte, fue considerada por el nostálgico estudiante estadounidense como «realmente perfecta»). Hablando de su difunta esposa, Carlyle escribe: «Me envolvía como un manto para preservarme de todo lo duro y frío del mundo».[11]

Creo que este último ejemplo nos da la clave del simbolismo inconsciente que (por lo menos, en algunos casos) subyace a la sustitución de la ropa por el amor. Las palabras de Carlyle hacen pensar casi irresistiblemente en una madre. La añoranza de una madre que nos proteja, nos anime y nos cuide con su amor existe profundamente en el corazón de la humanidad, y esta añoranza parece remontarnos a las primeras etapas de nuestra existencia. Uno de los descubrimientos más asombrosos del psicoanálisis fue el relativo a la importancia y frecuencia de las «fantasías intrauterinas», es decir, las fantasías de un retorno al hogar cálido, envolvente y protector donde pasamos los primeros nueve meses de nuestra existencia. Todavía existen muchas dudas y muchas discusiones en torno al significado concreto de esta fantasía, a sus causas y a su importancia para el desarrollo normal y para la psicopatología.[12] El hecho de que tenga una importancia considerable está más allá de toda duda razonable. El aspecto de la fantasía que nos interesa aquí es que el útero, o su símbolo, se considera como un refugio tanto contra un entorno generalmente hostil como contra el frío. Muchos estudios psicoanalíticos han demostrado ampliamente que en esta fantasía el útero representa un lugar de seguridad en el cual uno puede ponerse a salvo de los peligros y dificultades del mundo. Recientemente Ernest Jones (55) ha tratado de mostrar que el fundamento inconsciente del miedo al frío deriva del miedo a la separación de la madre. No hay más que un paso de esto a la idea de que un retorno al útero constituiría un refugio al mismo tiempo contra el frío y contra los peligros concernientes a la separación de la madre amada. Dado que obviamente la ropa nos protege del frío, no es sorprendente que con frecuencia se convierta en símbolo de este aspecto de la función protectora de la madre y, por extensión, también de otros aspectos; aquellos en virtud de los cuales ella se convierte en un refugio ante el «duro y frío mundo» en general.

Esta extensión se hace más fácil por el hecho de que, para la mayoría de los individuos, la madre, por razones externas, se asocia con la ropa desde una edad muy temprana. Es ella la que por lo general viste y desviste al niño, o por lo menos vigila estas operaciones, y luego durante muchos años (a menudo durante toda su vida) la madre, como impulsada por una comprensión intuitiva de ese simbolismo, tiende a demostrar su amor manifestando una preocupación porque sus hijos estén adecuadamente vestidos. En realidad, es rara la vez en que una madre advierte a su hijo o hija del peligro de llevar un exceso de ropa, ¡pero qué innumerables son las ocasiones en que urge a ponerse una ropa interior más abrigada o un abrigo extra! En realidad, su ansiedad se convierte a menudo en una fuente considerable de preocupación y disgusto para sus hijos, y puede despertar en ellos un espíritu de rebelión por contrasugestión que se manifiesta en un deseo de usar tan poca ropa como sea posible. Pero éste es un asunto que nos reservamos para el próximo capítulo.[13]

Podemos terminar el presente capítulo señalando un paralelismo, al que aludiremos nuevamente al hablar de otra cosa, pero que es peculiarmente afín con lo que hemos discutido aquí. El paralelismo en cuestión —sobre el que han llamado la atención muchos de los que han escrito sobre el vestido— es el que existe entre las funciones protectoras de la ropa y de la casa respectivamente. Ambas protegen contra el frío y otras inclemencias del tiempo. De hecho, sus funciones son en alguna medida complementarias; cuando hace frío nos quitamos nuestras prendas exteriores al entrar a una casa y nos las volvemos a poner cuando salimos. La ropa, como la casa, es protectora; pero como está más cerca del cuerpo y se apoya realmente en él, es (a diferencia de la casa) portátil. Con ella llevamos —como los caracoles y las tortugas— una especie de casa sobre nuestras espaldas y disfrutamos de las ventajas del abrigo sin la desventaja de ser sésil. Incluso hemos inventado una buena cantidad de objetos que tienen un carácter de transición entre la ropa y la casa. El carro techado o carruaje es, como lo ha señalado Gerald Heard,[14] uno de estos objetos; el paraguas es otro. En lo que respecta a este pequeño instrumento con su tejado de emergencia, es difícil decir si corresponde más a una casa en miniatura transportable o a una prenda exterior pasajera.[15]

Ahora bien, es interesante señalar que los psicoanalistas han mostrado que la casa,[16] con la que el vestido tiene tanto en común y con la que éste ha sido comparado tan a menudo, es un símbolo frecuente de la madre y del útero materno. De hecho, es uno de los más claros y más indudables de estos símbolos. Esto reforzará seguramente nuestra convicción de que el mismo simbolismo se aplica realmente con respecto al vestido.

6. Diferencias individuales

Pues el traje proclama al hombre.

Hamlet, I. 3
Shakespeare

Hasta aquí nos hemos ocupado de los factores psicológicos generales que influyen en la vestimenta, factores que en su mayor parte actúan en cada mente individual. Pero, por supuesto, estos distintos factores no tienen la misma importancia relativa en cada mente. Aquí, como en cualquier otro aspecto en psicología, las diferencias entre los individuos son tan importantes como las semejanzas, y es el momento de dedicar alguna atención a estas diferencias antes de seguir considerando otros aspectos más específicos de la vestimenta, como los diferentes tipos de vestidos y la naturaleza de la moda. En consecuencia, este capítulo y el próximo estarán dedicados a esas diferencias. En el presente capítulo trataremos las diferencias individuales en sentido estricto, reservando para el próximo las diferencias especiales —tal vez más importantes aquí que en otros campos de la psicología— que dependen del sexo.

Como ya hemos indicado, parecería que el niño pequeño tiene, en sus primeros años de vida, poco interés por el vestido. Tanto las consideraciones del adorno como las del pudor le son extrañas; a lo sumo puede existir para él algo de la comodidad del vestido como protección contra el frío y como un medio inconsciente de regresión al estado prenatal que analizamos al final del último capítulo. Sin embargo, gradualmente se despiertan ciertas tendencias que, aunque no proporcionan por sí mismas un interés en el vestido, son capaces, no obstante, de ser «desplazadas» hacia la ropa y, cuando se desplazan, se transforman en las principales fuentes del desarrollo del interés por el vestido en el individuo y, por consiguiente, en última instancia en la raza. Me refiero a los placeres derivados del cuerpo desnudo y, en particular, de la tendencia exhibicionista.

El análisis en más profundidad de estos placeres muestra que derivan de dos fuentes principales de valor muy desigual para el desarrollo del interés por el vestido. En el lenguaje del psicoanálisis, una fuente es primariamente narcisista, la otra primariamente autoerótica. El elemento narcisista consiste en la tendencia a admirar el propio cuerpo y a exhibirlo ante los otros, de manera que estos otros puedan compartir la admiración. Encuentra su expresión natural en la exhibición del cuerpo desnudo y en la demostración de sus poderes, y puede ser observado en las danzas y cabriolas que realizan muchos niños desnudos, en las que, si se les permite, se complacen preferentemente, pero no necesariamente, ante los ojos de adultos llenos de admiración. Más tarde en la vida se pueden obtener sin duda formas muy similares de satisfacción a partir de las actividades exhibicionistas del bailarín y del atleta, vestidos ambos por lo general más escasamente de lo que el pudor permite en ocasiones ordinarias. Pero las manifestaciones de esta tendencia no se reducen por fuerza permanentemente al cuerpo desnudo; pronto se despierta la posibilidad de expresiones nuevas (desplazadas) relacionadas con vestidos o adornos. En los capítulos 2 y 3 vimos cómo las diferentes formas de vestido y adorno puede parecer que amplían y magnifican la belleza del cuerpo. Es natural que una tendencia que encuentra satisfacción en la exhibición del cuerpo se apropie tarde o temprano de ese fácil medio de incrementar el aspecto atrayente de la exhibición. De esta manera, parte del interés original en el cuerpo desnudo se desplaza al vestido o a los adornos que parecen aumentar el efecto estético del cuerpo, y esta porción del interés original puede llegar a ser finalmente más o menos independiente de su primer objeto, de suerte que podemos decir que existe ahora un interés por el vestido que es relativamente diferente del interés por el cuerpo que se viste; la cruda tendencia exhibicionista original ha sido sublimada en alguna medida en el vestido.[1]

Parecería mucho más difícil alcanzar alguna sublimación correspondiente de los componentes autoeróticos de los placeres relacionados con el cuerpo desnudo. Estos componentes son de dos clases principales que, nuevamente en la terminología psicoanalítica, pueden denominarse, respectivamente, erotismo cutáneo y erotismo muscular.[2] El primero de los dos, en lo que aquí nos concierne,[3] se relaciona primariamente con el placer de la estimulación natural de la piel; la acción del aire, del viento y del sol sobre la superficie del cuerpo. Los que toman baños de sol y de aire advertirán que el placer que se deriva de esta fuente es muy grande. De hecho, en las respuestas a un reciente cuestionario,[4] un buen número de personas describió este placer de la estimulación de la piel en términos muy ardientes, y expresiones como «celestial», «perfectamente delicioso», «como si respirara felicidad» fueron bastante comunes. Ahora bien, el uso de la ropa —cualquiera en particular, salvo la más liviana y fina— implica necesariamente un gran sacrificio de estos placeres, en la medida en la que impide en gran medida que los estímulos esenciales afecten la superficie sensible de la piel. A cambio, puede proporcionar sólo dos satisfacciones: en primer lugar, protección contra el frío desagradable y el placer correlativo de un mayor abrigo, fuente de gratificación que, como hemos visto, apela principalmente a tendencias de orden diferente (los placeres sensibles realmente fuertes que brinda el calor, como los producidos por un baño caliente, se disfrutan con más facilidad sin ropa); en segundo lugar, ciertas sensaciones cutáneas agradables, relacionadas con el contacto con las telas, los placeres producidos por el contacto con la seda, el terciopelo, las pieles, etc. Estas últimas parecen proporcionar medios para el desplazamiento genuino del erotismo cutáneo desde los estímulos naturales, como el aire y el sol, a la ropa; pero al mismo tiempo se advierte que los nuevos placeres derivados de dicha estimulación por la ropa son más bien limitados y, salvo tal vez en climas muy fríos, son en general claramente inferiores a los que pueden producir los estímulos naturales. De hecho, resultados adicionales del cuestionario mencionado más arriba indican que, para la mayoría de la gente, las sensaciones desagradables relacionadas con tal estimulación son más frecuentes e intensas que las agradables (aunque esto tal vez podría rectificarse si se dedicara más cuidado y, probablemente, también más dinero a la elección de la ropa interior). Por lo tanto, no resulta sorprendente que los componentes eróticos cutáneos sufran sólo una pequeña sublimación en las ropas, y que las personas en las que los mismos estén por naturaleza fuertemente desarrollados continúen, por así decirlo, sintiendo llevar ropa como un hábito que les priva de una valiosa fuente de placer.

Las mismas consideraciones valen para la mayor parte del erotismo muscular. Aquí el placer deriva del libre juego de los músculos. Los elementos sensoriales comprendidos se derivan en parte de sensaciones profundas causadas directamente por las contracciones musculares, y en parte por sensaciones cutáneas debidas a la dilatación y relajación de la piel que acompañan necesariamente tal contracción. Estas dos clases de sensaciones pueden apreciarse mejor cuando el cuerpo está desnudo (de ahí una razón adicional de la tendencia al movimiento que, como hemos indicado antes, puede acompañar al exhibicionismo narcisista de los niños). La ropa interfiere en esta apreciación, en primer lugar, amortiguando las sensaciones naturales de la piel y agregando otras irrelevantes y específicas (causadas por la presión variable de las prendas cuando el cuerpo se mueve) y, en segundo lugar, presentando realmente obstáculos a los movimientos musculares libres (tal y como puede verificarlo fácilmente un hombre tratando de balancear vigorosamente sus brazos, estando vestido con un abrigo ordinario). La única compensación que las ropas pueden ofrecer a esta pérdida de la satisfacción del erotismo muscular parecería residir en la agradable presión proporcionada por ciertas prendas ceñidas, como un cinturón o un corsé, que parecen aumentar la fuerza del cuerpo al producir sensaciones algo similares a las que acompañan a la contracción de los músculos abdominales. Aquí, sin embargo, como en el caso del erotismo cutáneo, aunque los placeres producidos por la ropa son reales, en su mayor parte son inferiores a los que son posibles en un estado de desnudez; en su conjunto, por lo tanto, el erotismo muscular, al igual que el erotismo cutáneo, pierde más que gana con el uso de la ropa.

Por lo tanto, son los desplazamientos de los elementos narcisistas más que los autoeróticos para los que la ropa debe buscar un apoyo psicológico de tipo más directamente placentero. Sin embargo, todos los datos señalan el hecho de que los niños obtienen muy pocas satisfacciones positivas de su ropa en los primeros años de vida; las llevan sólo porque sus mayores insisten en ello, con lo que convierten el estado de desnudez en algo «malo» y la condición vestida en algo «correcto». Más tarde, esta vaga sensación de moralidad relacionada con el uso de la ropa se clarifica con la adquisición de ciertas ideas definidas del pudor, adquiridas también, por supuesto, de las personas mayores: no sería «agradable» ser visto sin ropa o con muy poca, aunque indudablemente sería a menudo agradable quitársela si no fuera por esta inhibición moral.[5] Sin embargo, al mismo tiempo comienza la apreciación más estética de la ropa, derivada de la sublimación de las tendencias narcisistas, que se manifiesta al principio en una forma relativamente cruda, en el deseo de una gran cantidad de adornos y de los colores más vivos. De hecho, los niños, acaso especialmente los varones, que tienen menos oportunidades en este sentido que las niñas, parecen sufrir frecuentemente de una añoranza real pero a menudo en parte reprimida de usar más colores en sus ropas, y si se les pregunta qué combinaciones les gustaría usar, pueden proponer algunas claramente chillonas, como en el caso de un niño de nueve años cuya elección consistió en «jersey rojo y amarillo, cinturón verde, pantalones cortos marrones, calcetines rojos y azules, y gorro malva».[6] En esta etapa de desarrollo se aprecia muy poco la diferencia que trazan los sofisticados adultos entre ropa de fiesta y de trabajo; hay un deseo por llevar siempre la ropa más fina (deseo que se encuentra en años posteriores sólo en niños rezagados). La única alternativa es desechar el principio del adorno totalmente y desear ropa tan resistente y simple como sea posible, de suerte que el jugar o brincar no sea turbado por la necesidad de cuidar que la «mejor» ropa o la de fiesta no se rompa o se ensucie. Este último extremo es muy importante en la vida del niño que, si tiene una inclinación a las travesuras, puede llegar a entrar en conflicto con sus mayores por estas cuestiones. Sólo en una edad algo posterior el ideal de la ropa elegante, bien hecha o «adecuada», llega a atraer al niño. Al igual que el salvaje, al principio le es imposible apreciar la exquisitez de la sastrería y la costura en cuanto artes que tienen que tener en cuenta el conjunto constituido por la persona, su ropa y su medio. Sólo cuando es capaz de apreciarlo, sin embargo, le es posible comprender el punto de vista del adulto civilizado y cultivado, y es inútil (y probablemente perjudicial) procurar y forzar en él de forma prematura este punto de vista.

Tras un breve bosquejo[7] del modo en el que la actitud mental hacia la ropa se desarrolla en los primeros años de vida, procederemos ahora a nuestra tarea específica de estudiar las diferencias individuales entre los adultos. Investigaciones recientes[8] parecen posibilitar la clasificación de los individuos en varios «tipos», en cuanto a su actitud hacia la ropa. Esta clasificación puede ayudar enormemente para obtener una idea general de la naturaleza de las principales diferencias individuales en juego. Pero debe tenerse en cuenta constantemente: a) que estos tipos son provisionales, y que más adelante puede imponerse una formulación nueva y más elaborada a la luz de un mayor conocimiento; b) que aquí, como a menudo ocurre en otras cuestiones en psicología, un «tipo» significa sólo una combinación particularmente notable de rasgos y no implica que la mayoría de las personas pertenezcan muy clara y definidamente a un tipo u otro. Por el contrario, hay un número indefinido de etapas intermedias entre cada tipo y la mayoría de los individuos exhibe etapas intermedias de los rasgos en cuestión. Pero, tomando arbitrariamente unos pocos individuos aquí y allí como constituyentes de un «tipo», podemos introducir algún orden en lo que de otra manera sería un caos de variaciones individuales. En alguna medida podemos «situar» a los individuos atípicos por referencia a los tipos entre los cuales parecen estar. El establecimiento de tipos, por lo tanto, parece ser un procedimiento metodológicamente justificable, a condición de que los supuestos y las limitaciones del procedimiento sean claramente tenidos en cuenta.

El tipo más primitivo desde el punto de vista de la psicología del vestido es el que puede denominarse el tipo rebelde. Las personas de este tipo obtienen poca satisfacción positiva de la ropa y, en el fondo, nunca se han resignado completamente a la necesidad de llevarla. Sienten que la ropa les restringe y les aprisiona, y que para ser verdaderamente libres es necesario usar la ropa más fina y liviana, o preferiblemente ninguna. En estas personas los intereses primitivos relacionados con el cuerpo desnudo no han sufrido más que un pequeño desplazamiento hacia la ropa, ya sea por la fuerza innata de estos intereses o porque las circunstancias relacionadas con el desarrollo de los individuos implicados han sido desfavorables a la formación de tal desplazamiento. En las personas de este tipo la atracción por la ropa, sea como medio para satisfacer las necesidades de adorno, pudor, o protección, es escasa comparada con la atracción relacionada con la desnudez. Es preciso investigar más para que podamos establecer con certeza los detalles que distinguen la mentalidad de los rebeldes a la ropa. A la luz de nuestro conocimiento presente, sin embargo, parecería que se encuentran muy frecuentemente las siguientes características:

a) Un erotismo cutáneo y muscular fuertemente desarrollado[9] que, como hemos visto, es desfavorable para el desarrollo del interés en la ropa, dado que no admite fácilmente la sublimación requerida. Es evidente que la sensibilidad de la piel en cuestión puede afectar al individuo que la posee en muchas formas diferentes, por ejemplo, haciéndole más sensible (y a menudo más intolerante) al contacto de la ropa con la piel, más sujeto a preocuparse por el peso y la presión de las prendas, aunque éstas no sean apretadas ni pesadas, más deseoso de tener mucho aire fresco en sus habitaciones, y más quisquilloso con los lugares mal ventilados (aunque este último rasgo puede depender también de otros factores relativamente inconexos).

b) Placer relativamente escaso en el adorno. Esto parece deberse directamente al fracaso de la sublimación exhibicionista. Como regla general, una persona así tenderá, por lo tanto, a vestirse con indiferencia o descuido; la comodidad será para él de mucha más importancia que la apariencia. En lo que respecta a niveles mentales más profundos, parece probable que, en el caso de los hombres, el erotismo fálico sea relativamente débil en comparación con el generalmente más difuso erotismo cutáneo y muscular y que, en consecuencia, haya una dificultad en la formación de símbolos fálicos inconscientes en la ropa; o que tales símbolos, incluso si se han formado, proporcionen poca satisfacción en comparación con el sacrificio del erotismo cutáneo y muscular que implica llevar ropa.

c) Pudor relativamente escaso. Los rebeldes a la ropa tienden a considerar el pudor como un asunto externo, convencional y tienen poca vergüenza a exponer el cuerpo o a usar prendas raídas, «incorrectas» o no convencionales. Parece claro que su apreciación del pudor no es lo suficientemente fuerte para imponerse a fuerzas poderosas que lo impelen en el fondo a despreciar y rechazar la ropa como una restricción innecesaria.

d) Sentimiento relativamente escaso de la necesidad de protección. Aquí, una vez más, el erotismo cutáneo y muscular triunfa fácilmente, y ahora sobre los placeres de la calidez o de otras formas de protección. En lo que concierne al aspecto más inconsciente de esto, parecería que hay aquí, en ciertos casos, una tendencia a liberarse del amor protector, pero a menudo obstaculizador, de la madre que, como hemos visto en el último capítulo, puede estar simbolizado por la ropa. Si, por un lado, la ropa representa el agradable refugio que confiere la madre, también llega a representar las restricciones («fajeros») para el movimiento y desarrollo que crea su influencia. De ahí que el rebelde desprendimiento de la ropa y el desprecio de su abrigada protección puedan llegar a ser una enérgica afirmación de independencia, una liberación del yo con respecto a la fijación materna y una adaptación al medio exterior (en el pensamiento simbólico, lo extrauterino), medio que apela fuertemente a la sensibilidad cutánea y muscular de la que los individuos de este tipo están tan bien dotados.

Parece muy probable (aunque no he tenido oportunidad de verificar esta suposición con una investigación personal) que los individuos de este tipo constituyan la mayoría de los que apoyan el movimiento de «cultura nudista» en los países donde existe ese movimiento. Es interesante observar, sin embargo, que estos apóstoles de la desnudez no han logrado eliminar la adherencia a la madre. Por el contrario, la encuentran nuevamente en lo que para ellos es una forma superior y más noble: en la forma de la Madre Naturaleza. De hecho, una de las principales atracciones del movimiento es que pone a sus miembros en un contacto estrecho con la naturaleza. En Alemania, que es el verdadero hogar de la *Nacktkultur*, la principal sociedad dedicada a este fin lleva el nombre de «Amigos de la Naturaleza».[10] Un conocido estudioso del tema[11] nos dice que «sólo la total desnudez nos une verdaderamente por primera vez con la naturaleza».[12]

Aquí, como en otros casos, el hombre busca una racionalización para una conducta que en el fondo está impulsada por sus motivos menos conscientes, y dichos motivos están ocultos a menudo bajo la apariencia más respetable y «razonable» de la higiene. Los individuos de este tipo tienden naturalmente a acentuar las ventajas de la ropa escasa y sostienen que, en su mayoría, los hombres civilizados tienden a sobrecargarse de ropa. No han tardado mucho en hacer todo el uso posible de los nuevos conocimientos relativos a los efectos beneficiosos de la luz; y antes de estos conocimientos, insistían en la mayor fortaleza y salud que supuestamente caracterizan a las razas salvajes, aduciendo que estas ventajas se debían en gran parte al uso de menos ropa,[13] y que se habían perdido, en consecuencia, cuando adoptaron el atuendo europeo (aunque admitían que este atuendo era usado de una manera muy antihigiénica).

El tipo siguiente, que puede denominarse apropiadamente el tipo resignado, tiene la misma apariencia que el tipo rebelde, excepto en que los hábitos y convenciones del uso de la ropa han llegado a ser lo suficientemente fuertes como para hacerle considerar imposible satisfacer el deseo de desprenderse de ella. Son como esclavos que no han cesado de añorar la libertad, pero que han dejado de luchar por ella. Una persona así, cuando se le preguntó (en el cuestionario ya mencionado) si disfrutaba de la sensación del sol y del aire sobre la piel y si permitía que este goce afectara de alguna manera su forma de vestir, contestó tristemente: «El sol y el aire, ¡ay!, excluidos enteramente por mi ropa». (Mientras que un miembro del tipo rebelde podía haber contestado con un recuento de sus baños de sol y de aire, de pantalones cortos y cuellos abiertos, de trabajo en mangas de camisa, de trajes y de ropa interior livianos, y en el caso de una mujer, de brazos desnudos, pecho expuesto y piernas sin medias.) Si se le pregunta si la ropa puede mejorar en cuanto a belleza, comodidad, higiene o facilidad para ponérsela, responderá: «No puede hacerse mucho», «Estoy acostumbrado al método actual», «Es casi imposible contestar, pues llevamos lo ortodoxo inculcado en nuestra alma». Las personas así pueden quejarse acerca del peso, textura o apariencia de su ropa, pero tienen pocas sugerencias o más bien ninguna, para mejorarla. Claro está que en individuos de este tipo los elementos que impelen a la desnudez están sujetos a una inhibición más poderosa que en el caso de los individuos del tipo rebelde; pero esta inhibición no se mantiene por motivos *conscientemente* fuertes. En realidad, hay, como en el tipo rebelde, poca satisfacción consciente en la vestimenta; el pudor, el adorno y la protección ejercen poca atracción sobre ellos. Parece como si las inhibiciones hubieran ocurrido en su vida tempranamente y estuvieran actuando ahora en un nivel relativamente inconsciente, manifestándose a la conciencia sólo en el sometimiento resultante al hábito y a las convenciones. Sólo un estudio mayor, más intensivo, puede aclararnos la naturaleza íntima de los motivos reales que producen esta inhibición.

En el tercer tipo, cuya mejor denominación podría ser no emocional, la falta de un fuerte afecto consciente de cualquier clase, que se encuentra en el tipo resignado, es llevado un paso más allá. Aquí toda la vida emocional y conativa de la ropa parece reducirse a un mínimo. La ropa se elige, se pone y se quita, se lleva y se desecha con muy poca satisfacción, pero también con muy poco fastidio, preocupación o incomodidad. Toda la vida de la ropa ha llegado a ser, en la medida de lo posible, mecanizada; como en el tipo resignado, todo es rutinario, pero no hay ningún signo del descontento subyacente que distingue a este último tipo. Así, en contraste con la triste inevitabilidad con la que, en opinión del tipo resignado, la ropa impide el contacto con la luz y el aire, el tipo no emocional considera esta exclusión como un hecho obvio de escasa coloración afectiva. Si se pregunta a una persona del tipo no emocional si la apreciación del sol y del aire afecta a su ropa, responderá: «Por supuesto que no, no puedo quitarme la ropa», y con esto se termina la cuestión. Ni lucha por la libertad que es el objetivo del rebelde ni la añora como hace el resignado; pero al mismo tiempo tiene pocas de las necesidades y satisfacciones más positivas para vestirse que distinguen a los tipos descritos hasta aquí; el adorno apenas le atrae (aunque a menudo tiene una apariencia muy pulcra y arreglada), mientras que las funciones de pudor y protección se dan por hecho y apenas suscitan sentimiento e interés. No presta mucha atención a los aspectos de apariencia, comodidad o higiene de su ropa, sino que a menudo se viste tan rápida y eficientemente como sea posible para pasar a asuntos de mayor interés e importancia. Parecería como si, en este tipo, no hubiera fuertes elementos autoeróticos que se opusieran al vestido, ni un fuerte exhibicionismo que se desplazara hacia éste, y al mismo tiempo ningún fuerte sentido del pudor o necesidad de protección. De ahí el cuadro generalmente no emocional que presenta este tipo.

Pasamos ahora a los tipos que disfrutan de una satisfacción consciente más definida, de una clase u otra, en su ropa. Esta satisfacción puede en sí ser de dos tipos principales: en un caso, la satisfacción que se liga a la «reacción-formación», es decir, a un impulso de carácter inhibitorio; en el otro caso, la satisfacción que acompaña a una «sublimación».

Parece que existen dos tipos principales que se distinguen en la primera clase (inhibitoria) de satisfacción: el tipo mojigato y el tipo sumiso.

En el tipo mojigato triunfa el impulso de pudor, que ha vencido definitivamente las tendencias exhibicionistas (a menudo fuertes). Dichos individuos presentan un marcado contraste con el tipo rebelde, en la medida en que la idea en sí de exponer sus cuerpos desnudos resulta embarazosa o irritante, mientras que la exposición por parte de otros despierta expresiones de fuerte desaprobación.

Como regla general, apenas distingue entre la exposición de cuerpos hermosos y feos; la desaprobación se expresa usualmente en términos generales como: «El cuerpo humano desnudo es desagradable a la vista», «los brazos y piernas desnudos son feos». Sin embargo, ocasionalmente la desaprobación puede racionalizarse como un aborrecimiento estético de las imperfecciones de la mayoría de las formas humanas, como por ejemplo: «Se necesitan faldas largas para ocultar las piernas defectuosas de las mujeres inglesas». Una forma más frecuente de racionalización es la higiénica que —tomando el curso contrario al adoptado por el tipo rebelde— hace hincapié en los peligros de cubrirse insuficientemente. Hoy en día, cuando ambos sexos visten ropa comparativamente sencilla y sin adornos, hay relativamente pocas oportunidades para que las personas mojigatas prorrumpan en invectivas contra las extravagancias y exageraciones del vestido (a diferencia de las manifestaciones de exhibicionismo no desplazado en la exposición del cuerpo real); los vestidos más complicados y ornados de generaciones pasadas suministraban en su momento, sin embargo, amplio material para las diatribas morales de este tipo, y en épocas muy recientes les ha sido posible —en verdad con mucha razón aparente— atacar la innecesaria suntuosidad y mutabilidad de los vestidos de moda. Además, en el momento presente se ha objetado contra el uso creciente y más desvergonzado de los cosméticos que han aparecido en años recientes.

A menudo las personas del tipo mojigato exhiben también algunas características del tipo sumiso, para quien ciertas peculiaridades de la vestimenta, (en su mayoría las asociadas en realidad con uniformes o ropas de trabajo, o las que se distinguen por cierta rigidez, estrechez o severidad de línea),[14] se han convertido en símbolos de trabajo y de deber. En las personas de este tipo los intereses relacionados con el vestido han llegado a representar no sólo una formación reactiva contra la propia exhibición en cualquiera de sus formas —como en el tipo mojigato— sino también una tendencia inhibitoria de un tipo mucho más amplio, dirigida contra todas las manifestaciones de «blandura» o «autocomplacencia». Para ellos, ciertas clases de ropa han llegado a ser verdaderamente signos externos y visibles de un «superego» o principio moral estricto y fuertemente desarrollado. Dichas personas pueden trazar «una distinción aguda entre la ropa que llevan para trabajar y las prendas menos severas y más ornamentales que usan para el descanso o el recreo, y (por lo menos los que son capaces de relajarse) tienden a «sentirse diferentes», a adoptar una visión de la vida menos dura y rígida cuando se visten con ropas de este último tipo. Su perspectiva en este asunto contrasta de modo interesante con la de muchas otras personas (pero parecería que especialmente con las pertenecientes a los tipos rebelde y sublimado), que opinan que la ropa de trabajo debe hacerse también tan atractiva como sea posible,[15] y que el trabajo mismo se beneficia de ello. Los puntos de vista de las personas del tipo sumiso entran también en conflicto con los de muchas otras (especialmente, pero de ningún modo exclusivamente, con las pertenecientes al tipo rebelde) en cuanto que para estas últimas la ropa de trabajo o un uniforme rígido y convencional sugieren a menudo un agarrotamiento o inadaptabilidad contrarios a los intereses de un trabajo de naturaleza superior que requiere amplitud de miras, habilidad corporal y capacidad de acomodarse a condiciones cambiantes.

Pasamos ahora a tipos para los que las satisfacciones conscientes que obtienen de la ropa son de una clase más positiva y representan desplazamientos de tendencias primitivas más que formaciones reactivas contra tales tendencias.

El primero de éstos es el tipo protegido. La manifestación externa de este tipo es la necesidad de ropa cálida para combatir una verdadera tendencia general al frío. Estas personas se visten por lo general abrigadamente más que de forma adecuada o a la moda. En ellas la función de adorno del vestido ocupa un lugar menor pues prima la protección. El pudor puede desempeñar a veces un papel más grande de lo que parece a primera vista ya que, en estos casos, la necesidad imaginada de calor puede tener detrás a menudo un importante elemento de pudor desplazado y racionalizado. El rasgo esencial de este tipo, sin embargo, parecería ser la sensibilidad al frío. En qué medida esto se debe en última instancia a condiciones fisiológicas o a condiciones psicológicas (sentida necesidad de amor, etc.), tales como las que se han sugerido previamente, es un asunto para investigaciones futuras. Puede ser que los elementos que llevan a la sensibilidad al frío tengan, necesariamente o por lo menos comúnmente, una relación inversa con los elementos autoeróticos que distinguen al tipo rebelde; hemos visto ya cómo los dos tipos pueden entrar en conflicto en el caso de algunos aspectos psicológicos de la protección (pág. 58). En cualquier caso, el tipo protegido parece tener poco desarrollados los elementos autoeróticos de la piel y los músculos, contrastando muy fuertemente en este aspecto con el tipo rebelde. Las personas pertenecientes al tipo protegido, sin embargo, convienen con las del tipo mojigato en cuanto a la ventaja higiénica de cubrirse abundantemente, por lo menos en lo que les concierne a ellos (son menos dogmáticos e intolerantes acerca de los otros que los miembros del tipo mojigato). De hecho, este interés higiénico puede adoptar en ciertos casos un tinte hipocondríaco, que puede convertir a este tipo en irritantemente quisquilloso y timorato para los tipos contrastantes, por ejemplo, el rebelde o el no emocional.

El siguiente es el tipo sostenido. Las personas de este tipo se sienten agradablemente reforzadas y apoyadas por su ropa, especialmente por la ceñida o rígida. En la medida en que este apoyo es moral (y dicho elemento moral a menudo es importante), tienen algo en común con las personas del tipo sumiso. En lo que respecta a los elementos físicos y sensoriales (y después de todo éstos parecen representar la parte fundamental del «apoyo» en cuestión), el placer parece derivar en parte de un desplazamiento del erotismo muscular a la ropa ceñida y «sostenedora» (cinturones, corsés, calzado bien ajustado, etc.), de la manera descrita en la página 76, y en parte de un inusitadamente fuerte énfasis en el simbolismo fálico de la ropa y de la «potencia» asociada con ella. Si este análisis es correcto, existen así tres elementos principales que entran en la formación de este tipo: moral, muscular y fálico. Resulta interesante señalar que las personas de este tipo no están de ninguna manera necesariamente exentas de la apreciación de los elementos narcisistas o autoeróticos característicos del tipo rebelde. De hecho, puede producirse una suerte de lucha entre las atracciones del vestido suelto o escaso, por un lado, y del rígido y sostenedor, por el otro, porque parecería que si su satisfacción plena se obtiene del «apoyo», la ropa debe ser tan apretada o tan rígida como para resultar algo molesta. La lucha se da aquí entre el erotismo cutáneo y muscular no sublimado, por un lado, y las tendencias fálicas sublimadas, por el otro. En los ejemplos típicos del tipo «sostenido» triunfan los últimos elementos, acaso en gran medida porque se ven reforzados, como acabamos de ver, por una cierta cantidad de erotismo muscular desplazado.

El tipo sublimado, como su nombre sugiere, es el más satisfactorio de todos los tipos, desde el punto de vista exclusivo de la psicología del vestido. Se alcanza a través de una amplia sublimación de los elementos narcisistas del cuerpo a la ropa. En los individuos de este tipo, los sentimientos narcisistas fusionan, en última instancia, la ropa y el cuerpo en una unidad armónica de un modo que parece imposible de lograr en los otros tipos, donde comúnmente hay algún conflicto amplio e irresuelto de un tipo u otro. Está claro que este tipo requiere un narcisismo original bastante fuerte. De hecho, probablemente los elementos narcisistas son relativamente fuertes comparados con los elementos autoeróticos menos fácilmente sublimables. Pero la ausencia de inhibiciones excesivas debidas al pudor es por supuesto también esencial. Este tipo es plenamente capaz de gozar de la satisfacción que puede dar la exhibición sartorial y, cuando existe también una capacidad estética, es en este tipo donde podemos buscar el desarrollo más satisfactorio del vestido. De hecho, la única desventaja a la que está sujeto este tipo es la que surge de su fuerte narcisismo, que puede conducir a un interés excesivo en la exhibición de la ropa, es decir, a un interés que limite indebidamente el tiempo y la energía disponibles para otros fines. Cuando este interés excesivo se da en una persona del sexo masculino, nos sentimos inclinados a clasificar a estos individuos como a un tipo separado, que puede denominarse el tipo «dandy». Pero esto tal vez sea difícilmente justificable desde el punto de vista de la pura psicología del vestido, ya que la diferencia entre el «dandy» y la persona del tipo sublimado es cuantitativa más que cualitativa. Desde el punto de vista de la psicología general y de la sociología, sin embargo, la distinción puede ser legítima, ya que el valor social de la sublimación depende en alguna medida de que el interés en la ropa sea «normal» antes que excesivo; y porque el alto grado mismo de narcisismo que caracteriza al «dandy» se relaciona comúnmente con algún grado de anormalidad sexual (o por lo menos con una relativa incapacidad para el amor objetal heterosexual normal). Habitualmente esperamos y toleramos un grado más alto de narcisismo en las mujeres que en los hombres. Consecuentemente, una cantidad de tiempo y energía dedicada al vestido, que se considera excesiva en un hombre, puede ser considerada como normal en el supuesto de una mujer. No obstante, aunque las diferencias entre los sexos en este aspecto por lo general todavía son aceptadas, se admite, incluso por parte de aquellos que creen que «la misión de la mujer es ser hermosa», que aquí hay también un límite más allá del cual la concentración de esfuerzo e interés en la apariencia externa llega a ser perjudicial tanto para el individuo como para la sociedad.

Como categoría final podemos distinguir el tipo satisfecho de sí mismo. Este tipo tiene algo en común tanto con el no emocional como con el sublimado. Pero si se le pregunta sobre su ropa, exhibe una petulancia algo irritante y una autocomplacencia que no se encuentran en otros tipos; una persona de esta clase no tiene sugerencias en cuanto a la mejora del vestido; la ropa que lleva es la mejor posible; sabe lo que quiere e insiste en conseguirlo; con un poco de empeño puede vestirse siempre cómodamente, higiénicamente y con buen gusto, y no deja de mostrarse ligeramente despectivo con los que tienen dificultades en cosas tan simples de esta naturaleza.

Podemos sentir la tentación de llamar a esta persona un pedante en cuestión de ropa. En los pocos casos en que he tenido la oportunidad de investigar más de cerca, la excesiva autosatisfacción de estas personas se ha revelado como un mecanismo de defensa contra un amplio sentimiento de inferioridad. Por supuesto, en psicología general estamos familiarizados con el hecho de que la inferioridad puede ocultarse mediante una exagerada suposición de superioridad y de confianza en sí mismo; en el tipo presente, este exagerado sentimiento positivo de sí mismo parece estar vinculado especialmente a la ropa. Por qué ha tomado este curso, es una cuestión que, desgraciadamente, no he tenido la oportunidad de estudiar en detalle. Los pocos datos de los que dispongo apuntan a que la excesiva satisfacción con la ropa es una compensación de una extrema intolerancia del cuerpo desnudo, intolerancia que se funda en un fuerte complejo de castración. Si se demuestra que esto es cierto en general, parecería que las personas de este tipo (todas las que he encontrado hasta ahora son de sexo masculino) se aferran desesperadamente a lograr una satisfacción de la ropa, porque ésta, en virtud de su simbolismo fálico, proporciona una tranquilidad contra el miedo a la pérdida del falo.

Al concluir este examen de los tipos, permítaseme repetir que la presente lista intenta ser nada más que una clasificación provisional. Es una lista que no ha sido construida a priori, sino confeccionada a partir del estudio de casos concretos. El estudio posterior —extensivo e intensivo— puede dar por resultado un conjunto de tipos más fiable, detallado y útil.

7. Diferencias sexuales

Un aspecto desaliñado queda bien en los hombres.

El arte de amar 1, 569
Ovidio

Amante de la chanza,
Del vestido, del cambio y la alabanza
Tan sólo en sus artes mujer.

Jenny, D. G. Rossetti

DISTINCIONES SEXUALES PRIMITIVAS

Si, como han sostenido la mayoría de los autores, los factores sexuales han sido elementos de gran importancia, acaso de suprema importancia, en el origen y desarrollo del vestido, no es sorprendente que las diferencias entre los sexos encontraran expresión en distinciones de hábito y convención con respecto al vestido.[1] Y, de hecho, tanto en los salvajes como en los pueblos civilizados se encuentra siempre alguna forma de distinción, aunque su naturaleza real pueda variar sustancialmente. De entre las más significativas de estas distinciones están las que dependen de la importancia relativa de los dos grandes motivos del pudor y la exhibición. Entre nosotros, en la actualidad, el sexo femenino es mucho más dado al adorno que el masculino. Entre los salvajes, en general, se da el caso opuesto. Entre ellos, como entre la mayoría de las especies animales, el macho es más ornamental que la hembra; es también (nuevamente lo contrario de lo que sucede entre nosotros) el más emprendedor y el menos ligado a la tradición (como se demuestra, por ejemplo, en su mayor rapidez para adoptar artículos de vestir europeos cuando están disponibles). Por otra parte, el pudor se ve con más frecuencia entre las mujeres, y probablemente está relacionado, en un buen número de casos, con los diferentes tabús que afectan al sexo femenino en ciertas épocas (por ejemplo, parto, menstruación). Esta diferencia puede afectar a la cantidad relativa de ropa usada por los dos sexos. Cuando el motivo del adorno predomina, por lo general los hombres se visten con más generosidad que las mujeres; cuando el pudor desempeña un papel más importante en la vestimenta, las mujeres usan más ropa que los hombres.

Incluso entre nosotros, sin embargo, existe lo que tal vez podamos considerar como vestigios de un estadio más primitivo en el que los hombres eran el sexo que más se adornaba y las mujeres eran más pudorosas. Los atuendos femeninos más ostentosos apenas igualan la suntuosidad de ciertos uniformes militares. Lo mismo sucedía con la indumentaria académica hasta que también fue accesible a las mujeres. Pero la diferencia más sorprendente que aparece en este sentido se relaciona con las formas de respeto que las convenciones sociales prescriben para los dos sexos. Al entrar en una iglesia el hombre debe quitarse el sombrero, pero la mujer debe permanecer con él, o por lo menos (siguiendo el precepto paulino) cubrirse la cabeza, aunque sea con un chal o con un pañuelo. Se parte del supuesto de que la ropa es un signo de irreverencia en el hombre, pero la desnudez es un signo de irreverencia en la mujer. La razón psicológica de esta diferencia está probablemente en que el desplazamiento del exhibicionismo del cuerpo a la ropa ha ido más lejos en el hombre que en la mujer. En virtud de este desplazamiento, el uso de sombrero sería considerado como un soberbio artefacto de exhibición, por parte de un hombre, exhibición que contraviene los elementos esenciales de la humildad religiosa; mientras que en las mujeres el signo correspondiente de irreverencia sería la exposición de la cabeza desnuda; se supone que algo que cubra la cabeza cumple con las funciones de pudor más que de adorno.[2]

En la vida social se mantienen los mismos principios generales. El saludo común de un hombre consiste en quitarse temporalmente una prenda, el sombrero; el de una mujer en inclinar la cabeza. Similarmente, cuando se entra en casa de un amigo, un hombre se quita el sombrero, generalmente junto con cualquier otra prenda exterior (abrigo o capa) que lleve puesta. Por el contrario, una mujer debe, por convención, retener su sombrero y sus otras prendas exteriores hasta que se le pida que se las quite. Aquí, nuevamente, el quitarse las prendas es un signo de respeto masculino y la retención de las prendas un signo de respeto femenino; las ropas de los hombres son tratadas como si fueran usadas con propósitos de exhibición y las prendas de las mujeres como si fueran usadas con propósitos de pudor.[3]

LA EMANCIPACIÓN SARTORIAL DE LAS MUJERES

Si, como parece ser el caso en los pueblos primitivos, los hombres están más inclinados al adorno y las mujeres más inclinadas al pudor, y si existen ciertos vestigios de una actitud correspondiente que todavía se encuentran en la sociedad europea contemporánea, tenemos que preguntar cuáles son las influencias que han conducido a un estado de cosas tan diferente en la actualidad en el que —por lo menos en lo que concierne a las ropas civiles— el vestido de las mujeres es más ornamental que el de los hombres.

Parecería que en casi todas las civilizaciones más avanzadas las mujeres hace tiempo que han establecido un derecho a la igualdad con los hombres en lo que se refiere al adorno, aunque reteniendo a menudo un pudor algo mayor que se manifiesta en cubrirse más el cuerpo. Desde la caída del Imperio romano hasta finales del siglo XVIII había poco que elegir entre el adorno de los dos sexos, excepto tal vez en que, cualquiera que fuera el estilo de vestido en boga, la falda siempre confirió una cierta dignidad de la que carecían las bifurcadas prendas inferiores de los hombres.[4] La Iglesia, aunque no desdeñaba la exhibición para sus propios fines, ha usado su influencia, por regla general, contra el desarrollo del adorno en el vestido, especialmente cuando las mujeres lo destinaban con miras a la atracción. De hecho, puede decirse que la Iglesia ha institucionalizado la antigua tendencia de los hombres a proyectar su culpa sexual en las mujeres; aceptaba la aplicación general de la fórmula «la mujer me tentó» y trataba de oponerse a la sexualidad combatiendo la fuente de tentación del atractivo femenino. No obstante, el adorno en los trajes femeninos continuó aumentando, a pesar de la oposición de la Iglesia y su doctrina.

Hacia finales de la Edad Media se dio un paso nuevo y osado con la introducción del primer escote. Las mujeres incorporaron de este modo el principio del deliberado refuerzo mutuo de las atracciones que ejercían la ropa y la desnudez, principio que, en alguna medida, ha guiado el vestido de las mujeres desde entonces y lo ha diferenciado aún más del vestido masculino. El hombre continuó apoyando toda su atracción en su ropa, mientras que la mujer poseyó, de ahí en adelante, la doble arma de la exposición y del adorno. Aquí tenemos desde luego una importante diferencia entre los sexos que constituye, sin duda, una parte del problema más general del mayor adorno de las mujeres en la actualidad y que tal vez merece investigarse antes de proseguir con la búsqueda de otros elementos en este problema general.

Se trata de una diferencia que parece depender de ciertas distinciones últimas en la constitución sexual. Los psicólogos están bastante de acuerdo en que, de entre las más importantes de estas diferencias, figura la tendencia de la libido sexual a ser más difusa en las mujeres que en los hombres; en las mujeres todo el cuerpo está sexualizado; en los hombres la libido está más definidamente concentrada en la zona genital y esto es verdad tanto subjetiva como objetivamente, tanto al mostrar el cuerpo como al mirarlo. De ahí que la exposición de cualquier parte del cuerpo femenino actúe de forma más erótica que la exposición de la parte correspondiente del varón, salvo en el caso de los genitales.[5] En vista de esto no resulta sorprendente que las mujeres sean al mismo tiempo el sexo más púdico y el más exhibicionista, ya que tanto su vergüenza como su atracción se relacionan con todo el cuerpo. Tal vez no sea tampoco sorprendente que tengan más dificultad para sublimar completamente el exhibicionismo del cuerpo en la ropa. La libido masculina, más definidamente concentrada en el falo, puede encontrar más fácilmente un sustituto simbólico de este único órgano en diferentes ornamentos y prendas. Es más difícil de simbolizar, de manera similar, todo el cuerpo, aunque si está enteramente cubierto, debe subsistir alguna conciencia de la carne real que está debajo del vestido. De ahí, quizás, la razón principal de que en las mujeres el desplazamiento del exhibicionismo a la ropa sea menos completo, y de que exista siempre una mayor disponibilidad para combinar el exhibicionismo desplazado con la exposición real, como en el caso del escote.

LA EXPOSICIÓN FEMENINA Y LA ACUSACIÓN DE IMPUDICIA

Si, por un lado, a las mujeres les es más difícil sublimar completamente su exhibicionismo en la ropa, les es más fácil, por la misma razón, tolerar cierta cantidad de exposición erótica y armonizarla con su moralidad sexual. Su sexualidad, al ser más difusa, puede escapar más fácilmente al reconocimiento como tal y, sin duda, a las mujeres les es posible en algunos casos ejercer una buena cantidad de atracción sexual de este modo, sin percepción consciente del hecho. Aun cuando se reconozca como motivo sexual, puede parecer relativamente inofensivo y permisible, porque el erotismo cutáneo y muscular y los impulsos exhibicionistas (que son los principales elementos concernidos) son en gran medida gratificantes en sí mismos y no presionan más allá con ninguna urgencia irresistible hacia un objetivo genital. En cambio, en el hombre, con su organización sexual más concentrada, el objetivo genital final de todo el proceso sexual está comúnmente más cercano a la conciencia. Al observar la exposición femenina, el hombre es a menudo más agudamente consciente que la propia mujer de su intención sexual; además, no puede considerar la exposición como «inofensiva», ya que le parece una incitación directa a una conducta más definidamente sexual. Ahora bien, como las principales inhibiciones en ambos sexos se dirigen más contra la sexualidad genital que contra los elementos más exhibicionistas y autoeróticos, estas inhibiciones entran en acción más fácilmente cuando se advierte la participación de los elementos genitales. Por eso es probable que exista en el hombre, que aprehende más rápidamente esta participación genital, una mayor propensión a la inhibición de la exhibición que despierta la sexualidad que en las mujeres. Por lo tanto, los hombres pueden (correctamente desde su punto de vista) acusar a las mujeres de ser impúdicas; y éstas (también correctamente desde el suyo) pueden replicar o bien que se ve sexualidad donde no está presente de ninguna manera (es decir, reconocida conscientemente) o bien que ellas tienen una actitud más «natural» y «saludable» hacia el cuerpo (es decir, que pueden disfrutar de los placeres de exponerlo sin aprehender o intentar ningún deseo genital concomitante).[6]

Ambos sexos tienen alguna razón de su parte en esta disputa. Por un lado, los hombres tienen una visión más clara del fin biológico último de toda sexualidad, incluyendo los adornos y exposiciones del vestido femenino. Por otra parte, las mujeres tienen sin duda razón al argüir que hay una cierta reciprocidad entre la sexualidad genital y esos otros «instintos componentes» (por emplear nuevamente el término psicoanalítico) que actúan más especialmente en los placeres relativamente inofensivos de la exposición. El argumento de las mujeres acerca de su actitud «natural» y «saludable» es muy similar al usado por los que apoyan la «cultura nudista», que nunca se cansan de sostener que la desnudez tiende a disminuir enérgicamente la «sexualidad» (es decir, los impulsos más directamente genitales de sexualidad). La experiencia —ahora ya muy amplia— de los «amigos de la naturaleza» parecería mostrar que este punto de vista es correcto, probablemente en virtud de que el aumento de los placeres del exhibicionismo y del erotismo cutáneo y muscular drenan una cierta cantidad de energía sexual que de otra manera podría haber discurrido por un canal puramente genital.

Las mujeres han intentado también otra línea de defensa contra la acusación masculina de impudicia, aduciendo que si su propio sexo es impúdico, es sólo porque los hombres lo han hecho así; es sólo en respuesta a una insistente demanda masculina de que las mujeres consientan (de mala gana, según ellas) a exponerse. La acusación de impudicia se admite, pero la culpa real se atribuye al otro sexo. Esto es, en realidad, una inversión de papeles; significa que la mujer se niega a aceptar el papel de tentadora culpable que el hombre, esforzándose por proteger su propia culpa sexual, está siempre dispuesto a imponerle. Es un signo, entre otros, de rechazo de las mujeres a desempeñar el papel tradicional de chivo expiatorio. En la medida en que desenmascara la simulación implícita en la proyección masculina de culpa, esta tendencia contribuye a una visión más clara de la situación. Por supuesto, es verdad que la exposición femenina tendría poco relevancia o sentido si no fuera por la respuesta masculina. Pero aunque clarifica, desde este punto de vista, la tendencia en cuestión, sólo confunde el asunto en otra dirección. Porque, si diagnostica correctamente la presencia del deseo masculino, se esfuerza incorrectamente en ocultar la presencia de un deseo femenino correspondiente de excitar y «adular» este deseo, y sustituir sólo una proyección por otra. En virtud de esta tendencia, las mujeres tratan de proyectar su propia culpa sobre los hombres, de un modo muy similar a como los hombres han proyectado, en el pasado, la suya en las mujeres. De acuerdo con la información que he podido reunir, esta línea de defensa es la que adoptan en su mayor parte las mujeres que, en virtud de su inferior atractivo personal, es probable que reciban menos cantidad de atención masculina de la usual. Esto resulta interesante porque indica que esta proyección particular es probablemente un ejemplo de una tendencia más general a la proyección del deseo sexual por parte de las mujeres sexualmente insatisfechas (tal y como se ve, por ejemplo, de una manera más clara y más patológica, en las fantasías sexuales de las solteronas).

LA GRAN RENUNCIA MASCULINA Y SUS CAUSAS

Si bien desde el punto de vista de las diferencias sexuales en el vestido las mujeres ganaron una gran victoria con la adopción del principio de exposición erótica, los hombres, en cambio, sufrieron una gran derrota con la reducción súbita del adorno sartorial masculino que tuvo lugar a finales del siglo XVIII. Aproximadamente en esa época ocurrió uno de los acontecimientos más notables en toda la historia del vestido, bajo la influencia del cual vivimos todavía, y que ha atraído mucha menos atención de la que merece: los hombres renunciaron a su derecho a todas las formas de ornamentación más brillantes, llamativas, elaboradas y variadas, dejándolas enteramente para uso de las mujeres, haciendo con ello de su sastrería la más austera y ascética de las artes. Desde el punto de vista sartorial, este acontecimiento tiene con toda seguridad el derecho a ser considerado como «La Gran Renuncia masculina». El hombre abandonó su pretensión de ser considerado hermoso. De ahí en adelante se propuso ser tan sólo útil. En la medida en que la ropa continuó siendo importante para él, sus máximos esfuerzos podían dirigirse tan sólo en la dirección de estar «correctamente» ataviado, no en la de estarlo de manera elegante o elaborada. Hasta ese momento, el hombre había competido con la mujer en el esplendor de sus prendas, siendo las únicas prerrogativas de la mujer el escote y otras formas de exhibición erótica del cuerpo. A partir de entonces y hasta nuestros días, la mujer habría de gozar del privilegio de ser la única poseedora de la belleza y de la magnificencia, incluso en el sentido puramente sartorial.

¿Cuáles fueron las causas de esta Gran Renuncia? Los que han considerado debidamente el asunto parecen estar fundamentalmente de acuerdo en que las causas fueron principalmente de naturaleza política y social y que, en su origen, estuvieron íntimamente asociadas con el gran cataclismo de la Revolución Francesa. Una de las funciones del vestido decorativo era, como hemos visto en el capítulo 2, recalcar las diferencias de rango y de riqueza que, en los siglos XV, XVI y XVII, la aristocracia había intentado preservar a menudo por medio de leyes suntuarias especiales. Pero las diferencias de esta naturaleza figuraban entre las principales que la Revolución Francesa, con su mundialmente difundido lema de «Libertad, Igualdad, Fraternidad», intentaba abolir. No es sorprendente, por lo tanto, que la magnificencia y la elaboración en los trajes, que tan bien expresaban los ideales del *Ancien Régime*, fueran desagradables para las nuevas tendencias y aspiraciones sociales que encontraron expresión en la Revolución.

Hubo, en particular, dos maneras por las que estas nuevas aspiraciones tendían a producir una simplificación en el vestido del sexo masculino. En primer lugar, la doctrina de la fraternidad humana era naturalmente incompatible con prendas que, por su misma naturaleza y asociaciones, recalcaban las diferencias de riqueza y rango entre un hombre y otro. El nuevo orden social requería algo que expresara mejor la humanidad común de todos los hombres. Esto sólo se podía conseguir mediante una mayor uniformidad en el vestido, uniformidad alcanzada particularmente mediante la abolición de las distinciones que habían dividido anteriormente a los ricos de los pobres, a los poderosos de los humildes. Dado que estas diferencias consistían en gran medida en una mayor elaboración y suntuosidad del atuendo aristocrático en comparación con el de las clases más bajas, el cambio en cuestión implicaba al mismo tiempo una mayor simplificación del vestido a través de una aproximación general a criterios más plebeyos que fueran accesibles para todos. Esta tendencia a una mayor simplificación fue poderosamente reforzada por un segundo aspecto del cambio general de ideales que implicaba la Revolución: el hecho de que ahora el ideal de trabajo se había convertido en respetable. Con anterioridad, todo trabajo relacionado con actividades económicas de cualquier índole —la producción o distribución de productos útiles— era considerado degradante para la dignidad de las clases que establecían fundamentalmente la moda. Había relativamente pocas actividades —de entre las cuales el ejercicio de las armas, junto con la de la intriga política o amorosa, eran tal vez las más importantes— que fueran consideradas dignas dc un caballero. Los momentos realmente significativos de la vida eran los que se pasaban en el campo de batalla o en el salón, y para ambos la tradición había decretado un atuendo suntuoso y elegante. Con los nuevos ideales de la Revolución (ideales que, en su mayoría, se consolidaron a medida que avanzaba el siglo XIX) las actividades más importantes de un hombre no tenían lugar en el salón sino en el taller, el despacho, la oficina, lugares que habían sido asociados por una larga tradición con una indumentaria relativamente sencilla. Dado que los ideales comerciales e industriales conquistaron a todas las clases hasta que, finalmente, fueron aceptados incluso por la aristocracia de todos los países más progresistas, el vestido simple y uniforme asociado con dichos ideales fue desalojando de modo creciente las prendas suntuosas y variadas asociadas con el viejo orden, hasta el punto de que hoy en día sólo puede verse algo que recuerde la anterior brillantez y variedad en los aspectos arcaicos de la vida social como en el caso de las ceremonias de la judicatura. El proceso de democratización del vestido todavía continúa. Los países más avanzados, en cuanto a las condiciones políticas y sociales, exhiben, en general, una mayor uniformidad y coherencia. En estos países se dan las menores diferencias sartoriales entre clase y clase, y en la medida en que existen, estas diferencias parecen estar próximas a desaparecer.

Si las causas que han producido el muy notable cambio que aquí se trata pueden ser consideradas con acierto como principalmente sociales, es verdad, por supuesto, que dicho cambio sólo puede haberse llevado a cabo mediante inhibiciones psíquicas muy poderosas. De hecho, resulta correcto afirmar que en la cuestión sartorial el hombre moderno tiene una conciencia mucho más severa y rígida que la que tiene la mujer moderna, y que la moralidad del hombre tiende a encontrar expresión en su ropa en un grado mayor que en las mujeres. De ahí que no resulte sorprendente que, como vimos en el capítulo 5, la ropa del hombre moderno abunde en rasgos que simbolizan su devoción a los principios del deber, la renuncia y el autocontrol. Todo el sistema relativamente «fijo» de su vestimenta es, de hecho, un signo exterior y visible de su rigor y de su adherencia al código social (aunque al mismo tiempo, a través de sus atributos fálicos, simboliza los rasgos más fundamentales de su naturaleza sexual).

LA NATURALEZA SOCIAL DE LA DIFERENCIACIÓN SEXUAL QUE SE INSINÚA

Indudablemente el mundo se ha empobrecido estéticamente con este cambio, como resultado del cual el esplendor y el contraste han sido reemplazados por el deslustre y la similitud; pero también resulta indudable que la reducción drástica del elemento de adorno en los trajes masculinos ha alcanzado realmente, y hasta cierto punto, su objetivo. La mayor uniformidad en el vestido se ha visto acompañada por una mayor simpatía entre los individuos y entre las clases; no tanto, por lo que parece, porque el uso del mismo estilo general de ropa produce en sí mismo una sensación de comunidad, fuertemente marcada sólo en los casos en que un traje o uniforme particular distingue a un cuerpo particular de personas de la población en su conjunto (como ocurre con el uniforme militar), sino porque elimina ciertos factores socialmente desintegradores que pueden producirse por la diferencia en el vestido. Puede verse claramente lo severas que pueden ser estas influencias perturbadoras comparando la ropa de las mujeres y la de los hombres en la actualidad. Tómese cualquier función social común: los hombres están vestidos con una sosa uniformidad de blanco y negro, «la verdadera encarnación de la prosa de la vida», tal y como lo describió un autor (aunque este mismo traje sombrío no deja de tener admiradores). Pero si hay una falta de romance, hay también ausencia de envidia, de celos, de triunfos mezquinos, de derrotas, de superioridades y de despecho engendrados por la sin duda más poética diversidad y vivacidad de los trajes de las mujeres. Una mujer puede herir seriamente a otra, hasta el punto de convertirla en una enemiga permanente, vistiéndose mejor o más a la moda en alguna ocasión significativa. En tanto que la individualidad se permite, las mujeres pugnan entre sí para llevar los «últimos» o más costosos vestidos. El esnobismo de la riqueza puede adoptar incluso una forma puramente cuantitativa, y puede —y a menudo lo hace— llegar a ser una cuestión de honor llevar un vestido diferente cada día (o varios vestidos diferentes cada día, de acuerdo con las diferentes ocasiones de la mañana, la tarde y la noche). Cuanto más rica sea una mujer, mayor es su ventaja respecto a sus hermanas más pobres, que a menudo no pueden permitirse una secuencia tan grande de trajes. Entre los hombres, la superioridad que confiere la riqueza se reduce mucho, naturalmente; por ejemplo, un hombre puede usar sin demérito el mismo traje durante meses o años sucesivos. El hombre más rico, que puede permitirse usar diferentes esmóquines cada noche, tendría poca ventaja, dado que sólo una inspección íntima podría revelar las diferencias que existen entre una chaqueta y otra.

Si en verdad éstas son las principales influencias que han conducido al abandono, por parte del sexo masculino, de todo intento serio del papel ornamental, se nos presentan naturalmente dos preguntas. En primer lugar, ¿por qué no afectaron estas influencias al vestido de las mujeres del mismo modo que al de los de los hombres? En segundo lugar, ¿cómo les ha sido posible a los hombres soportar el sacrificio que les impuso el nuevo orden? ¿Qué ha sucedido con las tendencias psicológicas (narcisistas, exhibicionistas, etc.) que con anterioridad encontraban expresión en los aspectos decorativos de su vestido? Contestar de forma cabal a estas preguntas requeriría un conocimiento más profundo de ciertos procesos psicológicos y sociológicos fundamentales que el que poseemos en este momento. Debemos contentarnos aquí con indicar la naturaleza de las respuestas provisionales que el conocimiento presente parece justificar.

Con respecto a la primera pregunta, podemos tal vez considerar el hecho de que la Gran Renuncia se limitó a un sexo como una consecuencia particular de una diferencia más general entre los dos sexos. Tomando la historia de la humanidad como un todo, es indudable que los hombres han desempeñado una parte mayor en la vida social, y han sido más fácilmente influidos por factores sociales que las mujeres. Ya sea que busquemos datos en las sociedades secretas de los pueblos primitivos o en las asociaciones correspondientes —políticas, sociales o económicas— de hoy en día, encontramos casi en todas partes que el sexo masculino tiene un interés mayor y desempeña un papel más activo en la vida de grupo que el femenino. Sea porque obedece, en alguna medida, a una mayor susceptibilidad innata a las influencias del grupo en el hombre, o a que se trata enteramente de una consecuencia de la división natural del trabajo entre los sexos y a las tradiciones que han surgido en consecuencia, es una cuestión sobre la que no poseemos un conocimiento exacto[7] y que afortunadamente no necesitamos discutir aquí. Pero si asumimos, como seguramente debemos hacerlo, el factor general de la mayor sociabilidad de los hombres, no es sorprendente que si las influencias sociales y políticas han sido los factores principales que provocaron la mayor uniformidad y el menor adorno en la ropa masculina, estos factores deberían haber producido un efecto menor en el vestido de las mujeres; dicho efecto menor sería sólo una consecuencia entre muchas otras del papel menor de las influencias sociales en la vida de las mujeres. Es interesante señalar, asimismo, que las tendencias que han constituido indudablemente formidables obstáculos para la estandarización y simplificación del vestido de las mujeres en la dirección adoptada por los hombres (obstáculos que pueden haber impedido, probablemente, que los factores sociales tuvieran estos efectos sobre el vestido de las mujeres, incluso si estos factores hubieran sido igualmente fuertes en ambos sexos) son las que siempre han demostrado ser altamente antagónicas a las influencias sociales, es decir, el narcisismo y la competencia sexual. Las mujeres son, tal vez por naturaleza y sin duda en virtud de nuestras tradiciones sociales y sexuales, más narcisistas que los hombres,[8] y estas tradiciones han impuesto al mismo tiempo en las mujeres —por lo menos, en muchas sociedades— una rivalidad sexual más aguda que entre los hombres.[9] Aquí, como siempre, un alto desarrollo del sentimiento social puede demandar algún sacrificio del narcisismo y de los celos sexuales. Sin duda la adopción de ropa más sobria por parte de los hombres ha significado este sacrificio, y parecería que el papel más activo desempeñado ahora por las mujeres en la vida social puede exigir, y de hecho está exigiendo, algún sacrificio muy similar también por su parte.

Porque resulta indudable que las mujeres están siguiendo ahora en cierto sentido los pasos de los hombres, y están tendiendo a adoptar una vestimenta más uniforme y con menos adorno, por lo menos en sus horas de trabajo.[10]

EFECTOS SOBRE LA PSICOLOGÍA MASCULINA

La segunda de las dos preguntas formuladas más arriba —la relativa a cómo le ha sido posible al hombre tolerar el abandono de la exhibición— es menos fácil de responder mediante una mera referencia a una tendencia general. Por supuesto, es una pregunta que tiene mucho en común con todos los problemas relativos a la renuncia de una fuente de satisfacción, problemas que han figurado en gran medida en los estudios psicoanalíticos de las neurosis que tanto han contribuido, en los últimos años, a nuestra comprensión de todo cambio y desarrollo mental. En general, parece que, cuando se niega una satisfacción, los deseos relacionados con esa satisfacción son inhibidos o desplazados (es decir, que encuentran otra expresión); a menudo tanto la inhibición como el desplazamiento desempeñan una parte. Ese parecería ser el caso de la renuncia a la vestimenta que está aquí en cuestión. Investigaciones llevadas a cabo recientemente por el autor[11] han corroborado la impresión, que puede extraerse de la prensa diaria, de que muchos miembros del sexo masculino están, de hecho, profundamente insatisfechos con su propia ropa y la comparan muy desfavorablemente con la de las mujeres. En realidad, es probable que un estudio ulterior más intensivo revele dificultades e ineficiencias psicológicas profundas que son consecuencias indirectas de estas insatisfacciones.

Por otro lado, la energía que se expresaba antes en la ropa probablemente ha sido empleada con éxito, hasta cierto punto, en otras direcciones. Se ha hecho posible un gran aumento del interés por el mundo externo en virtud de que, durante los últimos ciento treinta años, muchas formas nuevas del trabajo se han vuelto respetables para los miembros del mundo elegante. El «trabajo», con todas sus preocupaciones concomitantes, ha restado así interés, en alguna medida, al «pavoneo». Pero también es posible señalar cambios relacionados más íntimamente con el amor exhibicionista a la autoexposición. Aunque todavía ignoramos mucho sobre las verdaderas relaciones dinámicas implicadas, sabemos que a menudo es más fácil tratar un impulso particular mediante ciertas modificaciones sutiles de objeto o actitud, que por un cambio en su objetivo o naturaleza últimos. Así, podemos ver que, en el caso de los deseos exhibicionistas relacionados con la exposición, puede encontrarse una forma de conversión particularmente fácil en un cambio del exhibicionismo (pasivo) a la escoptofilia (placer erótico en el uso de la visión) (activa), transformándose el deseo de ser visto en el deseo de ver. Este deseo de ver puede permanecer no sublimado y encontrar su satisfacción apropiada en la contemplación del otro sexo, o puede ser sublimado y encontrar expresión en el deseo más general de ver y saber. Tal vez no sea mera casualidad que un período de progreso científico como no se había dado hasta entonces haya seguido al abandono, a comienzos del siglo XIX, de la vestimenta ornamental por parte de los hombres.

Otro sutil cambio psicológico puede consistir en la proyección del deseo exhibicionista en una persona del sexo opuesto. Un hombre se sentirá comúnmente orgulloso cuando aparece en público acompañado por una mujer hermosa o bien vestida, y aunque este orgullo tiene en sí una estructura compleja, un elemento importante reside ciertamente en la exhibición vicaria que así lo permite (de la misma manera, puede sentir una vergüenza vicaria si su compañera está mal vestida).[12]

En estos casos hay claramente algún elemento de identificación con la mujer. No es sorprendente que encontremos dicha tendencia a la identificación. En general, nos inclinamos a identificarnos con las personas que admiramos o envidiamos, y es natural que hombres con fuertes deseos exhibicionistas admiren vicariamente, por así decirlo, a las mujeres, y al mismo tiempo envidien su oportunidad para la exhibición corporal y sartorial. La identificación en cuestión puede ser tal que la proyección del deseo exhibicionista en la mujer sea completa. Sin embargo, en otros casos la proyección es sólo parcial, y aquí el hombre busca conscientemente identificarse con una mujer llevando atuendos femeninos. Este último deseo puede variar desde una ligera afectación de «afeminamiento» hasta la plena adopción de la vestimenta de las mujeres en todos sus detalles.

EONISMO

Esta última consideración nos ha llevado al fenómeno del travestismo o eonismo, como lo ha denominado recientemente Havelock Ellis, por el Caballero d'Eon de Beaumont,[13] notable ejemplo dieciochesco de esta anomalía. Como se sabe, una cierta proporción de individuos de ambos sexos desean llevar (y a menudo llevan) toda la ropa o parte de ella del sexo opuesto. Este deseo (como se sabe también) tiene una estrecha relación con la homosexualidad, pero la relación no siempre es simple; por ejemplo, el eonismo completo no coincide necesariamente con la homosexualidad activa, ni siquiera con una tendencia hacia las características físicas del sexo opuesto. Hércules mismo, como cuenta el mito, pasó algún tiempo vestido de mujer y —según la información que el autor ha obtenido de una autoridad muy digna de confianza— un conocido atleta moderno de complexión hercúlea hacía lo mismo. Es esta una tendencia de gran interés psicológico y verdaderamente digna de un volumen aparte. Pero como, a diferencia de la mayoría de los otros asuntos tratados en este capítulo, ha sido objeto de considerables investigaciones especializadas, no nos ocuparemos de ella aquí. Probablemente Havelock Ellis tiene razón al considerar que el eonista presenta un ejemplo de desarrollo extremo en una cierta dirección, de tendencias de identificación que desempeñan algún papel en toda vida sexual normal. Todo amante debe en alguna medida «entrar en» su objeto sexual y simpatizar con él, y en esa medida se identifica con el mismo. Para el eonista, la identificación es de una importancia anormal y la logra vistiéndose de la manera asociada con su objeto, siendo éste un proceso que se asemeja a la «empatía» estética.[14]

El estudio psicológico más intenso revelará sin duda detalles más íntimos de la naturaleza del proceso de identificación que obra aquí. Los estudios psicoanalíticos, en la medida en que se han dedicado a este asunto, muestran, por ejemplo, que aquí como en otros ámbitos el simbolismo fálico de la ropa es de gran importancia. Así, en una comunicación al Congreso Psicoanalítico Internacional de julio de 1929, el doctor Fenichel sugirió que existían dos etapas principales en el desarrollo psicológico del eonista masculino: 1) un rechazo inconsciente a aceptar la falta de pene en la mujer; 2) una identificación inconsciente del yo con la imaginaria mujer poseedora de pene.

Volviendo a los datos antropológicos, encontramos que el vestirse temporal o permanentemente con prendas del sexo opuesto puede darse con propósitos diferentes de los directamente sexuales. En todos los casos se encuentra probablemente el deseo de algún tipo de identificación con el sexo opuesto; pero la razón específica y superficial de ese deseo puede variar mucho.[15] En algunos casos el cambio puede simbolizar mágicamente algún otro cambio deseado, a menudo de un carácter aparentemente inconexo como, por ejemplo, el meteorológico; en otros casos el objetivo puede ser la transferencia directa a un sexo de alguna experiencia o característica del otro, como cuando, en la *couvade,* la transferencia mágica de los dolores del parto de la madre al padre se ayuda con algún intercambio de prendas, o cuando los jóvenes son vestidos de muchachas en las ceremonias de iniciación, o los soldados capturados son vestidos como mujeres —casos estos dos últimos en los que el motivo está muy claramente relacionado con las ideas de privación de la virilidad asociadas con el complejo de castración—.[16] Este mismo complejo también actúa probablemente en el deseo de engañar a los demonios o a las hadas mediante el intercambio de vestidos; si un niño o un hombre aparece como una mujer, escapará a la temida castración. Finalmente, el intercambio de vestido puede ser tan sólo un ejemplo particular del intercambio general de papeles (por ejemplo, entre señor y siervo y entre esclavo y hombre libre) que caracteriza a ciertas fiestas especiales. Como tal, probablemente cumpla la misma función que una máscara o disfraz al relevar al que lo lleva de los deberes y responsabilidades cotidianas. Sin duda, todo este asunto sobre las causas y efectos del intercambio de vestidos puede proporcionar todavía, a pesar de algunos estudios, materiales nuevos y ricos al investigador antropológico o psicológico.

8. Clases de vestido

Te he hecho vestir de ropas de gala.

Zacarías 3:4

Hasta aquí (salvo unas pocas consideraciones secundarias, en su mayoría en el último capítulo) hemos tratado el vestido desde lo que puede denominarse el punto de vista estático; lo hemos tomado como existió en un momento dado y hemos examinado sus causas, naturaleza y efectos, las necesidades que satisface, la satisfacción que brinda y, en general, los factores de la mentalidad humana a los que corresponde. Ahora debemos adoptar un punto de vista más dinámico o evolutivo y dirigir nuestra atención a los cambios y desarrollos de la ropa. En la consideración de este vasto tema hay que tener presentes las limitaciones de nuestro actual y modesto empeño. No es asunto nuestro aquí examinar en detalle la historia del vestido; en cuanto a las consideraciones históricas, debemos contentarnos con el bosquejo más breve y vago de ciertos principios generales y de ciertos ejemplos específicos que puedan ser necesarios para ilustrarlos. Estrictamente hablando, sólo nos interesan aquí las causas y efectos mentales de los cambios por los que ha pasado el ropaje humano y todos los antecedentes históricos que podamos presentar serán aquellos que parezcan necesarios para tratar correctamente el problema más definidamente psicológico de la evolución sartorial.

Al contemplar toda la deslumbrante gama de vestidos a través de las épocas y los climas, resulta natural, en primer lugar, hacer ciertas clasificaciones principales, con la ayuda de las cuales podemos esperar introducir algún orden en el vasto conjunto de diferentes estilos de ropa. De los diversos sistemas de clasificación que han sido propuestos, nos ocuparemos sólo de los dos que son tal vez los más útiles y esclarecedores para nuestro presente propósito actual.

El primer sistema —que ha sido adoptado por un cierto número de autores y que, por lo tanto, ha dejado su marca en la literatura— es el que debemos a Stratz,[1] que divide toda la indumentaria humana en tres clases principales, que llama respectivamente primitiva, tropical y ártica. Es ésta una clasificación que depende de la naturaleza (y, en particular, de la extensión y la forma) de la ropa en sí. Podría decirse que es una clasificación sartorial en sentido estricto. Nuestra segunda clasificación la tomaremos (con una modificación) de Müller-Lyer. Para ésta no hay todavía una terminología muy satisfactoria o reconocida. Divide toda indumentaria en dos clases, para las que podemos proponer los términos «fija» y «de moda».[2] Se trata, en esencia, de una clasificación sociológica y se relaciona no tanto con la naturaleza de la ropa en sí como con sus implicaciones psicológicas, históricas y sociales.

Tratemos primero la clasificación «sartorial» en indumentaria primitiva, tropical y ártica. El rasgo principal de la indumentaria primitiva es que el único ropaje u adorno, o por lo menos el más importante, es el que se sitúa alrededor de la ingle. La prenda (si así puede llamársele) más característica consiste en un aro que se lleva alrededor de las caderas, una forma de adorno que puede encontrarse entre muchos pueblos primitivos y que incluso ha persistido en algunos casos en culturas relativamente superiores; está representada, por ejemplo, en ciertas figuras de bronce de las bailarinas del antiguo Egipto.[3] La línea baja de cintura de los últimos años (aunque, por supuesto, complicada con elementos ausentes en el traje más exiguo de los primitivos) puede ser considerada también, en algunos aspectos, como un retorno al criterio estético implicado en esta primera etapa del vestido humano.

La banda alrededor de las caderas se usa a veces sola, aunque comúnmente se complementa en una o ambas de estas dos direcciones con: 1) el uso de anillos u otras formas de decoración «circular» en otras partes del cuerpo, particularmente los brazos, las piernas y el cuello; 2) la adición de algún material confeccionado para colgar de la misma banda alrededor de las caderas. Este material puede ser al principio muy pequeño (véase, por ejemplo, la figura 15); de hecho, tan pequeño que aunque situado usualmente frente y cerca de los genitales no puede imputársele la función de ocultar estos órganos (otro argumento a favor del punto de vista de que el adorno es más primitivo que el pudor). No obstante, la ropa, en su sentido más estricto de cobertura, diferenciada del mero adorno, parece haber tenido su origen en este pequeño apéndice del aro alrededor de las caderas. En su desarrollo posterior, este apéndice se hace más grande, extendiéndose a veces desde la parte frontal rodeando el cuerpo, o alongándose hasta llegar casi al nivel de las rodillas (cf. fig. 10). Entonces se convierte en algo semejante a un delantal. En las formas más simples de indumentaria primitiva se emplean sólo materiales naturales, en su mayor parte flores y hojas. Dicha decoración floral puede ser de muy buen gusto (cf. fig. 16), aunque sus componentes individuales tengan que renovarse, por supuesto, constantemente. En un nivel más alto de desarrollo sartorial, pueden prepararse prendas artificiales más permanentes de corteza, algodón, lino o cuero. Esto implica las artes de tejer, trenzar y curtir pieles. Parece ser que en un comienzo las sustancias animales fueron usadas más a menudo por los hombres (probablemente en su calidad de cazadores); las mujeres, por su parte, tendían a usar más la ornamentación floral, distinción sexual que se ha mantenido hasta el presente, y que probablemente dependa en alguna medida de la profunda identificación psicológica entre flores y feminidad (ejemplificada por el hecho de que las mujeres —y no los hombres— llevan a menudo nombres de flores; que frecuentemente obsequiamos flores a mujeres, pero rara vez y en pequeñas cantidades a los hombres; que hablamos del proceso fisiológico de la «desfloración», etc.). Aunque (en todos los casos menos en el mundo moderno de la moda) los hombres son más progresistas en el aspecto sartorial que las mujeres, los hombres aún usan ocasionalmente la indumentaria primitiva en algunos lugares para ciertos propósitos definidos, en su mayor parte de carácter profesional. Así, un taparrabos es a veces la única prenda de los trabajadores en Japón, China, la India e incluso en partes de Egipto, donde las mujeres —cualquiera que sea su ocupación— se visten por lo general más ampliamente. La razón de esta diferencia estriba probablemente en la mayor difusión del valor erótico del cuerpo femenino (asunto que analizamos en el último capítulo) y el consiguiente mayor pudor o, por lo menos, más difundido de las mujeres.[4] Podemos señalar que la indumentaria primitiva, tal y como la llevan habitualmente ambos sexos, se limita prácticamente a razas de piel negra, que disfrutan de una forma relativamente simple de cultura.

La transición de la indumentaria primitiva a la tropical se lleva a cabo a través del aumento en el tamaño de las prendas suspendidas originalmente de la cinta alrededor de las caderas. El taparrabo o delantal se convierte entonces en una falda que, de hecho, es la prenda característica y esencial de la indumentaria tropical. Cuando el material de la falda llega a tener un tamaño suficiente como para poseer un peso apreciable, se hace necesario elevar la cinta que rodea las caderas a una parte más alta del cuerpo, de la cual pueda suspenderse el peso con más seguridad; la cinta alrededor de las caderas cede el lugar a la cinta alrededor de la cintura o cinturón. Un ejemplo típico de la forma más simple del traje tropical se muestra en la figura 17. En esta forma sólo se compone de una falda y tal vez un cinturón. En su elaboración posterior puede ser complementado con alguna prenda ligera en la parte superior del cuerpo o la misma falda puede ser elevada hasta cubrir el pecho; pero, normalmente, las prendas en sí permanecen sueltas y livianas, y no se amoldan estrechamente a la forma (salvo si el cinturón puede aumentar de tamaño y desarrollarse gradualmente hasta llegar a ser un corsé, un bolero o una chaqueta).

La indumentaria tropical se fabrica, en su mayor parte, con productos vegetales más que animales, y se relaciona con el posterior desarrollo del arte de tejer. Se usa en muchas de las partes más cálidas del mundo y, en sus desarrollos más complicados, constituye la base de los trajes de muchos pueblos superiores, particularmente los de la India. Su mayor importancia sociológica y antropológica, sin embargo, se relaciona con el hecho de que de él deriva la ropa de la mujer europea y, por consiguiente, de las mujeres europeizadas de todo el mundo.

El atuendo femenino occidental es, por supuesto, mucho más complicado, en comparación con las formas más simples de la indumentaria tropical; en particular, por la adición de prendas que cubren la porción superior del cuerpo, prendas que en algunos casos son ajustadas. No obstante, las consideraciones históricas, que muestran que el vestido moderno de las mujeres no ha sufrido cambios fundamentales desde las primeras formas clásicas (que pertenecen claramente al grupo tropical), junto con ciertos detalles presentes en este vestido, nos permiten considerarlo como esencialmente tropical en su origen y naturaleza. Entre estos detalles modernos el más importante es la tendencia general entre las mujeres, en comparación con los hombres, a cubrirse de un modo más liviano y menos completo la parte superior del cuerpo. Puede decirse que la tendencia, tan repetida durante los últimos siglos, a desnudar el pecho y cierta parte de la espalda y los brazos, representa una vuelta al verdadero espíritu de la indumentaria tropical. Esta tendencia, cuyos aspectos psicológicos fueron tratados en el último capítulo, se trata aquí en su trasfondo histórico y antropológico. Otro rasgo del vestido de las mujeres que apunta en la misma dirección es la menor fuerza, espesor, peso y amplitud de la cobertura de los pies, en comparación con los hombres; la elaboración de botas y zapatos protectores está asociada con la indumentaria ártica más que con la tropical.

El rasgo particular de la indumentaria ártica es que las prendas se ajustan al cuerpo y lo cubren más o menos enteramente. Esto comprende una desviación del principio implicado en la falda, que, por su misma naturaleza, no puede ajustarse estrechamente a los miembros inferiores. Si estos miembros deben cubrirse totalmente, se necesitan prendas bifurcadas: de ahí el desarrollo de los pantalones. Tanto en su origen como en su historia posterior, la indumentaria ártica parece estar asociada especialmente con la etnia mongol. Esto puede deberse, como sugiere Stratz, a que el primitivo hogar de esta raza fue al norte del Himalaya, ya que la expansión hacia el sur estaba obstruida por esta cordillera que es la más formidable de las barreras naturales, de tal manera que las migraciones debían necesariamente dirigirse hacia el norte. Como ya se indicó, hay datos de que la ropa cálida no es esencial para la existencia del hombre, incluso en climas muy fríos; pero la fisiología muestra claramente que, por no hablar de su comodidad, la ropa tiene una función económica al disminuir la pérdida de calor que debe ser repuesta por la comida. Se ha dicho que el hambre es no sólo el mejor cocinero, sino también el mejor sastre y también el mejor zapatero; y bien puede haber sucedido que los pueblos que redujeron su necesidad de comida cubriendo más su piel lograran gran ventaja en la lucha por la existencia en las partes más frías del norte de Asia y Europa.

El modo más eficaz de disminuir la pérdida de calor es cubrir estrechamente el cuerpo. Las prendas que cuelgan sueltas, aunque sean gruesas, son comparativamente poco útiles para tal propósito. De esta manera nació el arte del sastre; mangas, pantalones y sombreros (a diferencia de los tocados meramente ornamentales) vieron la luz y, al mismo tiempo, el cuerpo mismo se encontró más abrigadamente ajustado.[5] Mientras no se hizo ningún esfuerzo por cubrir el cuerpo estrecha y completamente, la sastrería, en sentido estricto (tal y como se entiende en Savile Row), no fue necesaria; pero con el desarrollo de la indumentaria ártica, las ropas debían ajustarse exactamente al cuerpo si se quería protegerlo enteramente y, al mismo tiempo, mantener una razonable libertad de movimientos. De ahí que la emigración a un clima más frío parecería haber conducido a un gran incremento en la habilidad para la preparación y adecuación de la ropa. También condujo a un cambio de los materiales, porque en lugares más fríos las fibras vegetales son menos adecuadas y más difíciles de obtener que en los trópicos. Los cueros y pieles de animales se convierten así en los elementos esenciales del vestido, y las artes de prepararlos se desarrollaron como preliminares necesarios al trabajo del sastre.

Si, como su nombre implica, la indumentaria ártica debe su origen a la influencia del frío nórdico, en realidad no se limita de ninguna manera a climas fríos. Con excepción del Japón, es casi universalmente característico de la etnia mongol, para ambos sexos y en todas partes del mundo.[6] Se encuentra también entre las razas semitas que han estado sujetas a la influencia de poblaciones más septentrionales; porque, como se sabe, los pantalones constituyen un importante elemento en el traje de muchas mujeres musulmanas (aunque en algunos pueblos islámicos son reemplazados por la falda tropical). El triunfo más importante de la indumentaria ártica, sin embargo, se ha dado entre los hombres europeos, entre los cuales ha reinado casi continua y universalmente desde la caída de la civilización clásica hasta el presente. Con excepción de la falda masculina (como la escocesa, la griega y otras pocas variedades menos conocidas), de los mantos ceremoniales especiales (debidos, sin duda, a la superior imponencia de la falda) y de las prendas clericales y monacales (probablemente como índices de una renuncia a los símbolos de la virilidad), durante por lo menos los últimos 1400 años, el vestido masculino europeo ha incluido prendas inferiores de tipo bifurcado con cada pierna cubierta por separado. Históricamente, este rasgo característico del atuendo masculino occidental parece haber sido introducido en nuestra civilización, por un lado, por los invasores nórdicos que quebraron el Imperio romano, y por otro, por los pueblos de Oriente. Con la caída del Imperio surgió un fuerte movimiento en favor de la adopción general de una indumentaria más gruesa y ajustada, apropiada para el clima frío del que provenían los conquistadores, y este movimiento fue reforzado por el ascetismo cristiano, que consideraba con desaprobación la exposición del cuerpo característica de la indumentaria holgada de la época clásica. En mayor o menor medida, las mujeres europeas parecen haberse cubierto casi siempre, de suerte que, en su caso, el incremento general en la ropa no trajo aparejada la necesidad de una revolución en las líneas esenciales de su indumentaria como sucedió en el vestido masculino.

En correspondencia con este rasgo característico de la indumentaria ártica, la prenda inferior bifurcada, las demás partes de la ropa masculina europea se construyen igualmente según principios árticos, como se observa en el empleo de materiales más gruesos y rígidos (tanto para prendas exteriores como interiores), en una cobertura más completa y constante de todas las partes, incluyendo cuello y brazos, junto con un calzado más pesado y más sólido. De nuevo, como en el caso de la ropa predominantemente tropical de las mujeres, podemos examinar aquí, desde el punto de vista histórico, lo que hemos estudiado ya desde el punto de vista diferente de la psicología.

Examinemos ahora la segunda clasificación más sociológica de la ropa en tipos fijos y de moda. La distinción en juego aquí no es tanto un asunto de raza, sexo o desarrollo cultural, sino que depende más bien de ciertas diferencias de organización social. En sus manifestaciones reales, las diferencias entre los dos tipos se hacen mucho más aparentes en las relaciones opuestas que mantienen con respecto al espacio y al tiempo. El tipo «fijo» cambia lentamente en el tiempo, y todo su valor depende, en alguna medida, de su permanencia; pero varía mucho en el espacio, ya que cada tipo especial de vestido tiende a estar asociado con una localidad y con un cuerpo social separado (y, de hecho, con cada grado bien definido dentro de cada cuerpo). La indumentaria «de moda», por el otro lado, cambia muy rápidamente en el tiempo, y esta rapidez de cambio pertenece a su misma esencia, pero varía comparativamente poco en el espacio, tendiendo a difundirse rápidamente a todas las partes del mundo que están sujetas a las mismas influencias culturales y entre las cuales existen medios de comunicación adecuados. Es este último tipo de indumentaria la que predomina en el mundo occidental actual y que, de hecho (con ciertas excepciones importantes), ha predominado ahí durante varios siglos; este es un hecho que debe ser considerado como uno de los rasgos más característicos de la civilización europea moderna, dado que en otras civilizaciones, tanto del pasado como del presente, la moda parece haber desempeñado un papel mucho más modesto que entre nosotros. Fuera de la esfera de influencia occidental, el vestido cambia mucho más lentamente y está más estrechamente relacionado con circunstancias raciales y locales o con la posición social u profesional, y exhibe en un grado mucho mayor todos los rasgos que distinguen al tipo «fijo».

Dentro de esta esfera, sin embargo, las excepciones a las que nos referimos revelan también las características esenciales del tipo de indumentaria «fija» y, por lo tanto, sirven para definir estas características muy claramente, poniéndolas en agudo contraste con las del tipo «de moda» coexistente y predominante. Las excepciones en cuestión parecen caer en dos grupos principales, cada uno de los cuales puede ser subdividido en tres grupos:

Indumentaria geográfica: nacional, local, familiar.
Uniformes: militares, profesionales, asociativos.

En la indumentaria geográfica el elemento importante es el topográfico más que el social. La tradición ha asociado cierta indumentaria con ciertas razas o con ciertos países. Dentro de cada grupo racial o nacional (que, en general, presenta algún elemento común esencial que lo distingue de otros grupos) hay variaciones menores correspondientes a localidades en particular. Así, hay diferencias esenciales que nos permiten distinguir casi a primera vista entre la indumentaria «nacional» de, por ejemplo, Suecia, Holanda y Suiza. Pero dentro de estos grupos más grandes hay numerosas variaciones menores correspondientes a diferentes localidades, diferencias que en algunos casos (por ejemplo, en Suecia), pueden estar tan estrechamente asociadas con un área en concreto como para permitir distinguir dos poblados vecinos. En otros casos, las diferencias pueden distinguir familias o clanes, como los tartanes escoceses, aunque en tales casos están presentes también, normalmente, ciertas asociaciones locales secundarias.

En el grupo de los uniformes, los militares (que para nuestros propósitos deben incluir los navales) sobresalen tanto por su importancia social e histórica única como por el hecho de que exhiben un desarrollo extremo de los rasgos jerárquicos del vestido. Las diferencias de nacionalidad y de localidad (estas últimas correspondientes en general a regimientos particulares) no sólo se indican mediante diferencias distintivas de uniforme, sino que dentro de cada grupo las distinciones de rango se indican muy claramente, de acuerdo en general con el método primitivo de señalar cada rango sucesivo, de abajo para arriba, con un aumento en el adorno del traje correspondiente.

Si no fuera por su significación de por sí excepcional, tal vez debería considerarse que los militares constituyen tan sólo un grupo particular de uniformes profesionales, ya que la guerra es sólo una clase particular de actividad profesional entre muchas otras. Sin duda existen ciertas clases de indumentaria profesional que exhiben un desarrollo jerárquico de complejidad tan sólo inferior a la del grupo militar como, por ejemplo, los eclesiásticos o los académicos. De hecho, en todo el grupo profesional tiende a haber alguna indicación de rango mediante distinciones de detalles sartoriales, aunque estas distinciones no adoptan tan regularmente la forma de diferencias cuantitativas de adorno (por ejemplo, el uniforme de la jefa de enfermeras o del inspector de policía es escasamente menos elaborado u ornamental que el de la enfermera común de hospital o el del agente de policía).

La indumentaria asociativa es la que distingue a las sociedades especiales formadas con fines privativos dentro de grupos sociales más grandes. Como ya se indicó en un capítulo anterior, dicha indumentaria se encuentra entre pueblos de todos los grados de cultura y desempeña un importante papel en muchas de las sociedades secretas de los pueblos primitivos. Entre las correspondientes sociedades modernas distinguidas por uniformes especiales, pensamos naturalmente en los masones y en el Ku Klux Klan. Sin embargo, en muchos casos, la insignia asociativa adopta la forma de prendas especiales o de condecoraciones localizadas más que de una indumentaria completa. En el atuendo masculino, la corbata, que tan a menudo indica la escuela, colegio o club deportivo del que la lleva, es especialmente importante en este aspecto. En estos últimos casos no se intenta, por lo general, ninguna significación jerárquica dado que las asociaciones son en su mayoría de naturaleza democrática, por lo menos en lo que respecta a su organización oficial. Sin embargo, puede haber alguna forma especial de ornamentación para indicar habilidades o distinciones particulares, por ejemplo, las iniciales del club en el *blazer*, la corbata de los equipos deportivos de Cambridge y Oxford, las insignias de los *boy scouts* y las muchachas guías, si incluimos a los dos últimos entre los grupos asociativos.

En toda esta indumentaria «fija» —tanto del tipo «geográfico» como del «uniforme»— encontramos los tres elementos importantes de relativa permanencia en el tiempo, caracterización de un grupo especial de personas con asociaciones sociales o topográficas comunes, y de uniformidad de un individuo a otro (en tanto los individuos participan de los mismos subgrupos jerárquicos donde los haya). En todos estos puntos, los trajes «fijos» son claramente diferentes de los trajes «de moda» que están simultáneamente en uso. En cuanto a la permanencia en el tiempo, es evidente, por ejemplo, que el valor de un traje «nacional» o de un uniforme militar depende en gran medida del hecho de que esté íntimamente asociado con la historia pasada y con las tradiciones del pueblo o regimiento implicado. Cualquier innovación es mal recibida, dado que parece constituir una ruptura de estas tradiciones, tal y como se comprueba en la mala disposición con que se abandona un uniforme militar largamente establecido, por poco práctico que sea, aun bajo la tensión de la guerra moderna. En este asunto la psicología de la indumentaria «fija» es exactamente la opuesta a la de la indumentaria «de moda», cuyo valor consiste fundamentalmente en su novedad, y que se abandona al menor signo de no estar ya «de moda» o estar «caduca». En cuanto al segundo punto —la caracterización de un grupo especial de personas— resulta otra vez evidente que todas las diferentes clases de indumentaria «fija» que hemos considerado tienen una significación social especial (y a menudo valiosa), en la medida en que indican la pertenencia a un grupo y son, en cierto sentido, simbólicas de estos sentimientos, sensaciones e intereses que unen al grupo; llevarlas es un privilegio especial, celosamente guardado y raramente infringido, y que, en el caso de infracción, suscita mucha animadversión.[7] También en esto la indumentaria «fija» difiere radicalmente de la indumentaria «de moda» en la que no hay diferencias definidas de clase, grupo o nacionalidad, y donde la regla es la imitación. En cuanto al tercer punto —uniformidad entre individuos del mismo subgrupo— aquí nuevamente el valor de las costumbres «fijas» descritas parece depender en gran medida del hecho de que no haya diferencias individuales de ningún tipo, excepto las que puedan ser necesarias para adecuarse a las formas y tamaños variantes de los miembros del grupo. Una indumentaria «nacional», si se pretende llevar, debe ser correcta en cada detalle; si, a causa de la ignorancia (como ocurre a veces con un elegante vestido de baile, cuando lo llevan personas que no tienen más que un conocimiento superficial de sus sutilezas), se introduce alguna modificación individual, esto se percibe por parte de los que conocen mejor la indumentaria como un insulto para el grupo social implicado —como cuando, por ejemplo, se enarbola al revés la bandera de Inglaterra— y al que lo lleva se le critica por falta de conocimiento o de urbanidad, en lugar de ser admirado, como habría sido si hubiese introducido alguna pequeña modificación en una indumentaria de moda. Lo mismo se aplica a los adornos locales aislados, como la corbata del club o del colegio, a diferencia de la corbata que está meramente de moda y que no suscita asociaciones especiales con ningún grupo. Esto resalta aún más en el caso del uniforme militar; de hecho, es casi impensable que a los diferentes miembros de un regimiento se les permitiera ejercitar su gusto personal en cuanto a hechura o color, o incluso en cuanto al tamaño o situación de sus botones; aquí se percibe que todo depende de que todos estén vestidos exactamente igual, mientras que en los trajes «de moda» las variaciones individuales y la desviación del estilo de la mayoría (dentro de ciertos límites) son la esencia del éxito. Sólo en los uniformes profesionales se permite a veces alguna medida de variación individual. Los policías deben vestirse igual, pero los chóferes, ayudas de cámara, camareras y carniceros pueden, en alguna medida, ejercer su propia discreción (o sus patronos pueden ejercitarla por ellos). Muchos de estos uniformes profesionales son, de hecho, menos «fijos» que los otros que hemos considerado; son un asunto más a menudo de convención que de reglas rígidas. Sólo las líneas principales son prescritas por la costumbre y, mientras el uniforme logre simbolizar la ocupación en cuestión, se permite que varíen los detalles menores. Dicho uniforme, en parte variable en parte convencional, parece encontrarse cercano al límite entre los tipos «fijo» y «de moda». De hecho, se ha sugerido[8] que, en lo que respecta a ciertos tipos de uniformes profesionales, a saber, los de los sirvientes, es posible formular algo como una regla general en el sentido de que «el uniforme de los sirvientes es el de los señores de una generación anterior». En tanto esto sea verdad, esta clase de uniforme profesional sigue la línea de desarrollo general del vestido «de moda», pero a una cierta distancia. Uno de los inconvenientes ligados al lento desarrollo del vestido masculino en los últimos años es que los sirvientes pueden alcanzar a sus señores, como ha sucedido en el caso de los mozos.

Está claro que alguna de la indumentaria «fija» que hemos considerado está en una etapa anticuada; ha librado durante mucho tiempo una batalla desfavorable contra la indumentaria «de moda». Esto se aplica particularmente a la relativa al grupo geográfico, que ahora se usa pocas veces, excepto en lugares remotos, por parte de las clases más bajas y más conservadoras (aquí, de nuevo, la mujer muestra un conservadurismo mayor que el hombre), y como curiosidad y rareza más que como hecho ordinario y cotidiano. Desde un punto de vista más amplio, encontramos que durante el siglo XIX el vestido europeo «de moda» ha desalojado completamente al vestido «nacional», no sólo de Europa sino en muchas otras partes del mundo, de manera que en toda la esfera de influencia predominantemente occidental, París gobierna ahora el vestido de las mujeres y Londres el de los hombres.

El caso de los uniformes es algo diferente. Los uniformes militares dependen obviamente del destino de la guerra misma e influyen poderosamente y de distintas maneras en muchos otros uniformes «profesionales». En los países más militaristas existe en general una mayor tendencia a distinguir a los hombres de diferentes profesiones por sus uniformes que en los países de intereses más pacíficos y comerciales. Aparte de esto, la medida en que se emplean los uniformes depende hasta cierto punto del énfasis relativo puesto en la organización del grupo y en la individualidad. En la Inglaterra de la segunda mitad del siglo XIX, en el momento de mayor predominio del individualismo, el uso de uniformes descendió a un nivel muy bajo. Desde entonces las demandas en aumento de disciplina social, lealtad de grupo y responsabilidad de grupo están tendiendo, en ciertos casos, a difundir el uso de uniformes; de manera que, por ejemplo, los conductores de ómnibus y los ascensoristas usan ahora uniforme, cuando anteriormente se vestían con sombreros hongos o blusas, como lo dictaba la moda del momento o su habilidad para seguirla. El destino último de los uniformes en la vida civil es una cuestión interesante, a la que volveremos con más provecho en un capítulo posterior, después de tratar los más intrigantes misterios de la moda.

Figura 1. Simple ilustración de cómo una falda aumenta la impresión de tamaño, importancia y belleza de líneas cuando el cuerpo está inmóvil (con autorización de *The Dancing Times*).

Figura 2. Cómo una falda puede aumentar el efecto de movimiento (con autorización de *The Topical Press Agency*).

Figura 3. Serie mostrando los efectos producidos por un simple chal.

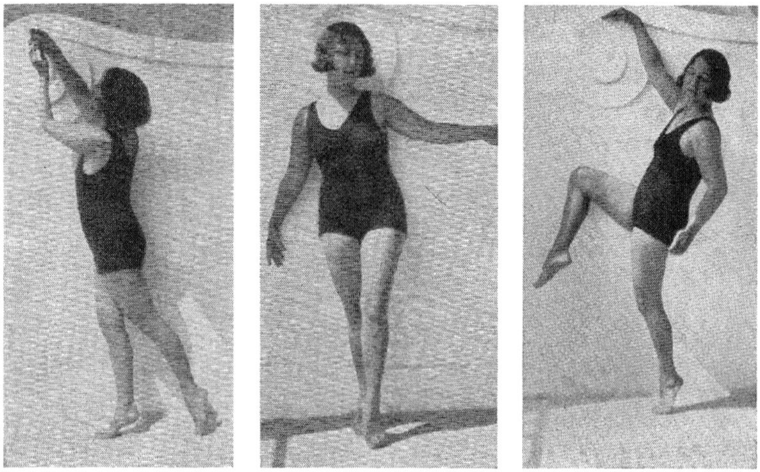

Figura 4. Loie Fuller en distintas danzas
(con autorización de *L'Illustration*).

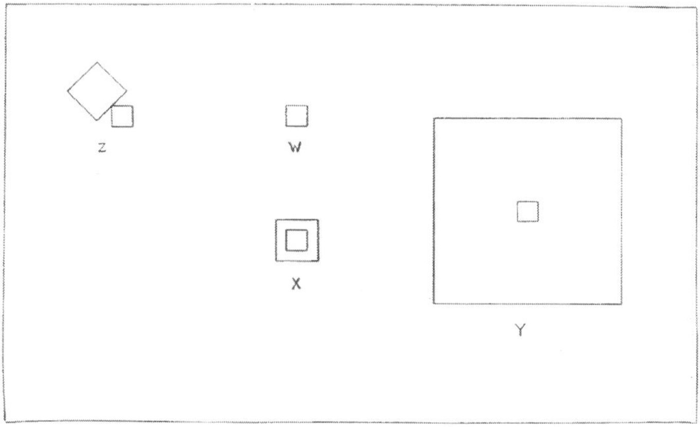

Figura 5. Efectos de «contraste» y «confluencia».

Figura 6. Efecto del viento. Del cuadro «La paz de la primavera» de Estella Canzani (con autorización de la Sociedad Medici).

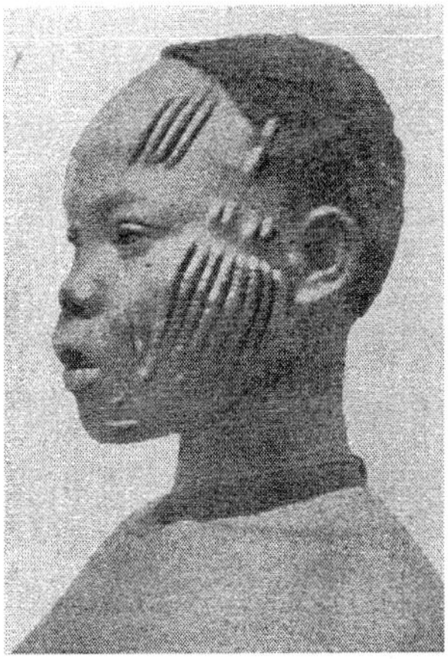

Figura 7. Joven muchacha africana, con cicatrices ornamentales.
De H. Hiler, *From Nudity to Raiment*
(con autorización de los Sres. W. Y G. Foyle, Ltd.)

Figura 8. Diosa minoica anguiforme, mostrando la cintura constreñida.
De A. J. B. Wace, *A Cretan Statuette in the Fitzwilliam Museum*
(con autorización de Cambridge University Press).

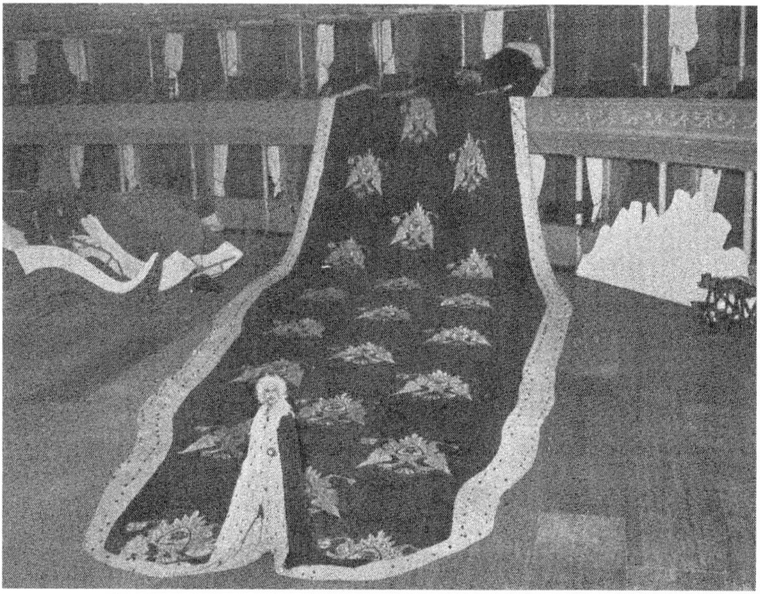

Figura 9. Manto de coronación de Catalina II de Rusia (con autorización de *The Topical Press Agency*).

Figura 10. Nativo de Hawái, mostrando una decoración «dimensional». De E. Selenka, *Der Schmuck des Menschen* (con autorización de Vita Deutsches Verlagshaus).

Figura 11. Nativo de Nueva Pomerania, usando un collar de conchillas. De E. Selenka, *Der Schmuck des Menschen* (con autorización de Vita Deutsches Verlagshaus).

Figura 12. Dos mujeres de Padung, con numerosos collares de metal. De W. M. Webb, *The Heritage of Dress* (con autorización del autor).

Figura 13. Traje «primitivo», con un elaborado tocado, la típica banda alrededor de las caderas, y la ornamentación «circular» (anillos). De C. H. Stratz, *Die Frauenkleidung* (con autorización de Herr Ferdinand Enke).

Figura 14. Vestimenta de exterior originaria de Túnez. De C. H. Stratz, *Die Frauenkleidung* (con autorización de Herr Ferdinand Enke).

Figura 15. Los comienzos del traje. De C. H. Stratz, *Die Frauenkleidung* (con autorización de Herr Ferdinand Enke).

Figura 16. Traje «primitivo» de Samoa, mostrando la decoración floral circular y collar de dientes de ballena blanca. De E. Selenka, *Der Schmuck des Menschen* (con autorización de Vita Deutsches Verlagshaus).

Figura 17. Formas típicas de a) traje«tropical», y b) traje «ártico», de Java y Siberia, respectivamente. De C. H. Stratz, *Die Frauenkleidung* (con autorización de Herr Ferdinand Enke).

Figura 18. Diana, de la Colección Borghese del Louvre. Un traje simple que realza la belleza de la forma corporal.

Figura 19. Un elaborado vestido para la escena, que enmarca más que cubre el cuerpo.

Figura 20. Luis XVI, por Callet. Un traje refinado, cuyo efecto
es independiente de la forma corporal
(con autorización de los Sres. Levy y Neurdein).

Figura 21. La acentuación de la moda.

a) Vestido Renacimiento, con énfasis en el abdomen

b) Vestido Imperio, dando un debido peso a las líneas del cuerpo en su conjunto

c) Crinolina, acentuando la cintura y las caderas y aumentando enormemente el bulto total aparente del cuerpo

d) Polisón, acentuando las partes posteriores (un apéndice en forma de cola)

De C. H. Stratz, *Die Frauenkleidung*, y Fischel y von Boehn, *Modes and Manners of the Nineteenth Century* (con autorización de Herr Ferdinand Enke y de los Sres. J. M. Dent e hijos).

Figura 22. Ejemplo de la evolución del vestido.

a) La gorra roja húngara que fue la antecesora del morrión

b) Un morrión (de la Honorable Compañía de Artillería) en el que la gorra es sólo un vestigio

De W. M. Webb, *The Heritage of Dress* (con autorización del autor).

9. Las fuerzas de la moda

—Decía, ¿no ves qué ladrón deforme es la moda, cuán despreocupadamente trastorna a cuantos tienen la sangre caliente entre los catorce y los treinta y cinco?
—Veo todo eso, y veo que la moda gasta más ropa que el hombre. ¿Pero no estás tú también trastornado por la moda, que dejas tu relato para hablarme de ella?

Mucho ruido y pocas nueces, acto III, escena 3
Shakespeare

«*La Mode est la déesse des apparences*», dice Mallarmé. Hemos llegado a creer que la moda (y generaciones de escritores en millones de periódicos han contribuido a esta creencia) es una diosa misteriosa, cuyos decretos debemos obedecer más que comprender; pues se sobreentiende que, en realidad, estos decretos trascienden todo entendimiento humano ordinario. No sabemos por qué se elaboran, o cuánto tiempo durarán, sino sólo que deben ser obedecidos; y cuanto más rápida sea la obediencia mayor será el mérito. Contemplar de manera no prejuzgada y científica la naturaleza y las actividades de esta divinidad es tan difícil como cualquier otra investigación psicológica en el campo de la religión; cuando uno no es un adorador, tiende muy fácilmente a convertirse en burlón, y ninguna de estas dos actitudes resulta apropiada para el científico. Si los que escriben en los periódicos técnicos de *La Mode* predican como creyentes verdaderos, el pequeño número de estudiosos que están fuera parecen ateos más que agnósticos, y ocultan mal su júbilo al ridiculizar los misterios que otros veneran. Teniendo en cuenta este doble peligro, procuraremos considerar a la diosa sin miedo o rencor, y estudiar, en la medida en que podamos, con juicio imparcial y visión despejada, su origen, su esencia y sus edictos.

A tenor de este programa investigaremos primero por qué existe la moda en el mundo moderno; es decir, debemos examinar las causas psicológicas y sociales que la han originado y la mantienen. Pasaremos después a la cuestión de los agentes reales a través de los cuales obra, y estudiaremos también las funciones psicológicas y las limitaciones de estos agentes; en otras palabras: el cómo de la moda. Finalmente, contemplaremos el qué de la moda, pasando revista a algunos de los modos concretos en que se siente su influencia.

EL PORQUÉ DE LA MODA

Es indudable que la causa última y esencial de la moda reside en la competencia; competencia de orden social y sexual, en la que los elementos sociales son más obvios y manifiestos y los elementos sexuales más indirectos, ocultos e inconfesos, escondiéndose detrás de los sociales. Ya vimos que el adorno tiene un valor sexual y social, y que las formas de ornamentación notables y atractivas (de acuerdo con el gusto prevaleciente) son útiles tanto para propósitos de atracción sexual como para signos de rango, riqueza o poder, pues siguen la convención de que cuanto más refinado y adornado sea el traje, más alta es la posición social del que lo lleva. En tanto prevalece el sistema de la indumentaria «fija», cada grado social se contenta con llevar la indumentaria con la que está asociado. Pero cuando las barreras entre un grado y otro se hacen menos insuperables, cuando en términos psicológicos una clase comienza a aspirar seriamente a la posición de la que está por encima de ella, es natural que los signos y símbolos exteriores característicos de los grados en cuestión corran peligro. Como ya hemos señalado al hablar de otra cosa, imitar a los que admiramos o envidiamos es un rasgo humano fundamental. A nivel del desarrollo social en cuestión, los que pertenecen a un estrato social dado han aprendido no sólo a admirar, sino por lo general también a envidiar a los que están por encima de ellos; por consiguiente, tienden a imitarlos; ¿y qué resulta más natural, y al mismo tiempo más simbólico, que comenzar el proceso de imitación copiando su ropa, la insignia misma de las cualidades admiradas y envidiadas?

Si esto fuera todo lo que sucede, las distinciones sartoriales significativas tenderían meramente a abolirse por una apropiación gradual por parte de los rangos sociales más bajos de los estilos pertenecientes a los ricos y poderosos (este es un proceso que, como han señalado ciertos sociólogos —especialmente Herbert Spencer— tiende frecuentemente a ocurrir en el caso de los títulos, como en España, donde todos los mendigos son caballeros). Pero las clases sociales altas, por su parte, no desean naturalmente abandonar los signos de su superioridad.[1] Pueden tratar de retener su diferenciación sartorial de dos maneras: o bien mediante leyes suntuarias que prohíban a otros el uso de sus propias prendas especiales o bien abandonando esas prendas que corren el peligro de perder su valor distintivo ahora que son copiadas mediante la adopción de nuevas formas de vestido que establezcan la deseada distinción. Dado que el método de las leyes suntuarias, aunque se ha intentado a menudo, casi nunca o nunca resulta efectivo, tarde o temprano se recurre al segundo método. Y así nació la moda. Tenemos ahora un movimiento desde los dos extremos; uno, desde los rangos sociales más bajos en la dirección de los que ocupan posiciones más altas en la escala y, otro, desde estos últimos, alejándose de su anterior posición, que se ha convertido ahora en insostenible desde el punto de vista de la moda. Este doble movimiento es el que constituye esencialmente la moda, el fondo de la variación perpetua a la que está sujeta la indumentaria «de moda».

Cuando el doble movimiento está establecido por completo, se manifiesta no sólo en la comunidad como un todo, sino también en cada miembro individual de la comunidad. A efectos prácticos puede decirse que nuestra visión de unas clases sociales separadas que corresponden, por así decirlo, a los perseguidores y a los perseguidos, es poco más que una abstracción conveniente. Casi todos los individuos forman parte en cierto sentido de ambos caracteres, predominando uno u otro de acuerdo con las circunstancias, ambiciones y habilidades. La paradoja de la moda reside en que cada uno trata al mismo tiempo de parecerse y de no parecerse al prójimo: parecerse en la medida en que lo considera como superior; no parecerse (en el sentido de estar más «a la moda») en la medida en que piensa que está por encima de él. En vista de que estamos orientados aristocráticamente y nos atrevemos a afirmar nuestra propia individualidad siendo diferentes, ejercemos como guías de la moda (porque todos tenemos alguna influencia, aunque sea pequeña); en vista de que sentimos nuestra inferioridad y la necesidad de conformidad con los estándares establecidos por otros, somos seguidores de la moda. Aquí, de nuevo y desde el punto de vista del individuo, se hace clara la naturaleza esencialmente inestable de la moda.

Como ya hemos indicado, la moda implica una cierta fluidez de la estructura social de la comunidad. Deben existir diferencias de posición social, pero debe parecer posible y deseable salvar estas diferencias; en una jerarquía rígida la moda es imposible. Pero, por supuesto, no es necesario que la moda influencie en seguida a toda la comunidad. De hecho, en la mayoría de los casos probablemente comenzó en una sección relativamente pequeña situada en la cima de la escala social, y durante largos períodos sus manifestaciones más notables se encontraban sólo entre la aristocracia, especialmente entre aquellos cuya vida transcurría en las cortes y capitales, mientras que el común de la gente se vestía con indumentarias que se aproximaban más al tipo tradicional o «fijo». Pero con el surgimiento, primero, de la burguesía y, después, de la democracia, la moda se difundió inevitablemente hacia abajo, hasta que finalmente toda la comunidad se vio más o menos concernida, como sucede en casi todos los países progresistas del presente. Pero con la llegada de una democracia plena, las condiciones se hicieron, una vez más, menos favorables a la moda.[2] Cuando cada hombre es tan bueno como su prójimo no queda ningún estrato social superior al que imitar, y entonces parece como si la carrera de la moda debiera terminar, dado que los de atrás han alcanzado a los de delante. Sin embargo, la carrera en realidad tiende a prolongarse por el hecho de que la aristocracia de la moda —una aristocracia que es esencial para su existencia— cambia a medida que avanza el desarrollo político y social. En la mayoría de los países actuales ya no constituye enteramente una aristocracia de nobleza o riqueza. Ésta provee todavía en muchos casos una base indispensable, pero está complementada por otros elementos muy variados, a los que contribuyen el *demi-monde*, la bohemia, el teatro, el mundo del deporte y del automovilismo. En el caso de la ropa masculina, tal vez sea verdad que los cambios ocurren tanto desde abajo como desde arriba, ya que los círculos sociales más altos comulgan con la idea de una corrección más o menos estereotipada que sólo permite la variación dentro de límites muy estrechos; así, en Londres, es la «sangre» de Whitechapel más que la de Mayfair la que está reintroduciendo el color; los conductores de la humilde bicicleta más que los jinetes del aristocrático caballo los que han comenzado a popularizar el cuello «byroniano».

Mientras tanto, han entrado en juego varias influencias nuevas, tendentes a mantener la moda. De entre las más importantes figura una de un acusado orden económico: como la moda se ha difundido hacia abajo en todas las clases, grandes y fuertes intereses comerciales e industriales han comenzado a abastecer la constante corriente de nuevas prendas que demanda la moda. Esto también proporciona un estímulo en ambos extremos de la escala de la moda. Por un lado, los medios modernos de producción en masa y los métodos perfeccionados de transporte y distribución han hecho posible abastecer rápidamente artículos de todos los modelos nuevos y exclusivos en grandes cantidades y a precios relativamente bajos, de suerte que las mujeres de medios modestos de pequeñas ciudades provincianas pueden llevar ropa del mismo diseño que la introducida por los creadores de la moda en las grandes ciudades sólo unas pocas semanas antes. Al mismo tiempo, las mayores facilidades para la locomoción rápida y para los viajes han puesto en contacto más estrecho a la gente de todos los lugares del mundo con los grandes centros, de suerte que tienen mayores y mejores oportunidades de aprender de primera mano los últimos cambios de la moda de estos centros.

Entretanto, también ha surgido una multitud de publicaciones especializadas que se proponen estimular el interés en estos cambios. Así, el movimiento de la moda se ve apremiado desde abajo. Para hacer frente a esta velocidad de imitación debe producirse un suministro constante de nuevos modelos para beneficio de los líderes, de manera que puedan preservar su distinción. Así, todo el desarrollo de la moda se acelera y el consiguiente reemplazo más rápido de la ropa, aunque tal vez sea de dudoso beneficio para la comunidad en su conjunto, resulta ventajoso para las industrias del vestido, que naturalmente tratan de mantenerlo, empleando para este fin todas las artes de la venta moderna; artes que son usadas constantemente para sugerir que este o aquel estilo está caduco y que alguna nueva prenda de reciente diseño debe adquirirse, so pena de encontrarse desesperadamente pasado de moda.

Esta tendencia económica hacia el rápido cambio de la moda se ve respaldada por el hecho de que la ropa moderna tiende en general a ser menos duradera que la de períodos anteriores. Este hecho ha sido relacionado por algunos autores con las mejores condiciones ambientales de la vida civilizada moderna, y especialmente de la vida urbana. Por ejemplo, los zapatos que podemos usar en las ciudades modernas con sus calles cuidadosamente pavimentadas habrían sido inapropiados para las calles de muchas ciudades de hace doscientos años; no necesitamos las gruesas botas que entonces eran la única forma segura y conveniente de calzado con la que cruzar las embarradas alcantarillas que entonces abundaban en las calles. Sin embargo, nuestros zapatos más finos se gastan más rápidamente y deben reemplazarse con mayor frecuencia y, dado que de todos modos tenemos que comprar un par nuevo, podemos satisfacer al mismo tiempo nuestra vanidad, consiguiendo el de última moda. Esto se aplica indudablemente a muchos artículos actuales de vestir que en ello contrastan de forma acusada tanto con muchas modas anteriores como con la indumentaria del tipo «fijo» (compárese, por ejemplo, el material de muchos vestidos «de moda» con los materiales más duraderos empleados en los vestidos «nacionales» y los uniformes).

La tendencia general al cambio rápido en tiempos recientes, aunque depende evidentemente en alguna medida de factores de orden económico, ha sido objeto de disquisiciones filosóficas por ciertos autores que han visto en ella tan sólo una manifestación particular de la creciente rapidez general del desarrollo social y científico en la vida moderna. Es un lugar común decir que la evolución humana procede al comienzo lentamente y luego con rapidez cada vez mayor. Las primeras invenciones, como el uso de instrumentos de piedra y de metal, tardaron muchos miles de años en materializarse y aplicarse. El transporte, la motorización, la aviación, la cinematografía, el gramófono, la telegrafía sin hilos, todos han alcanzado un uso general en el transcurso de dos o tres décadas. En correspondencia con la rapidez del cambio en nuestro medio, nos hemos hecho menos conservadores, más intolerantes con lo viejo y más enamorados de lo nuevo; y ésta es una tendencia mental que puede expresarse mejor en los gustos cambiantes con respecto a la ropa (que, por su misma naturaleza, es menos duradera que muchas otras formas de arte aplicado). Lo viejo no nos inspira el mismo sentido de veneración que sentíamos antes; sentimos una inclinación a ser revolucionarios e iconoclastas y a mirar más allá, siempre esperanzadamente, hacia lo nuevo (aunque nuestra esperanza no siempre resulte razonable). En la medida en que este punto de vista es cierto, nuestras modas cambiantes pueden considerarse verdaderamente simbólicas de nuestra cambiante perspectiva sobre muchas otras cosas.

Vimos en el capítulo 8 que, desde el comienzo del siglo XIX en adelante, la vestimenta de los hombres se ha distinguido de la de las mujeres por su mayor uniformidad y su relativa falta de elementos de adorno. Esta diferencia la consideramos como un esfuerzo para reducir la competencia entre los hombres. En armonía con este punto dc vista está el hecho de que las diferencias sexuales no son en ninguna parte más aparentes que en el campo de la moda. Casi todo lo que hemos dicho aquí sobre la moda se aplica en un grado menor a los hombres que a las mujeres. La moda masculina cambian mucho menos rápidamente que la femenina (tan grande es, de hecho, la diferencia, que un traje de hombre de veinte o treinta años atrás puede ser usado fácilmente en público, sin suscitar comentario, mientras que un vestido femenino de igual edad haría a la que lo lleve objeto de curiosidad y ridículo universales). Los cambios que ocurren de un año a otro afectan sólo a pequeños detalles, y no a la totalidad del diseño. Los intereses económicos en liza se adaptan mucho más a un estado de permanencia relativa que a una condición de cambio violento y continuo, y han hecho pocos intentos para explotar las ventajas de la variación rápida; incluso los materiales que se emplean son, en gran medida, más duraderos, de manera que la necesidad de sustituir las prendas gastadas se suscita menos a menudo. En todos estos puntos, así como en el terreno de su mayor uniformidad, el vestido masculino está menos «de moda» y es más «fijo» que el femenino. De hecho, en muchos de sus aspectos (por ejemplo, el atuendo para ocasiones formales, para la noche, para muchos deportes) la ropa de los hombres ocupa más o menos la misma posición con respecto a los tipos que algunas ropas «profesionales» de las que hablamos en el último capítulo. Como en el caso de estas últimas, hay alguna elección individual en los detalles (la forma de un cuello o el tamaño y color de una corbata) pero ninguna en lo que respecta al estilo general, a las proporciones o al diseño.

En el caso de los hombres, la eliminación de la competencia a través del vestido ha reducido en gran medida la influencia de la moda. Una cuestión de gran interés estriba en saber si es probable que las mujeres sigan el mismo camino en un futuro cercano. Varios factores apuntan en esta dirección, por ejemplo: 1) la victoria relativa de la producción en masa sobre el diseño exclusivo, victoria que está tendiendo a reducir firmemente la diferencia entre los líderes de la moda y el común de la gente, de suerte que la diferencia social del vestido está llegando a ser tan desdeñable como lo es entre los hombres; 2) la socialización siempre en aumento de las mujeres, tendencia que las somete a las mismas influencias que condujeron a la reducción de la competencia a través de la ropa entre los hombres (uno observa ya que en algunos campos, por ejemplo el deporte, el atuendo de las mujeres está casi tan estandarizado y «profesionalizado» como el de los hombres). Sin embargo, hay que tener en cuenta en contra de esto por lo menos dos factores importantes: 1) la gran influencia de los intereses económicos que se malograrían con una reducción del papel de la moda y que puede presumirse que combatirán cualquier tendencia a tal reducción con todos los medios en su poder; 2) el hecho de que la mayor participación de las mujeres en la vida social y su indudable mayor percepción de los valores sociales no haya conducido a una gran reducción de su narcisismo. Sea como fuere, nuestras tradiciones todavía sancionan y, de hecho, aprueban una manifestación mucho mayor y más abierta del narcisismo entre las mujeres que entre los hombres. Ahora bien, es verdad que el narcisismo no requiere necesariamente expresarse en la moda (dado que está relacionado sólo indirectamente con la competencia), pero en las condiciones actuales es comparativamente fácil para las influencias comerciales explotar el narcisismo en favor de la moda. Este asunto de las mujeres y la moda es, sin duda, uno de los muchos y fascinantes problemas sartoriales sobre el que sería arriesgado y aun temerario profetizar. Sólo podemos señalar las principales influencias que parecen estar en liza y observar su interacción.

EL CÓMO DE LA MODA

Pero si todo esto arroja por lo menos algún rayo de luz sobre la cuestión de por qué surgen las nuevas modas, no nos dice cómo surgen. Evidentemente esta última pregunta es harto difícil de contestar. Sin duda, se trata del misterio central de la moda. El origen de las modas individuales es casi tan esquivo como el de algunos otros productos sociales, como los rumores o las bromas que pasan de boca en boca y cuyas fuentes casi nunca es posible determinar. La noción general es que las modas las origina alguna misteriosa autoridad que reside en París; y las investigaciones de los pocos economistas que se han dignado a dirigir su atención al asunto parecerían mostrar que hay mucho de verdad en esta idea.[3] Durante muchos años, una gran proporción de las modas femeninas nacieron realmente en París; al parecer, en parte en los estudios y oficinas de unas pocas grandes firmas y en parte en los talleres privados de un puñado de diseñadores independientes que pueden vender sus ideas a estas firmas u ocasionalmente a clientes privados.[4] Por lo tanto, parece que del lado de los productores la influencia predominante reside en un grupo relativamente pequeño de individuos. Pero aunque las modas viajan rápidamente, tienen que pasar por las manos de muchos individuos antes de llegar a todos los rincones de la tierra; y aquí, como en otros casos (como, por ejemplo, el de los rumores), cada individuo tiende a ser responsable de algún pequeño cambio.

Sin embargo, y sea como fuere, los productores de la moda como grupo no son tan poderosos como nos podrían inducir a suponer en sus manifestaciones más inspiradas los autores de la literatura teológica de la moda. Para crear una moda no es suficiente hacer un nuevo diseño. Pues el diseño, para convertirse en moda, debe ser llevado, y no meramente en un desfile de modelos. Por lo tanto, es natural que quienes los llevan tengan algo que decir en el lanzamiento de nuevas modas. Sin embargo, aquí también un grupo relativamente pequeño de individuos parecería ejercer una influencia predominante, aunque se trate de un grupo más grande y menos homogéneo que en el caso de los productores. En los primeros días de la moda moderna, esta influencia provenía principalmente de los miembros de las casas reales y aristocráticas. Sin embargo, más tarde, aunque incluso antes de que la Gran Guerra aniquilara los últimos remanentes del poder real en tantas partes del mundo, las damas reales habían perdido en gran medida su supremacía. Normalmente se considera a la emperatriz Eugenia como la última de la larga dinastía de líderes de la moda real, y su lugar ha sido ocupado por una cantidad mayor de individuos más variados. La influencia real ha durado más en el vestido masculino y la familia real británica tiene todavía algún poder en esta esfera. No obstante, es probable que cualquier tipo de personalidad eminente sirva para influir en la moda. En su hora, Beau Brummell ejerció una inmensa influencia, adquiriendo una reputación de gusto perfecto.[5] Para centrarse en un caso reciente en el ámbito del deporte, es indudable que Suzanne Lenglen[6] fue en gran medida responsable de la completa revolución que tuvo lugar en el equipo femenino de tenis después de la primera guerra mundial, revolución de gran influencia en el vestido de las mujeres en general. Más recientemente aún (en el verano de 1929) el tenis ha visto la «batalla de las piernas desnudas». La gente estaba alterada, y las autoridades de Wimbledon se sintieron llamadas a publicar un manifiesto, aunque redactado en los términos más discretos. Todo el mundo esperaba ansiosamente para ver lo que haría la señorita Helen Wills. Ésta apareció con medias largas y todas las demás hicieron lo mismo.[7] Pero aquí, una vez más, apenas podemos dudar de que si hubiera decidido jugar sin ellas, muchas la habrían imitado, y en el cálido verano que siguió, los defensores de las pantorrillas descubiertas se hubieran apuntado un triunfo decisivo.

No obstante, las modas no pueden tenerse en cuenta enteramente en términos de individuos, ya sean productores o usuarios. Para que un nuevo estilo de vestido se ponga «de moda», debe atraer de algún modo a un gran número de gente. Los misteriosos dictados de París no siempre son, de hecho, obedecidos. Durante los últimos veinte años han aparecido un gran número de nuevos diseños que rara vez han visto la luz del día fuera de los comercios de moda. Uno fue la falda harén, introducida bajo los auspicios más altos, y que fracasó completamente. El intento de introducir sorprendentes efectos asimétricos, como el escote más bajo de un lado que de otro, no tuvo mayor éxito. Un ejemplo más reciente e interesante lo encontramos en el largo de las faldas. Si creemos a Jean Patou,[8] la falda corta no puede jactarse de pertenecer al ilustre linaje de *la Haute Couture*. «Nacida del cerebro de algún beocio», como ha dicho ese maestro, su legitimidad no ha sido nunca reconocida oficialmente, pero esto no impidió su progreso triunfal en todo el mundo.

Por lo tanto, es obvio que al tratar de la moda tenemos que considerar no sólo a los creadores individuales de la vestimenta, sino también a la mentalidad de grupo de quienes la llevan. Esta mentalidad de grupo ofrece algunos problemas fascinantes al psicólogo social. A menudo se ha sostenido que las modas sucesivas expresan de algún modo «el espíritu de la época»; pero cuando se llega a describir en detalle cómo se manifiesta este espíritu en la moda, las explicaciones ofrecidas son a menudo vagas y decepcionantes. Sin duda, se requeriría probablemente un estudio mucho más pormenorizado «con la colaboración del historiador y del sociólogo» antes de que pudiéramos explicar la plena significación social de los pequeños cambios de la moda de un año a otro. No obstante, la significación de ciertos cambios fundamentales durante largos períodos parece suficientemente clara. Consideremos muy brevemente unas pocas épocas de la historia moderna.

Si observamos, en primer lugar, los trajes del Renacimiento, parecemos encontrar la gran liberación de energía humana que caracterizó a este período reflejada, por ejemplo, en sus modas. En la vestimenta masculina se acentuaba la fuerza y el desarrollo muscular mediante prendas muy ajustadas que exhibían todo el juego de los músculos. Las prendas que cubrían las piernas y los brazos eran, de hecho, tan estrechas que debían ser cortadas en las junturas para permitir la libertad de movimiento; pero estos cortes se hacían por medio de elaborados ornamentos con la ayuda de abigarradas telas y cintas. La época se permitía una orgía de color, que no se asustaba de la crudeza. Sin duda, no existía un falso pudor en este período; la bragueta de armar que cubría los genitales masculinos y que se llevó durante no menos de cincuenta años, es tal vez la pieza de vestimenta más audaz que se haya inventado nunca, mientras que las mujeres correspondieron a esto tratando de parecer siempre embarazadas.

Comparado con esta exuberancia cruda pero intensamente vital, el siglo XVIII fue un período de artificialidad y refinamiento durante el cual la brillante liturgia de la vida de la corte mantuvo un poderío indiscutido. Los colores vívidos fueron proscritos en favor de los tintes pálidos y del polvo. En su magnificencia algo exótica, el vestido guardaba muy poca semejanza con la forma humana real.

Hacia finales del siglo XVIII y comienzos del XIX, vemos nuevamente un cambio sorprendente. Se eliminó toda artificialidad; el ideal era ahora seguir a la naturaleza. Los vestidos Imperio del período eran sorprendentemente simples, y no suponían ningún intento serio de representar al cuerpo humano como otra cosa que lo que es. Aquí, como en otras épocas, la democracia no hizo uso de las galas suntuosas y complicadas que habían florecido en una época anterior de absolutismo y de distinciones de clase altamente acentuadas.

A medida que transcurría el siglo XIX, las ideas de superioridad de clase y de meticuloso refinamiento se hicieron nuevamente atractivas y encontraron expresión en una relativa artificialidad y exuberancia en la vestimenta (aunque en este momento el movimiento se limitó a las mujeres). Finalmente, un retorno a una mayor franqueza y sinceridad, combinado con un gran movimiento ascendente de la democracia en años recientes, nos han conducido nuevamente a otro período de simplicidad y exigüidad en el vestir.

La existencia real de algún tipo de influencia del *Zeitgeist* sobre el vestido se corrobora si lo comparamos con la arquitectura y la decoración de las casas. Como señalamos en un capítulo anterior, existe un cierto paralelismo tanto en la función como en la significación psicológica entre nuestra ropa y nuestras casas, de suerte que podríamos esperar que las influencias psicológicas que guían nuestras modas en el vestido afecten también a nuestros estilos de edificación y de decoración. Aquí nuevamente sólo podemos llamar la atención hacia la existencia general del paralelismo e ilustrarlo con unos pocos ejemplos.

Hablemos primero de la decoración interior: el deseo de simplicidad clásica que se manifiesta en el vestir al comienzo del siglo XIX se refleja en el estilo severo y clásico de los muebles y equipamiento de este período, estilo que difiere notablemente del tratamiento más ornamental de lo clásico en boga durante el siglo anterior. El retorno a un refinamiento mucho mayor de la ropa a mediados del período victoriano se ve acompañado por lo que ahora nos parece la sobrecargada ornamentación del salón victoriano, mientras que a nuestra preferencia moderna por la simplicidad en el vestido siguió una vez más un gusto por los interiores relativamente simples.

El caso de la arquitectura se complica por el hecho de que los edificios, por su misma naturaleza, son muchos más permanentes que el vestido, de manera que cualquier generación dada tiene que vivir en su mayor parte entre productos arquitectónicos de sus padres o antepasados. No obstante, aquí también se dan algunas correspondencias sorprendentes. Difícilmente podemos dejar de ver en las largas líneas del gótico un paralelismo con las formas alargadas del vestido medieval. El remilgo del estilo arquitectónico rococó se corresponde con la detallada elaboración del vestido del mismo período. Los inicios del siglo XIX, tan intensamente clásicos en el espíritu de su vestimenta, nos legaron también muchos edificios de estilo clásico. Es verdad que la era victoriana fracasó en producir o reproducir algún estilo distintivo de arquitectura, de suerte que es difícil rastrear aquí la correspondencia (a menos que reconozcamos como tal la ausencia de buen gusto —como nos parece ahora— en sus edificios y sus modas).[9] Por otro lado, tal vez esté justificado establecer un paralelismo entre el estilo llano, de amplias ventanas y abierto de la fábrica o del edificio de oficinas de la posguerra, y el estilo relativamente simple del vestido moderno, que no tiene complicaciones ornamentales y no oculta ningún secreto.[10]

Después de este recorrido por la psicología de grupo tal y como se manifiesta en el espíritu de la época, retornemos una vez más, a guisa de conclusión, al problema del origen de las modas individuales. Tal vez podamos ver ahora un poco más claramente, por lo menos en términos generales, lo limitada que es la influencia de los líderes y de los precursores. Por lo menos, podemos presumir con algún grado de plausibilidad que la falda harén (de la que, sin duda, se esperaba que satisficiera el antiguo y manifestado anhelo de una prenda discreta y bifurcada) fracasó por su asociación con un sistema social que era definidamente antagónico a las aspiraciones de las mujeres en una época en que estaban luchando por su derecho a votar. ¿Iban a identificarse las mujeres europeas con sus hermanas turcas relativamente no independizadas, justamente en un período en que estas últimas estaban empezando a mirar hacia Occidente con una admiración envidiosa de la libertad ya ganada en esa dirección? Podemos imaginar también que tal anomalía aparente, como la falda estrecha, alcanzó su boga temporal apelando al ideal de esbeltez, ideal asociado a la creciente importancia de la juventud y el correspondiente crecimiento de un ideal juvenil. Podemos ver también (y con mucha más claridad) por qué sucedió que la guerra, con su súbita introducción del ideal de trabajo y actividad, eliminó la falda estrecha, que estorbaba tan seriamente el movimiento. Es fácil comprender también que la falda corta fue como un gesto de libertad triunfante por parte de las mujeres (que habían alcanzado una confianza en sí mismas sin precedentes y una admiración sin igual como trabajadoras) durante la guerra; y que, al mismo tiempo, esto representaba la apoteosis final del ideal juvenil en un momento en que la juventud misma había adquirido definitivamente su libertad y comenzaba a reclamar lo que le pertenecía; y por qué, siendo así las cosas, París se vio impotente para impedir su progreso. Bien podría ser, como dijo el señor Patou, «la négation même de toute véritable élégance», pero no ha sido la elegancia sino la juventud, la libertad y la actividad, los ideales dominantes de estos años de posguerra.

Las nuevas modas, para tener éxito, deben concordar con ciertos ideales vigentes en el momento en que surgen. Las mujeres deben ver en la nueva moda un símbolo de un ideal que está ante ellas si bien, por supuesto, como con otros símbolos, no es necesaria la percepción consciente de su verdadera significación. Esto no significa que la personalidad del iniciador no sea importante. Hemos mostrado ya buenas razones para pensar de otra manera. Sin embargo, significa que la influencia de la personalidad iniciadora es eficiente sólo en tanto las personas que han de ser influidas puedan ver en lo que se les propone la encarnación, por así decirlo, de sus propios ideales. En el lenguaje del psicoanálisis, estos deben proyectar su propio superego en la persona que ejerce la influencia sugerente.[11] El empleo de la sugestión en el lanzamiento de una moda, como en cualquier otro caso, depende en parte del prestigio intrínseco del que ejerce la sugestión, y en parte del valor afectivo de lo sugerido.[12] Beau Brummell fue una figura tan importante en el mundo de la moda porque conocía mejor que nadie cómo crear el ideal de la elegancia discreta y del gusto perfecto, la forma más satisfactoria del exhibicionismo sartorial que todavía se permitía a los hombres desde que perdieran el derecho a las exhibiciones más obvias de períodos anteriores. La señorita Wills tuvo mucho más influencia en el traje de tenis que otras mujeres por otra razón: su propia habilidad especial en las pistas de tenis. Podría haber creado una moda triunfante de piernas desnudas donde otras habrían fracasado. Pero hay límites obvios a su poder; no hubiera podido introducir esa moda veinte años antes, por muy bien que jugara. Las modas que se pretende introducir no deben estar tan lejos de los sentimientos y aspiraciones del momento. Pero hay una relación directa entre el prestigio del que las inicia y el grado de diferencia que puede salvar con su pretendida innovación. Cuanto mayor sea la innovación (ya en una dirección progresiva o retrógrada) mayor será el prestigio personal necesario para introducirla. El príncipe de Gales tuvo éxito en alegrar el atuendo de noche masculino mediante la introducción de chalecos blancos. No tuvo éxito en la creación de una nueva moda cuando llevó un jersey con traje de esmoquin. A pesar de su popularidad, las asociaciones incongruentes de estas dos prendas resultaron demasiado chocantes para que la nueva combinación fuera adoptada. Los cambios muy grandes (y éste era un cambio sorprendente en vista del intenso conservadurismo del vestido masculino) pueden aceptarse sólo si al mismo tiempo hay un cambio correspondiente en el ideal. El ideal de la ropa masculina ha llegado a ser tan «fijo» que producir una innovación de esta magnitud es una empresa de la mayor dificultad.

En la actualidad (a principios de 1930), se están haciendo dos atrevidos intentos de modificación de los ideales existentes; uno (relativo a los hombres) de una naturaleza abierta; otro (relativo a las mujeres) más velado. The Men's Dress Reform Party[13] está haciendo un esfuerzo concreto para inducir un cambio relativamente grande y súbito mediante la inculcación de ideales nuevos. Por otro lado, la *Haute Couture* se ha embarcado en una campaña más sutil para abolir los ideales de juventud, actividad y naturalidad que han distinguido las modas femeninas en los últimos años. De forma un tanto paradójica, los hombres están siendo urgidos a imitar ciertos aspectos del vestido femenino (es decir, sus levedad, simplicidad y libertad) al mismo tiempo que las mujeres están siendo inducidas a abandonar estos aspectos. La situación no carece de un cierto interés picante para el estudiante de la psicología del vestido, y tendremos más que decir con respecto a ambos movimientos antes de dejar al lector.

10. Las vicisitudes de la moda

Le rodeó las muñecas con aros de oro y, haciéndole poner de pie, le colocó bajo los pechos y sobre el vientre una ancha cinta de lino, alegando que su pecho cobraría un orgullo nuevo y que los flancos se verían ahuecados para más gloria de las caderas.
Ajustaba la cinta mediante alfileres que iba sacando uno a uno de su boca.
—Puede apretar un poco más —dijo la pingüina.

La isla de los Pingüinos
Anatole France

EL QUÉ DE LA MODA

Tras haber examinado tanto las fuerzas que originan y mantienen la moda como los agentes reales —psicológicos, sociales y económicos— a través de los cuales opera, debemos considerar finalmente las formas más específicas a través de las cuales se manifiesta. Por supuesto, no podemos intentar describir y explicar en detalle la aturdidora secuencia de las modas en la realidad. Esto se ha hecho ya en varias lujosas y eruditas historias del vestido.[1] Aquí sólo podemos tratar de obtener una visión más bien general de todo el campo, considerando los fenómenos a la luz de ciertos principios o tendencias fundamentales. Las manifestaciones de la moda, como las del pudor, pueden ser convenientemente descritas en términos de un cierto número de variables; y las más obvias e importantes de éstas, junto con sus interrelaciones, pueden aclararse mediante un simple diagrama del tipo que usamos en el capítulo 4 para describir el pudor. Los principios generales que intenta ilustrar el diagrama son en esencia lo mismos en ambos casos. Las únicas diferencias son que:

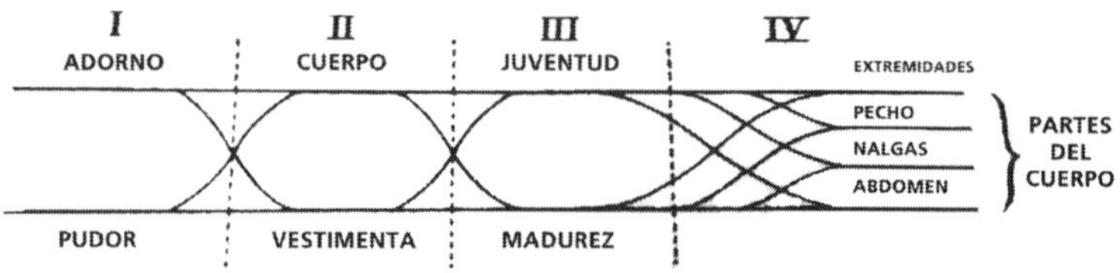

1) el diagrama actual da una enumeración menos completa de las variables en juego que el del capítulo 4. Podrían añadirse otras variables como, por ejemplo, la variación en la preponderancia relativa del simbolismo masculino (fálico) y femenino (predominantemente uterino) de la ropa,[2] la variación en la época histórica del pasado de la que se extrae inspiración, en la importancia relativa de la parte y el todo en la indumentaria, etc.; 2) la energía física, que suponemos circulando a lo largo de las distintas líneas del diagrama, es en este caso no de un tipo inhibitorio (como en el pudor), sino de uno positivo y activo, correspondiendo al interés y al deseo y no a la represión; 3) las diferentes variables son, como veremos, no tan independientes entre sí como en el caso del pudor. Tienden a darse ciertas correlaciones entre el flujo de energía en distintas partes del diagrama I, II, III y IV (por ejemplo, si la energía fluye a lo largo de la línea superior en III, tiende a fluir a lo largo de la línea de arriba, más que a lo largo de cualquiera de las líneas inferiores, en IV).

Consideremos ahora cada variable por separado. En primer lugar, hay una variación en la importancia relativa de los dos motivos fundamentales de adorno y pudor. Hay períodos en los que el exhibicionismo triunfa; otros en los que es severamente inhibido. Consideremos, por ejemplo, los trajes de la Restauración inglesa en comparación con las modas anteriores de la Commonwealth.

En segundo lugar, hay una variación en el alcance del desplazamiento del interés exhibicionista del cuerpo a la ropa. En un extremo, la ropa puede tener comparativamente poca importancia en sí misma. Sólo sirve para exhibir el cuerpo, para poner mejor en relieve sus rasgos atractivos, para hacerlo más imponente en virtud de la «confluencia» y de los diferentes principios de adorno descritos en el capítulo 3; o para hacerlo más seductoramente atractivo mediante transparencias y semiocultamientos. La indumentaria sencilla de la antigüedad clásica y sus modernas reencarnaciones en el vestido del Imperio pertenecen claramente a esta categoría. Así, para tomar un ejemplo concreto, el ropaje de la estatua en el figura 18, con su eficiente simplicidad, tan eminentemente adaptada a las necesidades de la divina cazadora, revelan atractivamente la forma del cuerpo y le dan una gracia adicional. El traje de tenis moderno y los simples contornos en blanco y negro de los uniformes de nuestras camareras ilustran el mismo principio fundamental. Sin embargo, es posible que la indumentaria sea más refinada y cumpla aun así el mismo propósito; en este caso, su función esencial es la de un marco, como puede verse en los abundantes ejemplos que ofrece cualquier revista parisina contemporánea, donde se usan atavíos refinados y adornados para destacar el cuerpo casi desnudo de la persona que los lleva; el cuerpo, más que cubierto, queda encuadrado o rodeado (véase, por ejemplo, la figura 19). En todas estas formas de vestimenta, ya sea el cuerpo realmente cubierto o expuesto (aunque naturalmente más en el primer caso que en el último), debe haber una cierta subordinación del color a la forma, siendo excluidas particularmente las pesadas masas de color. En general, este estilo también requiere que la persona que lo lleva tenga una figura bien proporcionada y es incapaz de ocultar cualquier defecto serio del contorno.

En el otro extremo, el cuerpo puede convertirse en poco más que una percha —como diría Carlyle—, alcanzándose el efecto total mediante las prendas que se cuelgan de él. Este estilo permite naturalmente una mayor profusión de prendas, mayor variación de líneas y mayor exuberancia en el color. Sus principios generales se ilustran bien en muchos mantos reales en los que se apila una prenda magnífica sobre otra en un esfuerzo por alcanzar el máximo de suntuosidad. El efecto espléndido de la ropa retratada en la figura 20 es independiente de cualquier excelencia física por parte de la persona que la lleva. Si, al contemplar este cuadro, tratamos de verificar la instrucción de Carlyle de «mirar fijamente a la ropa, o incluso con una mirada armada, hasta que se haga transparente», qué pobre y mezquina se torna la figura real desprovista de sus galas lujosas. Sin duda, todo este estilo de vestimenta, en el que la ropa lo es todo y el cuerpo poco más que un medio de suspensión, se apoya en la suposición, tan bien formulada recientemente por R. H. Mottram, de que «la civilización es algo artificial y el hombre no es hermoso o notable sino que debe arreglarse para aparentarlo».[3]

Entre estos dos extremos (que han sido acentuados para aclarar el principio) hay, por supuesto, toda una serie de gradaciones continuas en las que resuenan los cambios de la moda. Durante el período de artificialidad que caracterizó al siglo XVIII, el propio cuerpo pasó relativamente a un segundo plano; su función era en gran medida servir de soporte a la ropa suntuosa. Con el naturalismo que siguió a la Revolución Francesa, el cuerpo recuperó nuevamente sus derechos y la función de la ropa pasó a ser la relativamente secundaria de realzar las bellezas del cuerpo. La vestimenta se hizo extremadamente simple y exigua (mucho más entonces que en los últimos años), y la ropa interior casi se eliminó. Un traje de moda para una señora tenía que pasar dos pruebas: no debía pesar más de unos 200 gramos en total (frente a los 900 o más de hoy en día) y debía ser de tal ligereza y flexibilidad que pudiera pasar a través de su anillo de bodas. No contenta con esto, humedecía su vestido antes de ponérselo, de manera que pudiera adherirse más estrechamente a la figura. El período victoriano fue nuevamente de una relativa artificialidad, pues se prestaba poca atención a la forma natural del cuerpo, y la cantidad, si no la belleza de la ropa, aumentó enormemente. En los años ulteriores, por supuesto, hemos vuelto a acentuar el cuerpo y nos hemos solazado con una simplificación drástica del vestido.

Al analizar la importancia relativa del cuerpo y de la ropa hemos tratado, en aras de una descripción más fácil, su acentuación alternativa sólo desde el punto de vista del adorno. Pero las mismas consideraciones se aplican cuando el motivo fundamental es el pudor más que el adorno. Aquí sólo necesitamos referirnos a lo que ya hemos dicho sobre el asunto y señalar que el pudor puede dirigirse principalmente contra la exhibición del cuerpo expuesto libremente o acentuado en demasía o contra la ropa demasiado lujosa. Los puritanos del siglo XVII se preocupaban especialmente por este último punto y nuestros moralistas modernos por el primero.

La historia reciente ha puesto de relieve otra forma de variación, que se refiere al período de la vida que se admira más. Hemos hablado ya de la tendencia a idealizar la juventud, que resulta tan obvia desde el fin de la guerra. La juventud ha sido dotada de privilegios que no tenía antes y la madurez ha perdido voluntariamente sus dignidades anteriores a cambio del derecho a compartir la apariencia y las actividades de la juventud. Como símbolo de este ideal, las mujeres de todas las edades adoptaron algunos de los rasgos principales de lo que anteriormente era el traje especial de la juventud, en particular la falda corta y la simplicidad de línea y de adorno. Las diferencias entre las mujeres jóvenes y las maduras se han abolido más aún por el esfuerzo de preservar a través de la vida una cierta inmadurez de figura. No siempre fue así e, incluso en los primeros años del siglo actual, las jóvenes a menudo aguardaban el privilegio de alargarse las faldas y de arreglarse el cabello con el mismo ahínco con el que las mujeres maduras tratan de preservar ahora los signos exteriores de la adolescencia. En el pasado, la madurez se valoraba a menudo —tanto sexual como socialmente— mucho más que hoy. De ahí la pretérita idealización de la figura más llena, figura que ahora nos hace algo desagradable una gran parte del arte erótico de épocas anteriores, tal y como puede demostrarse con una visita a casi cualquier galería de artc.

Pero tal vez la más obvia e importante de todas las variaciones de la moda es la que se relaciona con la parte del cuerpo que se acentúa más. La moda, en sus momentos más exuberantes, se contenta pocas veces con la silueta que la naturaleza ha provisto, pues por lo general procura acentuar particularmente algún rasgo especial, que se trata entonces como un centro particular de encanto erótico. Pero cuando predomina el pudor, estos mismos centros de atractivo potencial se transforman en objetos de particular ocultamiento y represión. Durante la mayor parte de la Edad Media, había una clara nota de ascetismo en el vestido femenino, con un intento de hacer insignificantes las características femeninas tales como los senos, y el corsé parece haberse usado originalmente en gran medida para este propósito. Con la mayor libertad en la vida emocional que distinguió al Renacimiento, esta corriente ascética disminuyó y comenzó a insinuarse en el traje femenino un tinte claramente erótico. El corsé, que se había usado anteriormente para comprimir u ocultar los senos, se bajó para darles mayor relieve y desde ese momento hasta nuestros días el pecho ha sido siempre un centro de interés especial en el vestido femenino. Pero distó mucho de ser el único. Durante la Baja Edad Media y el Renacimiento, se dedicó mucho interés a la región abdominal, que se hacía tan saliente como fuera posible. Con la idealización del embarazo a la que ya nos hemos referido, tendió a darse una adopción general del porte y presencia distintivos de la mujer encinta. Esto puede verse claramente en muchos cuadros del período, como el de Holbein el Joven, en el lado izquierdo de la figura 21. En el siglo XVIII, esta acentuación abdominal fue abandonada (aunque reapareció subsecuentemente bajo una forma modificada en breves episodios) para dar lugar a una creciente acentuación del pecho y de las caderas. La mayor acentuación del pecho se alcanzaba de dos maneras: primero, por la constricción de la cintura, ya que éste fue un período de riguroso ceñido y, segundo, por la adopción de tacones altos. Los tacones altos producen una gran diferencia en toda la posición del cuerpo cuando se está de pie. Hacen imposible el abdomen protuberante que se ve en el cuadro de Holbein y por el porte derecho que hacen necesario, tienden a dar una correspondiente prominencia al pecho.[4]

El estilo de vestido Imperio continuó acentuando el pecho (por su línea de cintura anormalmente alta), pero en todos los otros aspectos daba expresión al cuerpo como un todo más que a una parte de él. Sin embargo, en modas posteriores el interés se centró nuevamente en una parte y luego en otra. Las caderas ganaron pronto un renovado interés y las faldas comenzaron a hincharse enormemente para acentuarlas. La vestimenta extremadamente escasa que caracterizó el fin de siglo cedió el lugar a una monstruosa masa de relleno alrededor de las piernas. Comúnmente se empleaba para este propósito crin de caballo (de ahí el nombre «crinolina»). Fue, en realidad, una bendición que este método pesado e incómodo fuera reemplazado por el marco de alambre que se empleó después de la crinolina. Posteriormente, la acentuación de las caderas cedió el lugar a la de las partes posteriores y, en las décadas de 1870 y 1880, las mujeres usaban una imitación fidedigna de una cola, como puede verse en el lado derecho de la figura 21.

En la actualidad, el interés ha abandonado el tronco y se centra en los miembros. No debe haber mangas o deben ser muy ajustadas, para que las líneas largas y los contornos gráciles del brazo puedan destacarse plenamente. Las piernas han emergido después de siglos de amortajamiento y las mujeres adultas han admitido por fin que son bípedas. De hecho, en los últimos dos años sus tobillos, pantorrillas y rodillas (todavía más resplandecientes en su súbitamente revelada belleza tras su larga estancia en la oscuridad), han sido sus principales armas eróticas. Podemos ver en esta acentuación de los miembros un concomitante natural de la idealización de la juventud. Largos y esbeltos miembros y un torso no desarrollado son signos típicos de inmadurez y, si el pudor se ha alejado de las piernas, ha ascendido hacia las partes superiores del cuerpo, en las que se desaprueba cualquier exhibición de las características de la figura más llena (anteriormente tan admirada). El pecho debe ser pequeño y virginal, y la madurez, lejos de ser ostentosa como en algunos períodos, se oculta tanto como sea posible. La mujer, aunque ha proclamado indudablemente su libertad mediante las modas actuales, ha perdido tanto como ha ganado. El pudor no ha sido tanto destronado (como parecen pensar algunas escandalizadas personas mayores) como más bien promovido a una región (literalmente) más elevada. Al afirmar sus derechos como ser humano, la mujer ha perdido algunos de los privilegios eróticos de los que disfrutaba anteriormente en virtud de su específica feminidad.

Las modas de los últimos años se han basado así en un cierto desplazamiento hacia arriba del pudor, en una acentuación del cuerpo más que de la ropa, en una idealización de la juventud más que de la madurez, y en un pasaje del valor erótico del tronco al de los miembros.[5] Haremos bien en contemplar ese cuadro mientras dure porque, tal vez, estemos en un recodo tras el cual se ocultará pronto a nuestra mirada. Parece inminente una reacción que, en realidad, ya ha comenzado. Nuestros periódicos dedicados a la moda y nuestras salas de baile han sido invadidos desde hace poco tiempo por vestidos de noche que nos permiten sólo miradas furtivas hacia las pantorrillas de la mujer que los lleva, que hace poco tiempo eran expuestas con tan ingenua franqueza. Los modestos y simples corpiños de los vestidos de noche de los últimos años (otro punto en el que las mujeres adultas han adoptado las modas de la juventud) están originando escotes más generosos, señalando así un retorno del valor erótico al tronco, correspondiente a su retirada de las piernas; aunque el hecho de que el escote se limite principalmente a la comparativamente inocente región de la espalda muestra que este proceso debe cumplirse con discreción y que el busto no ha recuperado todavía su derecho. No sólo las faldas son más largas sino que las telas son más amplias, y la simplicidad de la línea está desapareciendo en favor de proyecciones y excrecencias en toda clase de extraños e inesperados lugares. De conformidad con esto, vemos que los directores de revistas están buscando coristas con figuras más generosas que las que han adornado nuestros escenarios durante los últimos años. Todo esto apunta a una poderosa reacción a favor de la madurez, junto con tendencias relacionadas con la reerotización del torso a expensas de los miembros y un mayor hincapié en la ropa en contraposición al cuerpo. Naturalmente, se suscita la curiosidad de saber hasta dónde llegará esta reacción y, en particular, si se va a repetir la historia de hace un siglo, cuando el simple estilo Imperio originó gradualmente la pesada amplitud y artificialidad de la mitad del siglo XIX.

Las tendencias naturales a la reacción puede que discurran en esta dirección; la atracción de la madurez y de la «feminidad» se reafirmará tarde o temprano frente a la juventud y la «puerilidad». Pero hay ciertas circunstancias que pueden justificar que dudemos acerca de que la reacción vaya demasiado lejos. Estas circunstancias son: 1) una actividad general e incesante por parte de las mujeres en todas las formas de trabajo y ocio; 2) una tradición democrática y socialista bastante firme en la mayoría de los países importantes; 3) una creciente libertad sexual. En general, se reconoce la importancia del primer factor como tendente a una cierta simplicidad y juventud en el vestido.[6] Con respecto a los factores segundo y tercero, hemos dado ya razones para creer que tenderán también a asociarse con la simplicidad más que con la artificialidad o exuberancia de la moda, y con una cobertura de ropa menor y no mayor.[7]

De la historia de esta reacción en sí misma se desprende claramente que hay fuerzas en verdad muy considerables que actúan contra la nueva tendencia hacia la reacción, particularmente en lo que se refiere a su elemento más esencial: el largo de las faldas. Resulta indudable que el movimiento de la falda larga proviene de los modistos más que de una revolución espontánea en la opinión pública. En realidad, la *Haute Couture*, como hemos visto, no ha aprobado nunca las faldas cortas y ha sido muy consecuente en sus esfuerzos por suprimirlas. Tras el fracaso de los intentos más directos para popularizar una prenda más larga, se recurrió a métodos más sutiles. El intento se limitó primero a los vestidos de noche, que fueron alargados primero en un punto, luego en varios y, finalmente, por completo; se compensó la reducción del poder de una exhibición crural contundente mediante la oportunidad de echar una mirada seductora ocasional a las partes superiores de la pierna, que ordinariamente no eran visibles con la falda corta igualada y también bajando el escote en la espalda, en correspondencia con el alargamiento de la falda (mediante el recurso a un principio general implícito en varios cambios previos de la moda). Tras el éxito logrado con los vestidos de noche, el mismo principio de alargamiento se aplicó también a los vestidos de tarde, en los que se está también logrando mucho éxito. Mientras tanto, los vestidos cotidianos se abandonaron por un tiempo, de manera que durante el último año han estado en boga dos estilos diferentes de falda. Se ha demostrado la inteligencia de este paso desde el punto de vista táctico por los comentarios de las mujeres, que han afirmado libremente que estaban deseando ser elegantes por la tarde, siempre que se les permitiera preservar su libertad durante la mañana. En otras palabras, cayeron en la trampa que se les había tendido; y París, después de algunas derrotas iniciales, se apuntó finalmente un éxito claramente estratégico, y ello a pesar del hecho admitido de que muchos de los diseños han mostrado en su «desaliño» muy poco gusto. Que es una trampa, y que las autoridades de la *Haute Couture* tienen toda la intención de aumentar su ventaja tan pronto como puedan hacerlo con seguridad, lo demuestra el cauteloso intento que se está haciendo ahora de alargar las faldas de uso diario, intento que, sin embargo, apenas ha comenzado a afectar al grueso de sus portadoras.[8]

Realmente, la «batalla de las faldas», como ya ha sido bautizada por la prensa, está lejos de haber terminado (en el momento en que se escriben estas líneas). De hecho, cundió una considerable alarma en cuanto se advirtieron los ataques a la juventud y a la libertad. Aunque hay un cierto gozo muy real en la creciente exuberancia del material después de la mezquindad de los últimos años, hay poco entusiasmo ante la perspectiva de parecer más vieja y más señorial. Existe incluso alguna posibilidad de que la oposición se organice. Parece ser que en Norteamérica se ha fundado recientemente una sociedad (con el nombre algo torpe de «El club de la moda del mes») cuya función es salvaguardar a las mujeres de modas no gratas y ofrecer mensualmente sugerencias propias. Aún más recientemente se ha fundado en Inglaterra la «Sociedad del vestido sensato», con unos propósitos similares. Sin duda, el momento es inusualmente emocionante para el estudioso del vestido; y si el psicólogo y el sociólogo pueden escatimar un poco de tiempo a sus preocupaciones más graves, la lucha que se desarrolla ahora en la moda puede ser muy digna de ser contemplada debido a la interesante lección que ofrece sobre el liderazgo habilidoso en una causa de dudosa popularidad, y por las reacciones a este liderazgo de las mujeres occidentales en los primeros años críticos de una nueva libertad y una nueva autoconciencia.

11. La evolución de las prendas

Sobre el escenario el veterano se demora sin provecho.

«Vanity of Human Wishes»
Samuel Johnson

Hay todavía un aspecto de la evolución de la ropa que no hemos considerado. Hemos pasado revista, en un bosquejo general, a ciertas etapas o estilos principales del vestido —el primitivo, el tropical y el ártico— y mostrado la manera en que influyen en nuestra indumentaria actual. También hemos visto que es posible distinguir dos tipos principales de desarrollo en el vestido, uno mucho más rápido que otro, y que esta diferencia, aunque en última instancia es de naturaleza cuantitativa más que cualitativa, aún tiene valor para ayudarnos a comprender la influencia variable sobre el vestido de ciertos mecanismos fundamentales de orden psicológico y social. Finalmente, hemos examinado algo más en detalle el surgimiento y caída de ciertos estilos o «modas» más específicos, y tratado de indicar aquí también las principales influencias sociales y psicológicas en juego. Para ser completo, un estudio de la evolución del vestido debería descender a un grado de particularidad todavía mayor y examinar el proceso de evolución tal y como se manifiesta en el desarrollo e historia de ciertas prendas especiales. Nuestro fondo de armario, tal y como existe en la actualidad, consiste en una variedad de prendas de un tipo bastante bien definido, cada una de una forma, tamaño y corte en particular (y a menudo de un material y color en particular). En aras de la conveniencia, distinguimos cada tipo con un nombre y hablamos, por ejemplo, de blusas, zapatos y medias, abrigos, pantalones y chalecos. Todas las prendas individuales pertenecientes a un tipo particular tienen alguna similitud esencial, determinada especialmente por la parte y medida del cuerpo que están destinadas a cubrir; al mismo tiempo pueden, sin embargo, y dentro de ciertos límites, exhibir una considerable variación en lo que respecta a forma, color, género y tamaño.

Ahora bien, al contemplar los cambios que ha sufrido el vestido humano en el curso de su desarrollo es posible hacer uso de algunos de los conceptos de la ciencia biológica y comparar la evolución de la ropa con la evolución de las formas de vida. Fue sir Georges Darwin, hijo de Charles Darwin, quien llamó primero la atención sobre la analogía que existe entre las dos series de desarrollo.[1] Desafortunadamente, con la llamativa excepción del trabajo de Webb,[2] el punto de vista que sugirió Darwin no parece haber sido de ningún modo adoptado consecuentemente por los autores posteriores que se han dedicado al vestido; pero tampoco podemos abordar aquí dicho análisis, ya que nos llevaría a una serie de detallados problemas históricos que estarían fuera de lugar en un pequeño libro que trata sobre la psicología, más que la historia, del vestido. No obstante, para proporcionar una conclusión adecuada a nuestro estudio del desarrollo del vestido contenido en los tres capítulos precedentes, parece apropiado indicar *grosso modo* la naturaleza general del paralelismo que puede trazarse entre la evolución biológica y sartorial, e ilustrar la naturaleza de los problemas con la ayuda de algunos pocos ejemplos específicos. Es cierto que los aspectos más íntimamente psicológicos del desarrollo deben permanecer aquí en cierto sentido en un segundo plano. Pero esto no significa que los problemas en sí carezcan de aspectos psicológicos. Al contrario, estos aspectos deben, en realidad, ser tan importantes como las cuestiones más generales de desarrollo ya consideradas. Tan sólo se trata de que nuestro conocimiento detallado de los problemas es, en la mayoría de los casos, todavía insuficiente para permitirnos intentar con provecho un análisis psicológico profundo.

En la analogía entre el desarrollo de las formas vida y el desarrollo del vestido, una particular prenda individual corresponde obviamente a un particular organismo individual, mientras que el correspondiente tipo de prenda corresponde a la especie. Comparemos, para empezar, la prenda individual con el organismo individual. El organismo individual viene al mundo con ciertas estructuras corporales y mentales definidas que ha heredado de sus padres y, a través de ellos, de una larga línea de antecesores remotos. Similarmente, se puede afirmar que una prenda individual, por ejemplo, un par de pantalones, posee una herencia. Sus líneas fundamentales están determinadas por los pantalones que realmente se llevaron cuando fueron diseñados. Estos últimos pantalones puede decirse que son, en cierto sentido, sus parientes inmediatos. Durante su vida se ven sujetos a diferentes influencias externas que alterarán su apariencia. Si llevan una vida saludable, no resultan sobrecargados de trabajo, tienen la buena fortuna de ser usados por un propietario consciente que los coloca por la noche en una prensa o bajo su colchón, donde pueden recobrarse de los trajines del día de trabajo, conservarán durante mucho tiempo su forma y frescura. Pero si se les permite adquirir malos hábitos a la hora de sentarse, adquirirán (como ocurriría con un niño) algún defecto permanente de figura o de postura. Sea como fuere, a la postre acabarán fatigados y abombados en las rodillas. Entonces necesitarán tomar unas vacaciones para visitar al sastre para un planchado y limpiado y adquirir así una nueva vida al igual que un hombre recupera sus fuerzas yéndose de vacaciones. Los pantalones pueden incluso sufrir un accidente al igual que un individuo. El individuo puede perder un brazo o una pierna que tendrá que ser sustituido por miembros artificiales. Los pantalones también pueden necesitar remiendos en las rodillas o en los fondillos. A la postre, llega un momento en que los pantalones no pueden prestar mayores servicios; mueren de muerte natural al igual que el individuo. Pero durante su vida, nuestro par de pantalones ha ejercido, a su vez, influencia sobre otros pantalones que se estaban confeccionando. Se ha convertido, en cierto sentido, en el padre de estos pantalones y, al igual que en el individuo, la paternidad es una función de una vigorosa madurez más que de una vejez decrépita. Ningún sastre copiará esos pantalones cuando estén remendados y raídos y hayan perdido su forma.

También cabe comparar una clase entera de prendas con una especie de animales. En este sentido, podemos considerar los pantalones como una especie, los abrigos como otra, las faldas como una tercera y los zapatos como una cuarta, comparables, por ejemplo, a hombres, caballos, perros y gatos. En ambos casos cada miembro individual de la especie tiene algún parecido con sus antepasados inmediatos y, a la vez, entrega alguna de las características a sus descendientes. En ningún caso hay distinción alguna necesariamente permanente entre una especie y otra. Como nos lo ha enseñado la biología en el reino animal, una especie puede desarrollarse gradualmente de otra, de manera que tampoco caben dudas de que una clase de prenda pueda haber evolucionado de antecesores remotos de una clase muy diferente. Sería una tarea fascinante, por ejemplo, rastrear el desarrollo de los pantalones desde el simple pañolón atado alrededor de la cintura del que nacieron, a través de las diferentes vueltas y ligaduras que constituyeron los primeros intentos de bifurcación, hasta alcanzar gradualmente su forma actual.

Al igual que en el caso de la evolución biológica, el medio ambiente puede a veces ser tal que permita la persistencia de las formas de vida durante muchas generaciones, con poca o ninguna modificación, y puede que en otros casos (por ejemplo, en períodos de rápido cambio climático) se sucedan rápidos desarrollos por medio de una rigurosa selección natural; así ocurre con el vestido. Las influencias modeladoras consisten aquí en deseos e instituciones humanas. Cuando éstas cambian rápidamente, los diferentes tipos de prendas en uso se adaptan rápidamente de acuerdo con los nuevos gustos y necesidades, de manera que en el lapso relativo de unas pocas generaciones el tipo original de prenda puede dejar de existir, es decir, no será fácilmente reconocible como perteneciente a la misma clase de sus antepasados, y se requerirá un conocimiento experto para rastrear su linaje. Estos tiempos de cambio rápido corresponden, por supuesto, a períodos en los que predomina el sistema de la indumentaria «de moda». En el caso más rápido, la moda mantendrá la evolución de las prendas a un paso que (si lo medimos en generaciones) se alcanza pocas veces por selección natural, excepto en instancias ocasionales de cambio catastrófico, o cuando el hombre mismo interviene para apresurar el proceso natural, como en la introducción de una especie a un nuevo medio, o al realizar experimentos especiales en la crianza. Corresponden también a algo semejante a un cambio catastrófico esos momentos de la historia del vestido en los que no sólo las prendas en uso son modificadas en gran medida con respecto a las favorecidas en períodos inmediatamente precedentes, sino que la cantidad real de prendas se reduce drásticamente, como ocurrió de la manera más dramática a finales del siglo XVIII, y como ha ocurrido también en nuestros días. Estas épocas, en las que las prendas se llevan para delinear y encuadrar el cuerpo más que para dar un placer estético por sí mismas, corresponden a los períodos mezquinos de la naturaleza, cuando las condiciones de vida se hacen tan desfavorables que desaparecen especies enteras, y sólo las que tienen poderes especiales de adaptación a las nuevas condiciones pueden sobrevivir (por ejemplo, en épocas glaciales). Pero cuando el deseo se dirige una vez más a la profusión y amplitud de la ropa, entonces es como si la naturaleza estuviese nuevamente de un humor brillante, y en su cálido afecto diera vida a una miríada de nuevos vástagos para ocupar el lugar de los desaparecidos. La rozagante abundancia de mediados de la era victoriana fue, en verdad, desde el punto de vista de la evolución del vestido, como un período de fertilidad tropical tras el frío ártico de 1800, cuando, en el momento de mayor estrés, las únicas prendas cuya existencia estaba asegurada eran las medias, los zapatos y el traje largo, mientras que incluso las formas más atenuadas de ropa interior estaban bajo la amenaza de la extinción. Nuestros propios tiempos han constituido otro período desfavorable para el desarrollo de la ropa en número, variedad y tamaño. Las enaguas casi han desaparecido, las medias tal vez no estén demasiado a salvo, los descendientes raquíticos del corsé son degeneraciones invertebradas en comparación con sus rígidos y altivos ancestros y, ¡qué pequeña es la falda actual al lado de sus abultadas e imponentes predecesoras!

Comparado con la perplejizante variedad de la moda, el sistema de la indumentaria «fija» proporciona un ambiente bajo el cual los tipos son relativamente estables. Se produce una prenda generación tras generación, y cada una es apenas diferente de sus predecesoras. Esto se asemeja a las condiciones naturales en aquellas partes del mundo (por ejemplo, Australia) que, debido a su aislamiento, están poco sujetas a perturbaciones violentas del exterior y en las cuales, consecuentemente, ciertos tipos relativamente primitivos de animales pueden persistir sin cambio alguno, de un modo imposible en ningún otro lado. En estos casos en donde la evolución es más lenta, nos resulta más fácil estudiar el proceso de cambio y desarrollo del vestido.

El vestido de los hombres modernos, aunque lejos de ser enteramente «fijo», se aproxima a esta condición, como hemos visto, mucho más que el de las mujeres. En lo que resta de este capítulo nos proponemos usar el vestido masculino como un campo para la investigación de un aspecto particular de la evolución de la vestimenta, aspecto sobre el que llamó la atención sir George Darwin en su original contribución a la materia.

Sabemos que la selección natural, actuando sobre el material provisto por la variación espontánea de las formas vivientes, moldea una raza y permite mayores oportunidades de sobrevivir a los que varían de las formas paternas en una cierta dirección. Los supervivientes tienden así, en virtud de las leyes de la herencia, a transmitir su particularidad a sus sucesores. En este proceso de evolución, las variaciones en algunas direcciones ayudan a la supervivencia, mientras que las variaciones en otras direcciones carecen de ese valor y, por consiguiente, no tienden a perpetuarse (excepto en el caso en que estén correlacionadas biológicamente con variaciones del primer tipo). Así llegamos a que la evolución cambia algunas partes de la estructura corporal más que otras; las partes no sujetas a variaciones esenciales o correlacionadas en el sentido anterior tienden a permanecer en su condición original. En este sentido, ciertas partes del cuerpo pueden, por decirlo así, retrasarse en el curso de la evolución, y pueden aún persistir cuando, a través de cambios en otras partes del cuerpo, han perdido su utilidad original. Pueden así convertirse en «órganos vestigiales»; y los biólogos pueden a veces, como bien se sabe, explicar la naturaleza y función original de un órgano particular por referencia a la historia pasada de la raza, incluso si este órgano parece no tener un uso presente. Ocurre lo mismo con la ropa. La ropa que usamos, especialmente la masculina, tiene muchos rasgos «vestigiales» que carecen ahora de utilidad, pero que puede demostrarse que fueron útiles en el pasado. En algunos casos es posible rastrear, con bastante certeza, cómo surgieron originalmente estos rasgos y qué propósito cumplían entonces. En otros casos su origen es todavía objeto de conjeturas.

Consideremos unos pocos ejemplos, pasando gradualmente de los más fáciles a los más difíciles.[3]

La cola de la levita tiene dos botones en la espalda. Estos botones no cumplen hoy ninguna función. Son supervivientes de un pasado en el que el principal medio de transporte era el caballo en vez de los automóviles o trenes. Cuando un hombre cabalgaba a menudo era conveniente doblar la cola de su abrigo para que no estuviera en contacto demasiado estrecho con los flancos del caballo, y estos botones son los supervivientes de una época en la que se usaban con ese propósito. Hay muchos otros ejemplos de este tipo. Las botas altas (además de las «botas rusas») por lo general tienen una parte doblada hacia abajo, en el borde superior, y esta parte está hecha a menudo de un material distinto al resto de la bota y tiene un color diferente. Ahora es puramente decorativo y carece de función útil. Pero es una supervivencia de la época en que la parte superior de las botas altas realmente podía desdoblarse para cubrir más la pierna si así se quería. Los tirantes de las botas mediante los cuales se subían anteriormente las botas altas sobreviven aún, pero en su mayoría son puramente ornamentales. Pueden verse a menudo al costado de las botas, pero ahora a veces están totalmente cosidos y, por lo tanto, son inútiles; tan inútiles que en algunas botas se han insertado nuevos tirantes al costado, ocupando el lugar de los antiguos, que han perdido su función. Existen varios casos similares de la transición de la útil a lo decorativo. Los puños que adornan las mangas de los abrigos son ahora, en su mayoría, fijos, y sirven meramente como decoración; pero en épocas anteriores las mangas de los abrigos podían volverse para exhibir la manga altamente adornada de una prenda interior.

En cuenta a los pantalones, nosotros mismos tuvimos, en años recientes, la oportunidad de observar una transición en acción. Los hombres descubrieron que era conveniente doblar el borde de sus pantalones para impedir que se embarraran. Al principio, esto se consideró sólo como una medida temporal, y los pantalones se desdoblaban nuevamente cuando se salía de las calles embarradas. Pero hace años que los pantalones se confeccionan con los extremos doblados, de modo que no pueden desdoblarse, de suerte que la porción vuelta para arriba se ha convertido en puramente ornamental.

Estos ejemplos ilustran una regla muy general de la evolución de la vestimenta: lo que era útil originariamente fue después retenido en aras de la decoración.

Un ejemplo más de este tipo. Los cuellos de los abrigos masculinos por lo general tienen un pequeño tajo o porción cortada en el punto que divide el cuello de las solapas. Esto no cumple función alguna, pero puede demostrarse también que es una forma sobreviviente del pasado, cuando sí la cumplía. En una época se acostumbraba a levantar la parte posterior del cuello sin doblar la solapa, y esto sólo podía hacerse mediante un corte profundo entre ambos. Los cortes actuales no son lo suficientemente profundos para cumplir esa función. Por lo tanto, han perdido su utilidad y están tal vez en proceso de desaparición, porque este corte ya se ha eliminado en su mayor parte del esmoquin y por completo del chaleco, aunque éstos últimos también tuvieron pequeños cuellos con cortes.

Esto último, que el chaleco tuviera un cuello y que este cuello tuviera un rasgo vestigial, índice de que el cuello podía levantarse, sirve para recordarnos que el chaleco mismo es la reliquia de una prenda exterior, cuya parte superior podía levantarse para proteger la parte posterior del cuello. Lo que fue originalmente una prenda exterior se ha convertido, en este caso, en una interior; y esto ilustra a su vez un rasgo interesante hacia el que han llamado la atención los historiadores del vestido: cuando se adopta una nueva prenda existe una tendencia a sobreponerla sobre la prenda vieja. Probablemente, esta tendencia ha desempeñado un papel importante en el desarrollo del vestido. Así como los rasgos particulares del vestido desaparecen lentamente, otro tanto ocurre también con las prendas individuales que pueden persistir aún en circunstancias que uno esperaría que condujeran a su desaparición. A veces, como en este caso, una prenda más vieja no se ve desplazada sino meramente cubierta (proceso análogo al que el psicoanálisis ha mostrado que ocurre en el curso del desarrollo mental). La significación de esta tendencia para la historia del vestido en su conjunto reside en gran medida en el hecho de que conduce a un aumento en la cantidad de capas, una sobre otra, en que puede consistir un atuendo.[4]

Si en muchos casos del desarrollo del vestido lo útil persiste como meramente ornamental, en algunos un rasgo ornamental puede desarrollarse para ocultar otro utilitario. Así, parecería que los rombos de los calcetines y medias representan una forma de decoración originalmente destinada a cubrir las costuras con que se hacían las medias, y que se consideraban desagradables. Un ejemplo de particular interés se refiere a la franja que en años recientes se ha introducido en los costados de los pantalones masculinos. Esto parece tener el carácter de una reversión, como la que se observa a veces también en la esfera biológica, cuando un individuo vuelve a características que distinguieron a la raza muchas generaciones atrás. En otro tiempo, los pantalones se hacían tan apretados que debían ser provistos de botones en los costados que podían desabrocharse cuando el individuo se los ponía. Estos botones se ocultaron después mediante una franja. Ésta persistió cuando los botones desaparecieron (cuando eran inútiles debido a la mayor amplitud de los pantalones). Con el tiempo la franja desapareció, pero en los últimos años, en un esfuerzo por hacer algo más decorativo el sombrío color negro del esmoquin, los sastres resucitaron la franja, retomando una forma de decoración que se había creado en primer lugar para ocultar un rasgo puramente utilitario.

En algunos casos, la evolución gradual de una prenda puede comprender grandes cambios, de manera que su origen sólo se descubre en algún vestigio. Este parece ser el caso del equivalente militar del sombrero de copa, el morrión. Originalmente, el morrión pertenecía a los húsares, que eran soldados húngaros y usaban la gorra campesina húngara que se muestra en el lado izquierdo de la figura 20. Consistía en una gorra de tela con una banda de piel alrededor del borde que originalmente parece que formaba parte de un forro de piel cuyo borde final se doblaba hacia arriba, mostrando así la piel. Gradualmente la piel de la gorra se ensanchó y se achicó la parte de tela. En muchos tipos de morrión, su forma original ha desaparecido completamente, como puede verse en el grabado de la derecha. La única huella de su origen se encuentra en el hecho de que la parte de arriba del morrión se hace (o por lo menos se hacía) de tela en lugar de piel; pero en una forma de morrión —la usada por la Honourable Artillery Company—[5] todavía puede descubrirse un vestigio de la forma original en la pequeña lengüeta que cuelga de un lado, como se ve en el grabado de la derecha de la figura 22.

A veces esta retención de un distintivo vestigial puede deberse o, por lo menos, atribuirse (estas historias a menudo contienen elementos legendarios) a algún acontecimiento particular que confiere un nuevo valor al distintivo. Un ejemplo notable de esto es el *flash* de los Fusileros del Real Galés.[6] Dejemos que Robert Graves, que sirvió en ese regimiento, nos cuente la historia: «el *flash*, una especie de abanico con cinco listones negros, de dos pulgadas de anchura, y siete y medio de largo, que termina en una especie de cola de paloma. El ángulo según el cual aquel abanico debía abrirse estaba determinado con exactitud por los reglamentos interiores del regimiento. El *flash* se coloca en la parte posterior del cuello de la casaca, y sólo el Real Galés tiene el privilegio de usarlo. Cuenta la historia que alrededor de 1830, el Real Galés se encontraba de servicio en el extranjero desde hacía varios años y que por alguna desgracia nunca recibía la orden del ejército que abolía la coleta. Cuando el regimiento volvió y desfiló en Plymouth, el general ante el cual el regimiento presentó armas reprendió al oficial de mando porque sus hombres llevaban aún el cabello al estilo antiguo. El oficial, encolerizado por aquella reprimenda, se dirigió inmediatamente a Londres y obtuvo del rey Guillermo IV, por intercesión de algún funcionario de la Corte, un privilegio para el regimiento consistente en seguir usando las cintas con las que se ataba el final de la coleta... el *flash*.»[7] Durante la Gran

Guerra hubo una prolongada y obstinada lucha entre el regimiento y el Consejo del Ejército, que veía en el *flash* un blanco fácil para los tiradores enemigos. No obstante, los oficiales y suboficiales continuaron llevándolo, con la expresa aprobación privada, según se dice, del propio rey, que era Coronel en Jefe del regimiento; y en 1919 el *flash* fue autorizado oficialmente para el traje de servicio de todos los grados, junto con el permiso de retener otra peculiaridad del regimiento: la grafía de la palabra «Welch» con «c» (en lugar de «s»).

En todos estos casos son muy claras las líneas principales de desarrollo. Pero, como ya mencioné, hay otros casos en los que sólo podemos imaginar el curso de la evolución. Las marcas decorativas en botas y zapatos, especialmente las marcas que adoptan la forma de pequeñas perforaciones a través de una porción del cuero, han dado lugar a muchas conjeturas. Estas marcas son muy antiguas y se remontan a los tiempos romanos e incluso antes. Se ha sugerido que los primeros zapateros se contentaban con atar rudimentariamente una pieza de cuero alrededor del pie. Esto necesariamente daría lugar a pliegues incómodos en el cuero que tal vez pudieron solucionarse de la mejor manera mediante el simple procedimiento de cortarlos. Esto, por supuesto, habría dejado tajos en el zapato del tipo de los que se observan realmente en algunos ejemplos primitivos que se encuentran en los museos; los tajos probablemente se transformaron en decorativos y originaron lo rasgos vestigiales que adornan todavía tantos de nuestros zapatos y botas.

Vimos en un capítulo anterior que los ornamentos colgados con holgura alrededor del cuerpo fueron usados probablemente antes que las verdaderas ropas. Cuando se adoptaron las ropas, tendieron a cubrir estos ornamentos; y en algunos casos los mismos ornamentos han llegado, de manera bien notable, a estar representados simbólicamente en la ropa (ejemplo del hecho de que el adorno «sartorial» sólo copia las otras formas de decoración mencionadas en el capítulo 3, p. 42). Este, posiblemente, sea el caso de las franjas que adornan las mangas de los uniformes militares y navales, franjas que tal vez originalmente representaban brazaletes como los que se conferían a los soldados romanos en recompensa por su valor.

En ciertos casos se suscitan interesantes problemas, como el de por qué un artículo de vestir o un adorno dados debe llevarse en un lado del cuerpo más que en el otro. Las plumas y penachos de los sombreros se llevan, creo, casi siempre en el lado izquierdo. Esto está relacionado con el hecho de que los penachos se usaban a menudo en la lucha y que una pluma en el lado derecho de la cabeza podría obstruir el movimiento de la espada o ser dañada por ésta.

Un problema más difícil presenta el hecho de que los botones de las prendas masculinas se usen por lo general del lado derecho y los de las mujeres del izquierdo. El verdadero origen de esta diferencia parece estar envuelto en la oscuridad. Sin embargo, se ha sugerido que la práctica puede estar relacionada con el deseo de dejar libre la mano derecha en el caso del hombre, para que pueda sostener la espada u otro instrumento, y la mano izquierda libre en el caso de la mujer. Cuando una mujer se abotona, se podría suponer que agarra su atuendo con su mano derecha y lo empuja hacia la izquierda, dejando su brazo izquierdo libre para llevar un niño. Es usual llevar a los niños en el brazo izquierdo (indudablemente para dejar el brazo derecho, más fuerte, libre para otros menesteres), y se dice que entre muchos pueblos se permite a los niños mamar del seno izquierdo más que del derecho. El lado izquierdo de un corpiño podía, si el derecho lo cubría, abrirse sin exhibir tanto de la persona como sería necesario en el caso opuesto, y la prenda podía después ser repuesta más fácilmente con la mano derecha si ésta era la única que estaba libre. Como he dicho, estas últimas explicaciones son poco más que conjeturas. Es muy posible que la diferencia entre los sexos en esta cuestión de los botones tenga otro significado, más general, ya que en el folklore y en la superstición uno encuentra a menudo que el lado derecho tiene una significación masculina y el izquierdo una femenina, y bien puede ser que los factores subyacentes a estas supersticiones hayan desempeñado también un papel en este caso particular de la diferenciación sexual.

Estos ejemplos de los pequeños problemas presentados por la evolución del vestido serán suficientes para mostrar que nuestro atuendo está determinado por su historia pasada no sólo en sus líneas generales, sino que sus detalles más pequeños y más insignificantes tienen también, en muchos casos, el carácter de vestigios, comparables a los órganos de carácter similar que posee nuestro cuerpo. Producir un nuevo diseño, o una nueva forma de adorno, es siempre una cuestión que requiere pensamiento e inspiración. Resulta más fácil y más cómodo caer en pautas convencionales, y los sastres no escapan a las leyes de la inercia mental. En la evolución sartorial, como en la de las formas de vida, sucede a menudo que sólo los rasgos más esenciales cambian en el proceso de adaptación a las nuevas condiciones; los otros pueden permanecer inalterados como testimonios de un estado pretérito. Como hemos visto, el grado de antigüedad puede variar enormemente. En algunos casos, la ascendencia de un detalle sartorial es relativamente corta: en otros, nuestros adornos pueden todavía contener testimonios de los primeros tanteos del hombre para envolver su cuerpo; o también pueden imitar decoraciones que, en su forma original, no eran en absoluto de tipo estrictamente sartorial. Sin embargo, siempre se trata del hecho de que los productos de tales esfuerzos se han convencionalizado como adornos, lo que ha permitido su pervivencia tras desaparecer su valor utilitario. Tal vez no se desconozcan en la ciencia biológica casos análogos de un órgano que adquiere una nueva función en el decurso de su historia vestigial. Ciertamente, son bastante comunes en la antropología, que nos enseña que los ritos y costumbres antiguos pueden continuarse por razones nuevas cuando las viejas se pierden.

En otros casos, vemos la ejemplificación de otra tendencia general importante: muchos detalles ornamentales son, en su origen, no tanto los sucesores como los concomitantes de rasgos utilitarios. Aquí, como en otros campos del arte aplicado, los seres humanos rara vez se contentan con lo meramente útil. Los estudiosos de la estética pueden señalar que lo útil en sí tiende también a ser hermoso; pero la humanidad en su conjunto, en particular en los niveles de desarrollo más primitivos, apenas advierte o comprende este principio. En consecuencia, los hombres buscan ocultar lo puramente útil mediante rasgos ornamentales y, como antes, estos rasgos pueden persistir mucho después de la muerte natural de los rasgos originariamente útiles en función de cuyo ocultamiento o atenuación fueron diseñados.

Hemos visto también cómo el conservadurismo puede conducir a la multiplicación de las prendas; lo viejo no es necesariamente descartado o desplazado, sino que puede ser meramente cubierto. Finalmente, hemos visto que los detalles de nuestra ropa sufren a veces reversiones a un tipo más primitivo. Incluso cuando buscamos lo nuevo, a menudo es más fácil volver a recorrer viejas sendas que abrir caminos nuevos. Como en la esfera de la biología (así lo muestran los casos de atavismo), o en la de la psicología (así lo muestra el fenómeno de la regresión, cuya importancia ha sido tan notablemente revelada por la psicopatología), rara vez superamos completamente nuestro pasado, que está siempre presto a refirmarse si se le ofrece la oportunidad.

12. La ética del vestido: arte y naturaleza

Pero ya os pondré al corriente de todos los detalles. Venid conmigo, señor,
con objeto de que os vistáis cual conviene a vuestra actual categoría.

La fierecilla domada, acto IV, escena 2
Shakespeare

Hemos examinado tanto la estática como la dinámica del atuendo hasta donde lo permiten el modesto alcance y propósito de este volumen. En ello hemos hecho todo lo posible para ser imparciales, para estudiar el fenómeno del vestido y sus implicaciones psicológicas objetiva y científicamente, y para evitar introducir ningún juicio de valor en nuestras consideraciones. Si en algún momento nuestro esfuerzo fracasó, podemos recordar al amable lector que esta exclusión de las categorías de lo bueno y lo malo resulta especialmente difícil en el caso del vestido, aunque sólo sea por la razón de que requiere una actitud totalmente diferente de la que adoptamos la mayoría de las veces hacia este asunto. En la vida cotidiana, casi nunca nos referimos a la ropa, ni pensamos en ella, sin valorarla de un modo u otro; casi siempre la ropa en cuestión es hermosa o fea, púdica o impúdica, conveniente o inconveniente, cara o barata, cómoda o incómoda, a la moda o descuidada, bien o mal diseñada o confeccionada. En realidad, ha sido algo difícil para el autor (y, tal vez, también para el lector) evitar durante tanto tiempo esta actitud habitual. Pero si la necesidad de valoración se mantiene tan imperiosamente que requiere un esfuerzo especial para considerar la ropa imparcialmente, podemos permitirnos razonablemente, habiendo completado nuestro estudio, volver a considerar nuestro tema —ahora desde el punto de vista más familiar— y permitirnos el esparcimiento de considerar, a la luz de este estudio, lo que en la ropa es bueno y malo, qué tendencias aprobamos y cuáles reprobamos. Tal vez podamos obtener alguna recompensa, si no la de una compresión más clara, por lo menos la de un mayor disfrute por haber reprimido durante tanto tiempo esta satisfacción.

Pero al emprender esta tarea será bueno tener en cuenta desde el principio que esta distinta actitud no deja de tener sus propios peligros y perplejidades. Investigar lo que es verdadero sin un sesgo subjetivo resulta bastante difícil; determinar lo que es bueno es una empresa todavía más difícil de liberar del prejuicio individual. El lector debe, por lo tanto, prepararse para la posibilidad de apartarse del autor, aun cuando lo haya seguido hasta aquí (sin duda, no sin algunas protestas y reservas). No se trata de que los prejuicios de uno sean más grandes (o más pequeños) que los del otro, sino de que meramente son diferentes.

De hecho, será necesaria alguna comprensión preliminar si queremos ir juntos a algún lado. Empecemos, por lo tanto, con una primera tentativa de definición de lo «bueno» en la ropa, que en seguida trataremos de hacer más precisa. Como vimos en el primer capítulo, la ropa está destinada a cumplir ciertas funciones, y acerca de la naturaleza general de estas funciones hay, por fortuna, poco desacuerdo. ¿No podemos decir que lo «bueno» en la ropa es cumplir estas funciones, y que cuanto mejor se cumplan mejor será la ropa? La mejor ropa será, entonces, la que atiende más satisfactoriamente las necesidades de adorno, pudor y protección.

Desgraciadamente, esta afirmación general no nos lleva muy lejos, porque, como hemos visto, estos tres fines no siempre congenian entre sí; en concreto, el adorno y el pudor tienen objetivos que son más contradictorios que complementarios. Por consiguiente, un estudio ético de la ropa debe valorar no sólo la ropa en sí, sino también sus funciones. Antes de que podamos proseguir, debemos decidir hasta dónde deben cumplirse estas funciones y, en particular, en qué medida una función debe ceder el lugar a otra cuando entran en conflicto.

Pero en esta cuestión es obvio que no podemos considerar los distintos casos meramente por sus méritos; tenemos necesidad más bien de algún principio que podamos aplicar a todos los casos que surjan. Aquí comienzan verdaderamente nuestras dificultades, porque parece imposible adoptar algún principio lo bastante específico sin hacer ciertas suposiciones éticas o aun metafísicas de largo alcance. Para acortar la discusión (ya que éste es un tratado sobre el vestido y no sobre ética) propongo —breve y dogmáticamente— adoptar un principio combinado de la ética hedonística y de la psicología freudiana, y decir que el objetivo de la ropa debería ser asegurar el máximo de satisfacción de acuerdo con el «principio de realidad» (es decir, el principio de basar nuestras satisfacciones en un reconocimiento fundamental del mundo real, y no en una distorsión de él, o una negación de sus aspectos menos agradables). Dicho principio parece tener por lo menos tres grandes ventajas. En primer lugar, permite un amplio acuerdo sobre la mayoría de los puntos prácticos entre quienes, en última instancia, ven lo «bueno» en el «placer» y entre los que lo ven en la «función» o «desarrollo». En segundo lugar, es un principio que parece poder usarse en relación con todas las artes aplicadas, de manera que al emplearlo estamos al mismo tiempo poniendo el arte sartorial en relación ética con sus disciplinas hermanas. En tercer lugar, se trata de un principio que ha sido generalmente adoptado, en los últimos años (es verdad que a menudo sólo implícitamente), en la medicina psicológica, y ha sido bien probado y usado dentro de esta esfera. Podemos añadir que el principio tiene un corolario de cierta importancia, corolario que se deriva de los supuestos y técnicas psicoanalíticos: que la investigación y la valoración conscientes constituyen la última prueba de si una tendencia dada está o no en armonía con el principio de realidad. Si no logra pasar la prueba, no podemos darle nuestra aprobación, por mucho que esté afianzada en la tradición, o por más fuertemente que apele a las potentes pero borrosas fuerzas de la intuición y de la emoción.

Antes de proseguir, cabe exponer claramente lo que parece ser el punto más débil de este principio. Al adoptarlo, el autor se ha guiado por cierto paralelismo entre las artes de diseñar, preparar y llevar la ropa, por un lado, y algunas otras artes aplicadas, como la arquitectura y la fabricación de muebles, por otro. Pero la suposición de dicho paralelismo puede llevarnos a engaño. En realidad, no hay una diferencia decisiva entre arte aplicado y ciencia aplicada; existe más bien una gradación continua entre la creación de objetos que son principalmente decorativos y sólo secundariamente útiles (como los jarrones o floreros que en algunos casos todavía decoran nuestras chimeneas) y la de objetos que son principalmente útiles y sólo secundariamente hermosos (como los depósitos de agua o los puentes). Se puede permitir un alejamiento mayor del principio de realidad en el primer caso que en el segundo; y puede argüirse que la función del vestido es principalmente estética o, por lo menos, psicológica, y no necesita tener demasiado en cuenta la «realidad» salvo aquella de orden puramente psicológico. Creo que es posible mostrar que dicho punto de vista, que acerca el vestido al arte puro más que al arte aplicado, y que, por lo tanto, sostiene que hay un campo legítimo para el descuido de la realidad externa, tal y como implica el «principio de placer», conduciría, en última instancia, a conclusiones no muy diferentes de las nuestras. Pero dicha demostración implicaría tiempo y trabajo, y dado que aguardan nuestra atención los problemas concretos más apremiantes de nuestra ropa, debemos admitir que —por lo menos superficialmente— los que adoptan el punto de vista recién indicado tendrán razón en disentir de nuestro propio principio y, por consiguiente, también con muchas de las conclusiones que derivaremos de su aplicación. Tal vez, llegados aquí, algunos lectores decidan seguir por un camino distinto. Pero incluso para dichos lectores nuestras consideraciones posteriores pueden no carecer de valor, en la medida en la que por lo menos suministrarán una exposición de ciertos problemas, aunque pueda parecer que las respuestas siguen direcciones diferentes de las aquí indicadas.

Establecido todo esto, pasemos al trabajo real de valoración. Tal vez sea más conveniente tratar cada problema en el orden en que ha sido expuesto en este libro. Sin embargo, las reflexiones que tendremos que hacer ahora para cualquier asunto no mantendrán una relación necesaria con las que realizamos con anterioridad, dado que en un caso los hechos pueden ser complejos y la ética simple, o viceversa. También tendremos necesidad de completar nuestra revisión del campo ya abarcado mediante unas pocas consideraciones más, tanto generales como específicas, de asuntos que parecen de interés e importancia especiales desde nuestro presente punto de vista.

Los problemas del adorno tratados en el capítulo 2 no exigen que nos detengamos mucho. Hay consenso universal acerca de que los aspectos sexuales del adorno son fundamentales y deben considerarse, lo queramos o no, inevitablemente como de importancia principal. Además, nuestro principio requiere el franco reconocimiento del elemento sexual en el adorno y (sujeto a cualquier restricción mencionada subsecuentemente) del debido disfrute de las satisfacciones que pueda proporcionar.

El uso del adorno para significar rango y localidad depende desde luego del valor ético de la indumentaria «fija» en comparación con la indumentaria «de moda» (dado que esta última es en su misma esencia hostil a asociaciones con el lugar o el estatus social). Por lo tanto, podemos dejar estas cuestiones por el momento.

La relación entre riqueza y atuendo debe juzgarse también de acuerdo con nuestro punto de vista sobre la moda. Sin embargo, hemos visto que la vida moderna está tendiendo a abolir las distinciones sartoriales de riqueza, como lo ha hecho con las de rango, por lo menos en lo que concierne al estilo general (los enormes progresos hechos en los últimos años con piedras preciosas y perlas artificiales están tendiendo a abolir las diferencias incluso en cuanto a los más pequeños y costosos adornos). La ropa masculina, por supuesto, ha avanzado más en este sentido que la femenina, lo que parecería indicar que las mujeres acaso pudieran imitar provechosamente a los hombres por lo menos en una dirección: en la abolición de la forma particular de esnobismo que requiere un número irracionalmente elevado de atuendos distintos. La emperatriz Isabel de Austria protestó muy razonablemente cuando descubrió que la etiqueta de la corte requería que cada par de zapatos fuera usado sólo una vez,[1] y a nuestras actuales líderes de sociedad tampoco les faltaría razón si protestasen contra la convención de que un vestido de noche, por muy hermoso que sea, no puede usarse en dos noches sucesivas. Por ejemplo, resulta absurdo que una mujer que va durante un fin de semana a visitar a unos amigos se sienta obligada a incluir dos vestidos de noche en su equipaje; el absurdo surge del hecho de que, para todo el mundo, salvo los realmente ricos, el gasto adicional implicado no está en proporción con la satisfacción adicional (lo que obliga al sacrificio de satisfacciones potenciales en otros sentidos).

Cómo se llevan los artículos esenciales es un asunto digno de alguna atención, aunque en general se estará de acuerdo en que los aspectos utilitarios deben, en este caso, preceder sin duda a los decorativos. En la actualidad, los hombres y las mujeres emplean sistemas muy diferentes: los hombres llevan consigo, en sus bolsillos, lo que es indispensable, y las mujeres en bolsos que no están adheridos a sus personas, sino que se llevan sueltos en la mano. Ambos sistemas tienen serias desventajas. Los hombres suelen extraviar sus cosas en un sinfín de bolsillos;[2] el acceso a los bolsillos resulta poco conveniente cuando en invierno se lleva un sobretodo; y cuando, como ocurre tan a menudo, están colmados, deforman seriamente la obra del sastre; y, por último, la necesidad de sacar una variedad de artículos de distintos receptáculos lleva bastante tiempo, a veces tanto como mudar de traje, y a menudo se olvida algún objeto esencial. Por otro lado, el sistema ahora corriente entre las mujeres tiene inconvenientes aún mayores: el bolso que se lleva suelto es fácil de perder o de ser objeto de hurto y requiere el uso de una mano que debería estar libre para otras cosas. La necesidad de transportar una cantidad de artículos pequeños es una de las desventajas fastidiosas de la civilización, y es algo que ya debería estar convenientemente resuelto. Para muchos esto puede parecer insignificante pero, en realidad, se trata de un asunto que nos concierne durante toda nuestra vida adulta. Pocas cosas atestiguan mejor la ausencia de pensamiento racional acerca de nuestra vestimenta que el hecho de que este asunto quede al albur del azar o la moda. Aquí cabría un estudio experimental que tenga en cuenta todos los aspectos prácticos, psicológicos, fisiológicos, sartoriales y estéticos en juego. Mientras tanto, podría parecer que la solución estriba en una combinación de los actuales métodos masculino y femenino. Las ventajas de tener los artículos sueltos en un bolso, bolsón o cartera (o, por lo menos, en unos pocos de estos receptáculos), más bien que en varios bolsillos, es obvia; pero también lo es el beneficio de tener este receptáculo ligado seguramente al cuerpo para liberar las manos. Se requeriría, entonces, probar la manera de llevar el bolso o bolsón del modo más conveniente, cómodo y además artístico. El modo mejor para los receptáculos que contienen objetos pequeños en uso constante parece ser el de prenderlos a un cinturón o faja alrededor de la cintura, y alguna bolsos que se llevaron así en otro tiempo distaban de ser feos. Para llevar cualesquiera artículos más pesados que se requieren con menor frecuencia lo correcto parece ser la mochila, aunque su utilidad para propósitos distintos de los militares o turísticos es rara vez reconocida, excepto por miembros de unas pocas profesiones.

Con respecto al principio general de la extensión del yo corporal, no es necesario decir nada excepto que el reconocimiento más claro y más universal del principio (y de sus limitaciones) junto con su estudio más detallado, mediante el experimento y la observación, debe conducir seguramente a una mayor satisfacción estética en nuestra vestimenta.

Volviendo ahora al capítulo 3, la única forma de adorno corporal de la que es necesario que nos ocupemos es la pintura. Sin embargo, podemos señalar de paso que la desaparición práctica de las otras categorías en la civilización occidental (excepto el peinado y cierta proporción de tatuajes) tiende a demostrar que el principio de valoración que hemos adoptado está en armonía con la tendencia general de desarrollo social que, como ya hemos indicado, se inclina por una mayor tolerancia del cuerpo humano en su forma natural y, por tanto, por una aceptación de la «realidad». Con respecto a la pintura y al uso de cosméticos en general, hay, sin embargo, una considerable diferencia de opinión en la actualidad. El indudable aumento en el uso de pintura y de polvo entre las mujeres occidentales en los años posteriores a la primera guerra mundial es un movimiento que se aparta de la realidad y, por lo tanto, debería ser considerado, de acuerdo con nuestro principio general, con suspicacia. Su peligro estriba en la tendencia a cultivar un ideal artificial. En la medida en que se emplea sólo para imitar a la naturaleza en su mejor expresión, el criterio al que se apunta es todavía el de la realidad (aunque el método puede ser provisional), pero cuando los labios se enrojecen con una intensidad que la naturaleza no dio nunca incluso a sus hijas más saludables y hermosas, hay un paso pequeño pero definido hacia atrás en la dirección a la barbarie que halla la belleza en la cintura ahogada, en los pies contorsionados y en las falanges desmochadas. Otro modo en que puede decirse que la pintura contradice el principio de realidad es que conduce al narcisismo más que al amor de los otros o al interés por el mundo exterior. El uso constante y ostentoso del polvo y del lápiz labial en público[3] implica una preocupación por sí mismo y una relativa indiferencia por otras cosas o personas (por supuesto, esta es la razón por la que puede ser tan irritante);[4] de hecho, una retirada con respecto al mundo externo que es hostil a las formas superiores como el trabajo, el amor o la sociabilidad.

Pero a menos que nos transformemos en reaccionarios a través de una moralización rígida sobre este asunto (puede recordarse en nuestra defensa que es nuestro primer ataque serio después de un largo periodo de abstinencia) será bueno tener en cuenta las circunstancias que han provocado esta nueva exuberancia de pintura y de polvo. De la investigación individual que he podido hacer al respecto, parecería que el uso provocativo del polvo y el lápiz labial es un signo de triunfo y de independencia que señala una victoria en las esferas tanto del sexo como de la sociedad, una victoria sobre viejos hábitos de represión sexual y de subordinación social. Es un gesto victorioso por parte de las mujeres y, como otros de igual índole, no siempre del mejor gusto.[5] Si en ciertos sentidos es retrógrado, se relaciona, sin embargo, con un gran avance en el estatus social y en la libertad sexual. Semejante mal menor bien puede tolerarse y excusarse por una ventaja tan grande. Es probable también que no sea permanente. Cuando un conquistador se ha acostumbrado a los frutos de la victoria, no tiene necesidad de gestos para expresar su triunfo. Análogamente, las mujeres puede que no experimenten la necesidad de proclamar su independencia cuando la sientan afianzada. Posiblemente también la misma necesidad de un gesto indica que la victoria es incompleta; aquí, como siempre, el narcisismo excesivo indica un fracaso en alcanzar la etapa de «amor objeto», y este fracaso se debe a menudo a la inhibición de los objetos sexuales relacionados con esta etapa. Acaso la cura resida no en una menor sino en una mayor libertad sexual (en el sentido psicológico y no meramente sociológico). Cuando las mujeres tengan más confianza en su habilidad y derecho para satisfacer sus deseos sexuales puede que entonces encuentren innecesario contribuir a su autoafirmación con manchas empastadas de rojo y blanco, y que muestren, por el contrario, mayor fe, confiando sólo en el poder del rostro del que las ha provisto la naturaleza.

Respecto de los adornos externos, podemos admitir que todas las formas son justificables dentro de su propia esfera. Sin embargo, podemos señalar una tendencia general, a medida que avanza la inclinación (tanto en el individuo como en la raza) a acentuar cada vez más el todo frente a las partes. Ello está, por supuesto, en armonía con los cánones generales de la estética. En la práctica, significa (como se señaló en el capítulo 3) una subordinación algo creciente de todas las formas de adorno puramente locales. Probablemente esta tendencia requerirá también una restricción creciente en el uso de todas las formas de adorno de carácter no sartorial, especialmente las joyas. Los pueblos civilizados usan menos objetos ornamentales aislados que los salvajes, y entre las clases más cultas de la sociedad civilizada está mal visto un despliegue pródigo de piedras preciosas, excepto en unas pocas ocasiones muy definidas. Tal vez, finalmente, nuestro gusto estético pueda abolir totalmente estas formas de adorno. Sin embargo, en la actualidad proporcionan demasiada satisfacción como para pensar que es razonable esperar que sean abandonadas.

En el capítulo 4 llegamos a la cuestión claramente difícil del pudor. Nuestra moralidad tradicional, derivada de fuentes semíticas y cristianas primitivas, asigna gran valor al pudor; sin embargo, en una época muy reciente hemos llegado a ser algo escépticos en cuanto a su valor real. La aplicación del criterio que adoptamos en este capítulo parece requerir que distingamos entre dos cosas bastante diferentes que se incluyen a menudo bajo el término único de «pudor»: 1) el control de la conducta, en el sentido de evitar ciertas formas de «impudicia», es decir, comportamiento sexualmente excitante o socialmente presuntuoso, al que pueden inducirnos nuestras tendencias exhibicionistas, si no se controlan; 2) una emoción de vergüenza o embarazo que tiende a impedirnos mostrar o mencionar ciertas partes del cuerpo, aun cuando las circunstancias reales exijan la mención o exposición, por ejemplo, en una revisión médica.

Ahora bien, está claro que el principio de realidad exige algún grado de pudor en el primer sentido; por otro lado, parece dudoso que el pudor en el segundo sentido tenga mucho valor en sí mismo, dado que su tendencia es inevitablemente hostil a una valoración verdadera de ciertos factores «reales». En tanto la referencia a ciertas partes del cuerpo, o su exposición, es considerada «grosera» o «impúdica» (con independencia del propósito de la referencia o la exposición) y da lugar a las emociones correspondientes, no puede ocurrir otra cosa que una inclinación a ocultar y distorsionar las verdaderas funciones e importancia de estas partes del cuerpo, de hecho, una tendencia a rechazar el reconocimiento pleno de su existencia real. Ahora bien, toda la reciente psicopatología tiende a destacar con vehemencia la diferencia entre no-permisividad y no-reconocimiento. Las limitaciones en la permisividad pueden ser a menudo esenciales (aunque están lejos de constituir los pináculos de la virtud); las limitaciones en el reconocimiento de la realidad (incluso si se adoptan en aras de la moralidad) pueden ser, como hemos aprendido, muy peligrosas. De hecho, ésta es una de las contribuciones más importantes del psicoanálisis a la ética que ha producido ya una modificación de gran alcance en el pensamiento ético. Por consiguiente, en la medida en que aprobemos el pudor en el segundo sentido, podemos a lo sumo permitirnos una clase de aprobación condicional, en el sentido de que una cierta cantidad de vergüenza puede surgir inevitablemente en relación con el debido control de las tendencias exhibicionistas. No podemos considerarlo como un bien en sí mismo, y consideraremos deseable su reducción a las dimensiones más modestas posibles.

Para que no se piense que buscamos socavar toda la base de la restricción moral, debemos recordar al lector que el control de la conducta en un sentido ético tiene poca relación con el sentimiento de vergüenza, y que las manifestaciones de este sentimiento son notoriamente variables y sujetas a convención. La historia reciente ha mostrado, por ejemplo, que la vergüenza puede ser eliminada de una parte del cuerpo a la que antes estaba ligada (las partes más bajas de las piernas femeninas) sin ninguna consecuencia moral alarmante. Los experimentos mucho más integrales de la «cultura nudista»[6] apuntan en la misma dirección. De hecho, si, como se ha hecho a menudo, nos contentamos con la simple equiparación de lo inmoral con lo genitalmente sexual, estos experimentos muestran de forma muy concluyente que la desnudez es un poderoso método para reducir la inmoralidad.

La verdadera cuestión a tener en cuenta es que el pudor se relaciona esencialmente con el deseo. Su propósito es combatir el deseo pero, al hacerlo, lo enciende de nuevo, de suerte que se pone inevitablemente en movimiento un proceso circular. Como expresa tan bien Anatole France: «Es cierto que el pudor comunica a las mujeres un atractivo invencible».[7] En realidad, la naturaleza ha hecho que el pudor nunca pueda alcanzar su fin, excepto a través de su propia desaparición. Y esta desaparición comprende también la pérdida de algo picante en el deseo, que sólo puede darse cuando el deseo y la inhibición están hábilmente entremezclados. Aquí se encuentra tal vez el verdadero problema: el muy justificable miedo a que, al superar el pudor, nos veamos privados también de los elementos más enloquecedoramente estimulantes del deseo. Así es que, ocultos bajo el manto del pudor, se encuentran a menudo ciertos componentes sutiles de la necesidad sexual misma; una extraña alianza que nos recuerda la que ya vimos que existe en el simbolismo fálico y moral combinado de ciertas ropas, y que el psicoanálisis ha mostrado que es enteramente característica de la mente neurótica.[8] Por lo tanto, el pudor no sólo es un obstáculo para la aprehensión clara de la realidad externa; también alimenta algo como una hipocresía interna (aunque en su mayor parte inconsciente) y así debe ser condenado por la doble acusación de distorsionar tanto la apariencia de nuestro cuerpo como la de nuestra mente.

Nuestro análisis del pudor se ha hecho en términos muy generales; esto era inevitable, considerando que la aplicación de nuestro principio fundamental es aquí tan difícil. En la práctica parece bastante evidente que nuestro principio comprende una extensión muy grande de las tendencias hacia una mayor libertad que se han manifestado en los últimos años. Nosotros mismos consideramos ciertas manifestaciones del pudor del siglo XIX —como la incapacidad para mencionar la palabra «pierna», la rigurosa separación de los sexos en los baños, las escaleras rodeadas de lonas en las casetas de baño (de manera que la bañista no pudiera ser vista antes de alcanzar la protectora opacidad del agua),[9] los trajes de baño monstruosamente protuberantes— con una mezcla de asombro y disgusto, lo último porque, al cabo de los años, podemos percibir la obsesión erótica del pudor en cuestión. Las generaciones futuras algún día podrían contemplar con una emoción similar el hecho de que usemos hoy trajes de baño. Nuestro principio exige claramente que podamos tolerar la desnudez donde es obviamente necesaria, como en la natación.

Implica también, para dar otro ejemplo, la abolición de la obscenidad estimulada por ciertas ropas interiores. Idealmente, todas las capas de las que pueden estar formadas nuestras ropas deberían ser igualmente presentables; el que usemos más o menos capas en una ocasión dada debería estar determinado por consideraciones de belleza, higiene y comodidad más que por el pudor. Aquí hay una interacción sutil con factores estéticos que merece más estudio. Las prendas que, a través de su falta de adorno, están diseñadas claramente para no ser vistas (como los corsés y corpiños femeninos, las formas más burdas de la ropa interior, los tirantes de los hombres, y —lo más ofensivamente ridículo de todo— las partes posteriores de sus chalecos), producen, cuando se ven accidentalmente, una embarazosa sensación de intrusión en la intimidad que a menudo linda con la indecencia.[10] Es como mirar «detrás del escenario» y hacer peligrar así una ilusión. El verdadero pudor y la verdadera estética deberían buscar conjuntamente o bien la eliminación de esas prendas puramente útiles o bien su incorporación al esquema estético total del atuendo usado.[11]

Pasando ahora al capítulo 5, nuestra prueba de realidad requiere que la protección tenga su debido lugar entre las funciones del vestido. Debemos cuidarnos, sin embargo, del pudor enmascarado como protección. En los últimos años nuestras ideas relativas a la necesidad de la protección frente al frío han sufrido grandes modificaciones que pueden hacerse todavía más amplias si, como sostiene Ernest Jones, nuestras ideas relativas al frío están determinadas en gran medida por complejos profundamente enraizados, y si se llega a una aprehensión general de la consecuente naturaleza ilusoria de estas ideas. En este momento hay una fuerte tendencia en los círculos médicos a acentuar la deseabilidad de la ropa liviana, que permitirá que la piel desempeñe sus funciones naturales de adaptación a las temperaturas cambiantes, en lugar de la creencia anterior, según la cual la función de la ropa era mantener al cuerpo tan caliente como conviniese (y a veces aún más) en todas las condiciones. La ropa femenina más liviana, los primeros ejemplos de la cual fueron anatematizados como «blusas neumonía», hoy es aprobada casi universalmente desde el punto de vista higiénico. En verdad, un prominente médico ha llegado a decir que «cuanto más se aproxime el vestido de las mujeres a la desnudez, teniendo en cuenta una decencia razonable, mejor será para ellas».[12]

Este cambio de actitud ha venido acompañado de una relajación de las ideas del pudor, y una mayor libertad hacia el erotismo cutáneo y muscular. De hecho, probablemente es una relajación de la inhibiciones «morales» lo que ha conducido a una modificación en nuestros puntos de vista sobre la higiene, más que lo contrario. Hasta ahora ha habido pocos intentos serios de estudiar los aspectos protectores del vestido desde un punto de vista estrictamente científico. Sabemos muy poco, por ejemplo, acerca de las relaciones entre la reducción de la pérdida de calor mediante la ropa y la cuestión fundamental de la probabilidad de enfermedades infecciosas. Si pensáramos seriamente sobre los aspectos higiénicos del vestido, deberíamos estudiar la cuestión con rigor y sistemáticamente. Lo mismo se aplica a los efectos de la luz. Los rayos solares han caído sobre nosotros desde nuestra primera aparición en este planeta, pero sólo en los últimos años hemos empezado a comprender que la exclusión de estos rayos mediante la ropa puede tener ciertos efectos fisiológicos importantes. Es verdad, sin embargo, que en este caso los pocos años en cuestión han sido muy pródigos en resultados, aunque ha habido, hasta ahora, poco intentos de hacer uso de estos resultados en la práctica real.[13] De hecho, el punto de vista higiénico resulta muy novedoso, y su posibilidad e importancia para la humanidad en su conjunto apenas empieza a comprenderse. Está todavía oscurecido en parte por racionalizaciones de un tipo u otro, y todavía es totalmente incapaz de combatir los motivos formidables y bien atrincherados de la exhibición, el pudor y la moda, y los diferentes simbolismos sexuales y «morales». No obstante, sin duda el valor real de este punto de vista apenas puede exagerarse. Juzgándolo desde la perspectiva que hemos adoptado, vemos aquí cuán imperfecto es el desarrollo de nuestra mentalidad sobre la ropa.

De la mayoría de los otros motivos discutidos en el capítulo 5 no hay necesidad de hablar. Uno de estos motivos, el de la protección mediante amuletos contra las malas influencias de la magia o de los espíritus, está presente sólo en una forma vestigial en las sociedades civilizadas; su influencia anterior ha sido reemplazada en gran medida por supersticiones higiénicas. Otros, como el simbolismo uterino del vestido en relación con un ambiente hostil y el simbolismo fálico en relación con los temores inconscientes de castración, apenas podemos esperar que se alteren (si quisiéramos lograrlo), excepto mediante la influencia sobre sus causas. Sin embargo, es bastante importante que haya una comprensión de la relación psicofisiológica entre la sensibilidad al frío y la falta de amor, y muy importante que haya un reconocimiento pleno de la alianza entre el falicismo y las funciones de ciertos tipos de vestidos como símbolos del deber o del control moral. El simbolismo moral en sí mismo plantea algunos problemas difíciles, similares en forma general a los que ya hemos considerado con relación al pudor. La aplicación de nuestro criterio puede determinar sólo un rechazo a permitir la influencia de este simbolismo sobre nosotros, excepto en la medida en que pueda ser un concomitante inevitable pero temporal de una cierta etapa de progreso moral. Y ello por las siguientes razones: 1) por su tendencia a aliarse inconscientemente con el simbolismo fálico, sobredeterminación que tenemos razones para creer que es de tipo primitivo y neurótico; 2) porque participa de la innecesaria severidad general del superego inconsciente y opaco, tal y como se reveló en estudios psicoanalíticos recientes, tendiendo así a imponer ascetismos y restricciones innecesarias con la consiguiente pérdida tanto de gozo como de eficiencia; 3) porque tiende a distorsionar la aprehensión de la realidad sustituyendo una moralidad efectiva por una simbólica, no existiendo ninguna relación esencial entre, digamos, un abrigo negro y un cuello apretado y rígido, y el debido sentido de responsabilidad y deber que estas prendas representan.

13. La ética del vestido: diferencia individual y sexual

Señor, le aconsejaría que se cambiara la camisa.

Cimbelino, acto I, escena 3,
Shakespeare

Con respecto al capítulo 6, está claro que nuestro principio requiere el reconocimiento de diferencias individuales, y una adaptación algo mayor del vestido de la que existe en la actualidad para hacer frente a la variación de las necesidades individuales. Debería entenderse que tanto los factores psicológicos como fisiológicos implicados varían enormemente y que es imposible que un sistema satisfaga a todos los individuos. Sin embargo, también debemos reconocer que muchos de los tipos indican por su misma naturaleza un desarrollo insatisfactorio de las tendencias mentales relacionadas con el vestido.

Así, el tipo rebelde se irrita continuamente con las restricciones que impone la ropa; el tipo resignado también sufre, aunque no se irrita; los tipos mojigato y autosatisfecho parecen representar formaciones reactivas que tienen claramente elementos neuróticos en su composición; lo mismo se aplica, tal vez en alguna medida, al tipo protegido, con su sensibilidad extrema al frío y con su tendencia a la hipocondría. El tipo no emocional, si no sufre, no es enteramente satisfactorio, en tanto no puede hacer uso de una posible fuente de gratificación. Sólo los tipos sostenido y sublimado consiguen una satisfacción positiva de la ropa; y aun aquí deben hacerse algunas observaciones en cuanto a la adecuación de sus adaptaciones. Si los elementos «morales» predominan en el tipo sostenido, se convierte en susceptible de las objeciones que consideramos al tratar del simbolismo moral. La sublimación resulta satisfactoria por definición en tanto limitemos nuestro punto de vista a la relación de una persona con su ropa. Pero cuando adoptamos un punto de vista más amplio de su desarrollo en su conjunto y de sus relaciones sociales, se hace evidente inmediatamente que la cantidad de libido que se sublima en la ropa debería guardar ciertos límites. Beau Brummell, aunque sin duda un artista a su modo, no figuraba entre los miembros más valiosos de la sociedad.

Estos hechos, indicativos de las dificultades de desarrollo, deberían demostrarnos la bondad de dedicar una consideración especial a la vestimenta de los niños pequeños, asunto que se ha descuidado casi totalmente, en cuanto se refiere a los puntos de vista psicológico y pedagógico. Al considerar este asunto debemos tener en cuenta que los niños pequeños sólo pueden adquirir gradualmente el punto de vista adulto. Es probable que todos los niños tengan, al comienzo, un elemento «rebelde» y debe tenerse mucho cuidado en que la ropa que lleven en la primera etapa de la vida produzca tan poca restricción de movimiento, tan poca presión,[1] tan poco «picor»,[2] como sea posible. Al respecto, la ropa interior de los niños necesita una atención muy especial. Todos estos asuntos requieren observación sistemática y experimentación.

Más tarde las necesidades principales son, en primer lugar, que el requerimiento de cuidar la ropa ocasione tan pocos problemas a los niños como sea posible (dado que, de otra manera, puede establecerse permanentemente la actitud que considere la ropa como una molestia, inevitable tal vez en alguna medida en los primeros años de vida) y, en segundo lugar, que el niño tenga oportunidad de desarrollar un gusto estético propio, permitiéndosele y alentando la elección de su propia ropa en la medida en que las circunstancias lo permitan. Desafortunadamente, estos dos métodos pueden entrar en cierto conflicto con el orgullo de los padres por la apariencia de sus niños, pero es mejor que los padres hagan algún sacrificio de sus satisfacciones exhibicionistas vicarias que producir desajustes permanentes en los niños en este importante aspecto. Además, los padres pueden esperar a ser indemnizados de su pérdida inicial mediante una mejor apariencia de sus hijos unos años después.[3]

Pasemos ahora de las diferencias individuales a las diferencias sexuales (capítulo 7). La cuestión acerca de en qué medida los dos sexos deberían vestir igual o no es lógicamente anterior a todas las otras cuestiones en este campo. La existencia de diferencias sexuales en el vestido tiene detrás una tradición tan larga y casi universal que la bondad de tales diferencias se da usualmente por sentada. Sin embargo, es bueno plantear el problema aunque sólo sea para que las implicaciones del sistema usual de rígida diferenciación sexual puedan ser comprendidas. Parece no haber (especialmente en la vida moderna) ningún factor esencial en la naturaleza, hábitos o funciones de los dos sexos que exigiera una diferencia notable de atuendo, aparte del deseo de acentuar las diferencias sexuales en sí mismas; acentuación que cumple fundamentalmente el fin de despertar la pasión sexual más fácil y frecuentemente. En ningún lugar mejor que este campo exhibe nuestra moralidad convencional su naturaleza fundamentalmente ambivalente ya que, aunque nominalmente se opone a despertar el deseo sexual, no obstante aprueba (y en general insiste en él aun legalmente) un sistema que está calculado para despertar este sentimiento con el mayor grado posible de frecuencia. Y, si se los apremia, los paladines de esta moralidad tratarán sin duda de justificar su posición sobre la base de que el pudor requiere una distinción sexual, ilustrando con esto lo que ya hemos dicho acerca del carácter dual del pudor en sí mismo.

Mucho más lógica es la posición de los que apoyan la abolición de todas las innecesarias diferencias sexuales en el atuendo como, por ejemplo, lo hace Bousfield en un libro reciente.[4] Si no estamos de acuerdo, como le ocurrirá, sin duda, a la mayoría de nosotros, seamos honestos y admitamos francamente que no pensamos de buena fe que la estimulación sexual no sea deseable y que, por el contrario, no podemos hacer frente a la perspectiva de abolir el sistema presente de constante excitación, que garantiza que seamos capaces de advertir desde lejos el sexo de un ser humano que se aproxima, de manera que no perdamos la oportunidad de experimentar las etapas incipientes de la respuesta sexual.

Parece inevitable el punto de vista de que el propósito fundamental de adoptar un vestido distintivo para los dos sexos es estimular el instinto sexual. Pero aunque este punto de vista es verdadero, no representa tal vez toda la verdad. Parecería existir un elemento negativo, tanto como uno positivo, en nuestra insistencia sobre la diferenciación sexual. Pienso que la naturaleza de este elemento negativo puede verse mejor desde el leve disgusto que puede despertar en el hombre o la mujer normal heterosexual cualquier aproximación no convencional al atuendo del sexo opuesto, disgusto que se despierta también en algún grado ante cualquier proposición de abolir las diferencias sartoriales entre los sexos. Un análisis algo más profundo parece mostrar que este disgusto es una defensa contra el posible despertar de una atracción sexual hacia una persona del mismo sexo. En el fondo todos somos potencialmente bisexuales en nuestras inclinaciones. La gran mayoría ha llegado a diferenciarse, por supuesto, en una dirección heterosexual; pero la posibilidad de regresión al estado bisexual (o incluso, en el caso de muchos, a un estado en el que predomine la homosexualidad) está siempre presente. Un modo de precavernos contra esta regresión es la insistencia algo exagerada y obsesiva en la heterosexualidad. Es como si debiera evitarse un error a toda costa; y esto puede lograrse mejor mediante una diferenciación sexual de una clase que nos permita ver a primera vista si el individuo dado cae o no en la categoría de los objetos sexuales permisibles.

En consecuencia, sobre esta doble base —el deseo de utilizar cada oportunidad de estimulación heterosexual y la necesidad de precavernos contra la posibilidad de la homosexualidad— parecería estar fundada la fuerte preferencia que existe en favor de alguna forma de reconocimiento fácil de la diferencia sexual en el vestido. De hecho, la preferencia es tan poderosa que sería ocioso proponer la abolición de esta distinción. Sin embargo, el reconocimiento más pleno y más general de las bases psicológicas de la diferencia puede conducir finalmente a la humanidad a tratar la cuestión con menos prejuicios de lo que es posible en la actualidad.

Pero si decidimos que el mantenimiento de una distinción sexual es, en general, más o menos inevitable por el momento, el reconocimiento de sus razones psicológicas nos puede ayudar a adoptar una actitud más tolerante hacia aquellos cuya estructura mental les impulsa a abolir las diferencias en lo relativo a su propia indumentaria. Aquí también deben reconocerse las variaciones individuales. En la actualidad, castigamos al homosexual (especialmente al homosexual masculino) porque las represiones de nuestras propias tendencias homosexuales no son seguras (del mismo modo en que castigamos a los criminales, en la mayoría de los casos, porque han hecho lo que ciertas de nuestras propias tendencias reprimidas nos urgen a hacer). Es como si estuviéramos demasiado contentos ante la oportunidad de proyectar nuestra propia culpa en otros. Cuando esta funesta tendencia a la proyección (una de las mayores fuentes de la crueldad humana) se comprenda, habrá mayores esperanzas para aquellos cuya mentalidad difiere de la pauta convencional. Entonces podremos reconocer que el eonismo no es un pecado sino, a lo sumo, un leve inconveniente social y psicológico para nosotros mismos.[5]

Lo anterior basta en cuanto a la existencia de una distinción sexual. Otro problema muy distinto es el que se refiere a la naturaleza real de esta distinción. Como hemos visto, la distinción sexual ha sido muy acentuada en los últimos tiempos por el hecho de que los hombres, no contentos con un tipo diferente, han adoptado un estilo de vestido completamente distinto al de las mujeres, estilo que renuncia a toda alegría, exuberancia y belleza, que persigue tan sólo la corrección y que permite tan sólo las más lentas y graduales modificaciones. De hecho, como ha dicho recientemente un autor,[6] hay un «doble rasero moral» en lo que respecta al vestido, un rasero que exige de los hombres más austeridad que de las mujeres. Esto se ha hecho especialmente notable en los últimos años. Desde la guerra, el elemento moral en el vestido femenino se ha relajado considerablemente; el vestido masculino, aunque se ha movido en la misma dirección, lo ha hecho en una medida mucho menor. El contraste es, por consiguiente, más marcado, y los hombres están comenzando a darse cuenta de la carga a la que les condena su moralidad más severa en cuanto a la ropa. La comprensión algo súbita de los inconvenientes relacionados con el vestido masculino convencional es tanto más desagradable cuanto que, durante varias generaciones por lo menos, el hombre se ha vanagloriado (a menudo con justicia) de la mayor razonabilidad de su propia vestimenta, su mayor conveniencia, la mayor libertad que permitía al cuerpo y las ventajas que poseía por estar relativamente exenta de todos los extraviados caprichos de la moda. Ahora bien, casi de golpe, su superioridad ha desaparecido. La capacidad para el cambio rápido que posee el vestido femenino «de moda» —la misma capacidad que los hombres, con su mayor estabilidad sartorial han despreciado durante tanto tiempo— ha permitido a la mujer volverse súbitamente razonable respecto de su atuendo y adoptar ropas superiores a las del hombre en casi todos los aspectos. Tan grande es la diferencia que vale la pena intentar una breve enumeración de los principales puntos en los que la ropa femenina, como ocurre en la actualidad,[7] permite mayores satisfacciones que la masculina:

1) El uso de una variedad mucho mayor de colores.
2) El uso de una variedad mucho mayor de materiales, incluyendo un derecho casi exclusivo a la seda artificial —esa utilísima y atractiva invención sartorial de la ciencia moderna—, junto con otros que combinan levedad con elegancia y que permiten un cierto acceso de los rayos ultravioleta.
3) Una libertad individual mucho mayor en cuanto a la elección de materiales, corte y estilo general del vestido.
4) Un peso mucho más liviano de la ropa (según unas mediciones recientes en Norteamérica y Alemania, las ropas de verano masculinas pesan de tres a diez veces más que las femeninas).
5) Una adaptabilidad mucho mayor a las diversas estaciones. Las mujeres pueden usar la ropa más liviana en verano y gruesos abrigos de piel en invierno;[8] ciertamente la ropa masculina resulta mucho más calurosa en verano y, por lo menos en algunos países, se considera algo poco masculino llevar un abrigo de piel en invierno.
6) Una adaptabilidad mucho más rápida y eficiente a las diferentes temperaturas de diferentes ambientes. Las mujeres pueden

adaptarse llevando una delgada capa de ropa esencial y poniéndose sobre la misma otras capas: jersey, abrigo, sobretodo, etc. La convención moderna establece que el hombre debe usar siempre su chaqueta como prenda exterior esencial. A veces hace ajustes subrepticios e inconvenientes, quitándose el chaleco o poniéndose uno extra; desde todos los puntos de vista este es, desde luego, un método inferior al de las mujeres.[9]

7) Una mayor libertad de movimiento. Excepto tal vez con vientos fuertes, los pantalones causan un impedimento más grande para los movimientos de las piernas que la falda corta, mientras que las prendas femeninas superiores permiten ciertamente movimientos de los brazos y del tronco considerablemente más amplios que los que permiten las chaquetas de los hombres.
8) Un aspecto de aseo mucho mayor.
9) Un derecho exclusivo a la exposición de otras partes del cuerpo, además de la cara y las manos.
10) Mayor facilidad para ponerse y quitarse ropa.[10]
11) Ausencia de constricción en partes del cuerpo en las que es especialmente deseable la libertad para la comodidad y la salud (un cuello libre, mientras que los hombres están condenados al sistema de cuello y corbata, con su triple o más a menudo cuádruple faja alrededor del cuello).
12) Una mayor facilidad para empaquetar y transportar.
13) Un valor higiénico ciertamente mayor en virtud de los puntos 2 a 6, 8, 9 y 11.[11]

Sin duda, una lista formidable. Y lo más destacable de todo esto reside en el último punto, ya que los últimos cambios en nuestras ideas sobre higiene han privado a los hombres de lo que anteriormente había sido su réplica más obvia: que la ropa masculina era más saludable que la femenina, porque proveía, en muchas circunstancias, una temperatura más alta que la del aire que rodea inmediatamente el cuerpo. Hasta hace unos pocos años, cuando las mujeres aparecieron con vestidos escotados o «blusas neumonía», los hombres podían envidiarles su frescura, pero podían reconfortarse con el pensamiento de que ellos no coqueteaban con la enfermedad y la muerte como sus hermanas. Ahora este consuelo se les ha esfumado, justamente cuando más necesitaban de él. Es como si la recompensa por la virtud, por la que se hicieron muchos sacrificios, hubiera sido arrebatada cruelmente a los que esperaban merecerla, y otorgada a aquellas que habían violado las reglas del sentido común y la moral aceptadas hasta ahora.

No resulta sorprendente, por lo tanto, que los hombres encuentren la situación actual irritante. El descontento es excesivo (tal y como lo muestran ampliamente, entre otras, mis propias investigaciones) y ha cristalizado en Inglaterra en la formación del The Men's Dress Reform Party, que ha publicado un llamamiento preliminar a la libertad.[12] No obstante, está claro que las fuerzas que han llevado a los hombres a la Gran Renuncia, como la hemos llamado antes, están actuando todavía y le hacen difícil luchar por sus propios derechos. A la luz de nuestras consideraciones previas es bastante fácil describir las fuerzas psicológicas profundas situadas a cada lado de este conflicto. Del lado de los reformadores, los principales factores son:

1) Las tendencias narcisistas, en rebelión contra la represión a la que han estado sujetas durante los últimos ciento treinta años más o menos.
2) Las distintas tendencias homosexuales y eonistas, en virtud de las cuales los hombres desean vestirse como mujeres (ya que, por supuesto, como el vestido femenino tiene todas las ventajas, cualquier reforma del de los hombres debe significar inevitablemente en ciertos aspectos una aproximación al de las mujeres). Dado que, como ha demostrado el psicoanálisis, hay una estrecha relación de desarrollo entre el narcisismo y la homosexualidad, hay una cierta relación entre estos dos factores.
3) Los elementos autoeróticos del erotismo cutáneo y muscular que subyacen al tipo de mentalidad «rebelde». Este último elemento no se relaciones necesariamente con ninguna tendencia homosexual o de falta de virilidad, excepto tal vez: a) en la medida en que un erotismo cutáneo relativamente fuerte (esto es, relativo al

erotismo genital), tiende a producir una distribución general de la libido parecida a la sexualidad más difusa de las mujeres; y b) que una sexualidad genital relativamente débil puede proporcionar al individuo en cuestión sólo un goce relativamente pequeño del simbolismo fálico para compensar la pérdida de placer de fuentes cutáneas y musculares.

4) El hecho de que el inconformismo en la ropa tiende a expresar naturalmente inconformismo en el pensamiento social y político. La corrección en el atuendo masculino simboliza principios conservadores (identificación con la sociedad, aprobación y obediencia tal y como está constituida en el presente) y parecería haber una correspondencia general entre la convencionalidad en el vestido y en la política. Así, en Londres, los miembros del Club Constitucional, del Club Liberal Nacional y del Club 1917 corresponden en promedio a tres escalones en la escala descendente de corrección sartorial. Debido a esta correlación, la reforma de la ropa tiende a ser apoyada por los que por lo general son rebeldes como una bienvenida expresión simbólica de rebelión.

Entre las fuerzas hostiles a la reforma, las siguientes son probablemente las más significativas:

1) El intenso temor del hombre a parecer diferente de sus compañeros. Los reformadores de la ropa y las mujeres acostumbran a burlarse de los hombres por su cobardía en este asunto. No les faltan razones, pero debe recordarse que esta cobardía es sólo el defecto asociado a la virtud de una mayor sensibilidad social, sensibilidad que ha hecho al hombre, más que a la mujer, el productor y desarrollador de esas instituciones sociales más amplias que han posibilitado la civilización. Si tenemos razón acerca de lo que decimos respecto al origen de la Gran Renuncia masculina en asuntos de vestimenta, esta renuncia (tendente, como lo fue, a abolir la competencia) tuvo como función el desarrollo de una mayor cohesión social. Las tendencias sociales que la produjeron han establecido entre los hombres tradiciones muy poderosas contra el inconformismo sartorial, tradiciones que no

han actuado en las mujeres, menos socializadas, más libres y más competitivas individualmente.

2) La mayor represión general del narcisismo en los hombres. Todas nuestras tradiciones sociales permiten una manifestación más libre del narcisismo en las mujeres que en los hombres, y esta diferencia encuentra expresión en gran medida en su ropa. Un reformador del vestido masculino está ofendiendo, por así decirlo, uno de los principios más importantes de la moralidad masculina ya que, aun cuando su traje sea de lo más simple, no puede evitar sobresalir por el mero hecho de estar ataviado de manera diferente.
3) La represión del exhibicionismo masculino está estrechamente relacionada con lo anterior. De acuerdo con la convención corriente de que la mujer es hermosa y el hombre no, se ha desarrollado una intolerancia muy considerable hacia el cuerpo masculino; los signos característicos de la masculinidad como, por ejemplo, la mayor vellosidad, musculosidad y angulosidad pueden despertar en muchos sentidos más embarazo o repulsión que la forma femenina más redondeada y suave (y, por supuesto, mucho más familiar). Como se sugirió con anterioridad, esto tal vez se debe, por lo menos en parte, a una represión del falicismo; la adoración de falo, tan común en un nivel cultural más primitivo, ha dado lugar a un aborrecimiento de los genitales masculinos, que se ha difundido en alguna medida a todo el cuerpo masculino y que requiere que se oculte decentemente en gruesas prendas no provocativas por la forma y el color.[13]
4) La represión de las tendencias homosexuales. Como hemos visto, las tendencias homosexuales pueden estar fuertemente representadas en el movimiento reformista. Esto produce una repugnancia hacia el mismo por parte de los que temen, por supuesto inconscientemente, hacer algo que pueda gratificar estas tendencias en ellos mismos.
5) La culpa ligada a la idea de abandonar el tradicional traje masculino debido al simbolismo moral asociado con él. Un hombre puede sentir que, si elimina su grueso abrigo y su cuello rígido y

apretado, abandonará las restricciones morales que le mantienen en el estrecho sendero de la virtud y el deber.

6) Estrechamente relacionado con esto está, como hemos visto, el valor fálico de las mismas ropas que simbolizan la moralidad; de ahí que el hombre sienta que los reformadores de la ropa están pidiéndole, en efecto, que efectúe un acto de autocastración.

Estos dos últimos motivos están ejemplificados en el mayor rigor y corrección de los hombres cuando están en presencia de una mujer que cuando están solos. Muchos hombres de las clases sociales altas experimentan un curioso sentimiento de culpa y embarazo si son sorprendidos por una mujer sin cuello y corbata o en mangas de camisa. Cuando se analiza, este sentimiento parece estar compuesto por tres elementos principales: a) una desagradable sospecha de haber sido sorprendidos en una condición de relajación moral; b) el sentimiento de que el hombre ofende de algún modo a la mujer apareciendo sin la panoplia caballeresca;[14] c) una sensación de responder de forma sexualmente inadecuada a las exigencias de una presencia femenina; en otras palabras, la sensación de que el hombre es impotente o está castrado.

Estos factores más individuales se ven apoyados por otros de naturaleza más social, en particular:

1) El hecho de que aquí, como siempre, los hombres castigan a los que se atreven a hacer lo que ellos mismos desearían y no se atreven a hacer. El patrón, aunque admite que no está cómodo, siente que su «posición» no le permite quitarse la chaqueta y estará preparado para castigar (mediante el despido si es necesario) a cualquier empleado que se anime a hacerlo.
2) El hecho de que el largo período durante el cual el vestido masculino ha sufrido muy pocos cambios haya inducido a una ortodoxia y a un conservadurismo integral por parte de los que confeccionan y venden la ropa masculina. Nadie que se dedique a este comercio ha conocido personalmente ni ha sido instruido por alguien que haya conocido nada esencialmente diferente del sistema actual y —en contraste con el comercio de ropa femenina—

todo el círculo de ideas en el mundo de los sastres y proveedores ha llegado a ser casi completamente estereotipado.

3) A menudo se dice que las mujeres se oponen a cualquier cambio en el atuendo masculino. Sin embargo, me inclino a pensar que esto es verdad sólo en un sentido limitado. Las mujeres son conscientes, por supuesto, de la desaprobación y el ridículo que otros hombres prodigan al reformador aislado (tal vez sienten especialmente la acusación implícita de que al reformador le falta virilidad) y en esa medida les disgusta asociarse con él. Acaso deriven también alguna satisfacción del hecho de que la seriedad moral del atuendo masculino contraste algo picantemente con la libertad e irresponsabilidad simbólicas del suyo. Además, disfrutan de la inversión de roles que han traído aparejadas las recientes condiciones; en lugar del desprecio anterior de los hombres por las modas femeninas, los hombres tienen que admitir ahora que las de las mujeres son superiores a las suyas. De hecho, sería inhumano que las mujeres no se permitieran una pequeña diversión triunfante ante esta situación,[15] pero en general esta diversión por parte de las mujeres es sorprendentemente reducida, lo que muestra su independencia narcisista, tanto frente a la pasada desaprobación de los hombres como frente a su elogio actual. Por otra parte, las mujeres tienen conciencia de que, desde el punto de vista heterosexual, han perdido mucho a causa de la monotonía masculina (como se demuestra por su mayor susceptibilidad a los uniformes, si éstos son algo atractivos), y de que tienen grandes posibilidades de sacar ventaja de un abandono del excesivo puritanismo masculino. Por lo tanto, y en general, parecería que las mujeres no pueden contarse como adversarias muy serias de la reforma de la ropa masculina.

En todo esto hemos estado computando las fuerzas morales más que haciendo nosotros mismos una valoración ética. Este corto retorno a la psicología valía la pena, sin embargo, porque aclaró el estado dinámico actual de ciertos problemas que hemos discutido en términos más generales en el capítulo 7. Volviendo a la tarea de expresar nuestra propia actitud ante los asuntos en juego, parece evidente que el ideal que deberíamos favorecer es la retención de las peculiares ventajas disfrutadas por ambos sexos y la abolición de las peculiares desventajas sufridas por ambos. A la luz de lo que hemos visto en este capítulo y en anteriores, nuestro juicio sobre la ropa masculina es que representa una formación reactiva ascética en la que, sin embargo (como en el caso de muchas manifestaciones mentales similares), se han deslizado —o, tal vez, deberíamos decir más correctamente han persistido— ciertos elementos libidinales subrepticios. Juzgada por la satisfacción que proporciona y por su capacidad para adaptarse a situaciones reales, la vestimenta masculina debe ser declarada un fracaso; las grandes inhibiciones que subyacen a ella son tan severas que no pueden sino producir mucho sufrimiento y mucha pérdida de eficiencia. Además, la alianza inconsciente entre el superego y los instintos es tal que tenemos razones para creer que se opone a los intereses últimos de la moralidad misma. Nuestras simpatías deben estar, por lo tanto, con los reformadores; aunque debemos pedirles (incluso en su propio interés) que tengan en cuenta los factores psicológicos que les mueven a ellos mismos. Al trabajar para los fines que persiguen, es evidente que tienen ante ellos dos tareas principales: la superación de las asociaciones «morales» de la ropa convencional masculina y la provisión de expresiones alternativas de «masculinidad». Los hombres tienen que convencerse de que es un signo de debilidad más que de fuerza la necesidad de apoyarse en símbolos externos y de que el cuello sofocante y la chaqueta embarazosa pueden abandonarse sin ningún resultado que afecte ni a su respetabilidad ni a su virilidad; que, de hecho, la verdadera masculinidad puede alcanzarse por la libertad más que por un sometimiento servil a la convención. Esta libertad puede tal vez alcanzarse sólo por una reducción de la cantidad actual de desplazamiento de la libido masculina del cuerpo a la ropa. Debemos aprender a tolerar el cuerpo masculino, y tal vez incluso a admirarlo, aunque sólo sea como contrapartida del cuerpo femenino que ya idolatramos. Si tenemos fe en los resultados de la psicoterapia moderna, no podemos creer que la represión generalizada sea una solución realmente satisfactoria a un conflicto. La sublimación es una vía mejor, pero pocas veces puede surgir súbita, completa o deliberadamente; para alcanzar la sublimación debemos primero tener el valor de permitir la libertad. La libertad que aquí se requiere es una actitud más natural del hombre hacia su propio cuerpo; y tal vez el modo más fácil y al mismo tiempo mejor de hacer esto sea que el hombre se permita a sí mismo una mayor latitud en el uso de sus atractivos corporales con fines heterosexuales, haciendo de hecho un llamamiento sexual en cierto modo más elevado a las mujeres. Este derrotero, en comparación con su alternativa (un narcisismo mayor y una consecuente tendencia a la homosexualidad), parece capaz tanto de enfrentarse con una menor resistencia social como de ser preferible socialmente.

La única objeción seria que podría hacerse a esta vía concierne la posibilidad de sacrificar las ventajas sociales del traje masculino actual sobre las que llamamos la atención en el capítulo 7. Nuestra réplica a esa objeción puede ser doble. En primer lugar, la psicología moderna nos ha enseñado que las inhibiciones morales o sociales, cuando llegan a ser excesivas, pueden producir nuevos males tan grandes como los que intentan prevenir; y en esto el ascetismo casi neurótico de la vestimenta masculina parece ser una contrapartida social a la excesivas represiones, tan características de las neurosis individuales. En segundo lugar, sin duda es posible idear prendas que sean cómodas, higiénicas y atractivas sin despertar ningún alto grado de celo sexual o de emulación social; de hecho, un cambio general hacia ropas más holgadas y livianas sería un movimiento democrático, en la media en la que tendería a disminuir la diferenciación social debida a la sastrería experta y costosa. El «traje» actual requiere, para parecer presentable, las manos de un sastre que posea una habilidad especial. Un traje simple y holgado que se componga, por ejemplo, de blusa, pantalones cortos y medias, dependería mucho menos del experto y, por lo tanto, indicaría también menos claramente el estatus social o financiero del que lo lleva.

El efecto correlativo de dicha solución de los problemas actuales del traje masculino en las mujeres sería, lo que no deja de ser interesante, ventajoso también para ellas. La idealización social exclusiva del cuerpo femenino expone a las mujeres a enormes tentaciones en el sentido de un exagerado abandono al narcisismo. Como hemos señalado más de una vez, toda nuestra actitud social tiene la expectativa de que las mujeres exhiban un narcisismo mayor que el de los hombres. Puede que alguna diferencia de este tipo no sea nociva; sin embargo, en la actualidad es realmente difícil para una mujer hermosa desarrollar plenamente sus capacidades como amante o como ciudadana (como madre es a menudo más fácil) porque su narcisismo está tan alimentado por la admiración que recibe, que le impide el desarrollo del amor objetal. Si el hombre, a su vez, se hiciera un poco más atractivo, la mujer recibiría un motivo mucho más poderoso para el amor objetal heterosexual, en competencia con su narcisismo. Dicha mejoría en la apariencia estética masculina tendría realmente algún efecto como el indicado, por ejemplo, por la decepción que expresan a menudo las mujeres cuando ven a un hombre en ropas civiles después de haberlo visto primero de uniforme.

Si, por un lado, puede sugerirse que los hombres deberían vestirse un poco más para agradar a las mujeres, y que tanto sus propias condiciones sartoriales como el valor social de las mujeres mejorarían con ello, podemos incluso proseguir y sugerir que las mujeres, por su parte, deberían vestirse más para agradar a los hombres. Esto puede parecer paradójico a primera vista. Cabe preguntarse si las mujeres no se han vestido para agradar a los hombres durante siglos. Esto es cierto sólo en un sentido muy amplio. A través de las consideraciones sociológicas generales y de los hechos de la psicología masculina y femenina, en la medida en que he tenido oportunidad de estudiarlas,[16] parecería que, en lo que respecta a todos los detalles del atuendo, las mujeres se visten mucho más para satisfacer su propia vanidad y para competir con otras mujeres que para satisfacer los deseos más inmediatos de los hombres. El hombre se siente atraído tan irresistiblemente por la mujer que la amará aun con los artilugios más atroces y feos; sin embargo, no a causa de ellos, sino a pesar de ellos.[17] Nuevamente, el hombre no está interesado en los cambios de la moda que parecen tan importantes a las mujeres; todas las locuras de la competencia que se permiten las mujeres son absolutamente innecesarias para el objetivo de atraer a los hombres; aparte de las implicaciones sociales y económicas, un hombre se contenta con ver a una mujer con el mismo vestido durante muchos días sucesivos, si le sienta bien. Por lo tanto, cabe pensar que las desventajas de un vestido femenino excesivamente «de moda» tenderían a reducirse si las mujeres prestaran más atención a la admiración de los hombres[18] —distinta, por supuesto, de la de sus modistas—; y los hombres, por su lado, se verían libres del peso de su propia austeridad si permitieran que su atuendo fuera de un atractivo sexual levemente mayor para las mujeres. Es necesario un poco más de libertad sexual por parte de ambos —o, en otras palabras, debería percibirse y alentarse la función predominantemente sexual del vestido—. Pero aquí será bueno detener esta cadena de pensamientos para evitar que el lector de este libro se disponga a arrojarlo con un gesto de fastidio o impaciencia. Y el autor lamentaría abandonar su compañía tan cerca del fin.

14. La ética del vestido: la racionalización de la moda

Esto es lo que más nos daña, no vivir para la luz de la razón sino a semejanza de los demás.

Octavia, acto II, 454,
Séneca

El asunto de las diferencias sexuales, al que hemos dedicado tal vez una excesiva atención, nos conduce naturalmente al del capítulo 8; porque se recordará que las diferencias sexuales están relacionadas en alguna medida con las dos clasificaciones del vestido que fueron discutidas allí.

Apenas vale la pena considerar en profundidad las ventajas respectivas de la indumentaria tropical y ártica. Una falda tiene el mérito de poseer más gracia y dignidad y atesora en un mayor grado las potencialidades estéticas reales del vestido (cf. p. 25); las faldillas escocesas y las faldas cortas de hoy día muestran que se puede conservar la gracia, si no la dignidad, aun en una forma atenuada que es para muchos propósitos tan libre y práctica como la mayoría de las prendas bifurcadas. En tanto se considera deseable establecer alguna diferencia fundamental entre los vestidos de ambos sexos, la conservación de la falda como una prenda claramente femenina parecería ser inobjetable, a condición de que la falda no sea tan amplia o estrecha que impida el movimiento y a condición, también, de que las mujeres gocen del derecho a desecharla cuando la naturaleza de una ocupación o actividad así lo requiera (por ejemplo, cabalgar, escalar, algunas formas de trabajo industrial donde la falda con vuelo podría constituir un peligro).

Aún puede decirse más sobre el asunto de los tipos de vestido fijo y de moda. Las principales ventajas que pueden ser reivindicadas por el tipo «fijo» son : 1) elimina el elemento socialmente perturbador de la competencia; 2) ahorra tiempo y preocupación en la elección del atuendo; 3) tiende a mejorar la apariencia de los que tienen poco gusto personal, o poca aptitud para elegir sus nuevos vestidos; 4) al eliminar todo cambio rápido en el atuendo, suprime el gasto innecesario en que se incurre con la indumentaria rápidamente variable «de moda», gasto que se debe en gran medida a la explotación comercial de los motivos subyacentes a la moda; 5) por las mismas razones, tiende a estabilizar las condiciones económicas en el comercio de ropa, que se desorganiza inevitablemente —con mucho perjuicio individual— cuando la moda sufre un cambio súbito.

Contra estas ventajas, presenta dos desventajas: 1) su propia uniformidad le impide expresar adecuadamente la individualidad o adaptarse libremente a las demandas de distintas complexiones y cuerpos. Suprime así una fuente legítima de placer artístico (por supuesto, una sublimación del exhibicionismo) para aquellos que son capaces de disfrutar de este placer; 2) su dependencia de la tradición le impide adaptarse adecuadamente a las necesidades, criterios e ideales cambiantes. Sólo con alguna dificultad los uniformes militares se adaptaron a las nuevas condiciones, incluso bajo el estímulo urgente de la guerra. Cuando los viajes o la migración llevan a los que usan una indumentaria «fija» a otro clima, surge una dificultad análoga. En los países tropicales, los ingleses han sido extremadamente reacios a cambiar su levita de ceremonia (que estamos empezando a considerar como indebidamente sofocante, incluso para una zona templada), por un vestido más conveniente e higiénico, porque sentían que su atuendo tradicional, por sus asociaciones, había llegado a ser el símbolo natural de lo que parecía su superioridad racial o política de un modo muy semejante, tal vez, a cómo los romanos, cuando sus conquistas les llevaron a climas más fríos, se resistieron a cambiar su propia indumentaria «fija» por otra más adecuadamente protectora.

Todavía es menos fácil modificar la indumentaria «fija» de acuerdo con los cambios más sutiles del «espíritu de la época». De ahí que la vestimenta masculina se haya visto escasamente alterada en respuesta a los nuevos puntos de vista sobre el valor de la luz y el aire, a los que las mujeres se han adaptado mucho más fácilmente. Además, si la indumentaria «fija» depende de las tradiciones, a su vez tiende a alimentarlas y a mantenerlas, incluso cuando éstas están llegando a ser extemporáneas y, por lo tanto, perjudiciales. Así, el mundialmente difundido vestido «de moda», a pesar de sus desventajas, tiene la gran ventaja de expresar de forma visible la interdependencia social y económica de todos los pueblos del mundo moderno, mientras que las diferencias de los trajes «nacionales» y de los uniformes militares acentúan el patriotismo local que —aunque posea un valor propio— debe subordinarse a la lealtad mundial, o por lo menos a la cultural, si se quiere representar debidamente la realidad del mundo moderno. Como dijimos en el capítulo 8, la ropa del grupo «geográfico» o «fijo» se ha convertido claramente en obsoleta. Podemos deplorar la desaparición de cierto costumbrismo, pero deberíamos consolarnos con una visión estimulante del futuro más que abandonarnos a una apesadumbrada añoranza del pasado.

¿Qué hay entonces del futuro? Está claro que nos incumbe crear algún sistema que participe tanto como sea posible de los beneficios del traje «fijo» y del «de moda», y que adolezca lo menos posible de sus respectivos defectos. La vestimenta debe liberarse tanto de la ruinosa competencia y comercialización de la moda como del conservadurismo inadaptado del vestido «fijo». La consideración razonable de los fines y medios, junto con un llamamiento a los estándares más altos del gusto estético contemporáneo, debe reemplazar la búsqueda frenética de la novedad a cualquier precio o la adhesión ciega a la tradición.

Parecería probable que sólo la acción concertada pueda alcanzar estos fines; tanto por razones sociales como económicas, el individuo está relativamente inerme. Tal vez el paso más esencial consista en la creación de comités o juntas consultivas que publiquen informes periódicos. En realidad, no faltan signos de movimiento en esta dirección. Recientemente The Men's Dress Reform Party estableció un comité de diseño, que ha publicado ya un informe preliminar al que se hizo referencia en el último capítulo.[1]

También en Estados Unidos, como ya se señaló, la Fashion of the Month League intenta guiar las modas femeninas haciendo recomendaciones periódicas a sus miembros.[2] En la prensa inglesa han aparecido propuestas para el establecimiento de un ministerio de la Moda[3] que trataría de impulsar los deseados cambios con un mínimo trastorno económico. Ya sea que estos cuerpos se establezcan mediante sociedades privadas (como parece más probable en primer lugar) o por la empresa pública, tendrán que desempeñar una tarea muy valiosa e importante. Tendrán que mantener el contacto con el sentir del público y, al mismo tiempo, deberán poseer una mente receptiva hacia las propuestas de los creadores ya que, por supuesto, no reemplazarán tanto el trabajo de los distintos artistas y diseñadores sartoriales cuanto que coordinarán este trabajo y extraerán de él el mejor provecho con la selección de aquellos modelos que parezcan más satisfactorios para cumplir con las necesidades del momento. Dichos modelos se considerará que han sido «aprobados» por el Consejo del Vestido (como podemos denominar provisionalmente a dicho órgano), en el sentido de ser satisfactorios en cuanto a su conveniencia práctica, su gusto estético, sus cualidades higiénicas y su razonable economía. Si el Consejo está en contacto con el pensamiento más avanzado en medicina, economía y estética, y conoce también las influencias más amplias que obran en el mundo social y político, asegurará la adaptación del vestido al «espíritu de la época», mientras que al mismo tiempo hará pleno uso de los progresos de la ciencia moderna y prevendrá la innecesaria dislocación económica. Aunque probablemente al principio sea rechazado por el gremio textil, a la postre aportará los mismos beneficios que la coordinación y la unión logran en otros ámbitos. De hecho, el establecimiento de algunos de estos Consejos está en completa concordancia con la corriente general del desarrollo social y económico de los tiempos modernos. Si actuasen satisfactoriamente y se mostrasen dignos de confianza, darían al atuendo futuro todos los elementos deseables de progresividad y toda la adaptabilidad individual que se encuentran ahora en la moda, mientras que eliminarían en gran medida el elemento pernicioso del cambio por el cambio mismo, del que adolece la moda desde que está a merced de la competencia social irregular y de la explotación comercial. El ritmo de cambio en tales condiciones será probablemente bastante más lento que durante muchos períodos del reino de la moda, aunque sólo sea porque es menos fácil hacer un buen cambio que hacer algún cambio y porque, presumiblemente, los Consejos sólo recomendarán modificaciones cuando estén convencidos de que prometen alguna mejora definida en términos de conveniencia, salubridad, belleza o economía. Los Consejos no serán, por supuesto, infalibles en sus decisiones, pero por lo menos deberán ser capaces de protegernos contra las crueles indignidades a las que estamos expuestos por la moda, que, en sus momentos menos felices, puede hacernos objeto de escarnio de las futuras generaciones.[4]

De esta manera (y tal vez de ninguna otra) podemos esperar combinar las ventajas de la vestimenta «fija» y «de moda», para obtener para los dos sexos y para todas las clases la estabilidad relativa, la liberación del capricho y la ausencia de una indebida competencia social que distingue a la ropa masculina actual, sin su incomodidad, fealdad, suciedad, monotonía y estancamiento en general, y la belleza y adaptabilidad de la de las mujeres sin su debilidad ante cada cambio veleidoso. El alcance de las recomendaciones de los Consejos dependerá, por supuesto, de sus mandatos y de sus esferas de influencia. Primero se ocuparán probablemente del vestido civil común de hombres y mujeres, pero pronto podrían encontrar deseable extender sus actividades a los uniformes. Como vimos en el capítulo 8, los uniformes «ocupacionales» muestran pocos signos de extinguirse. Son muy convenientes para muchas profesiones, ya sea porque es deseable poder reconocer a los miembros de la profesión en cuestión a primera vista (por ejemplo, ¡un policía cumpliendo su deber!) o porque la naturaleza de las actividades comprendidas impone ciertas condiciones especiales a la indumentaria. La mayor respetabilidad general del trabajo y un esnobismo menguante, que son características de nuestra época, pueden conducir a un incremento de los uniformes ocupacionales, donde reinan estas dos razones. Hay una considerable cantidad de profesiones (por ejemplo, doctores y camareros) para quienes el atuendo «de moda» o el convencional en vigor resulta muy inconveniente, y cuyo trabajo y comodidad se beneficiarían con la adopción de un uniforme realmente práctico. Otro campo para los uniformes es el del deporte, donde la etiqueta y la costumbre prescriben ya la naturaleza, forma y color generales de las prendas a usar. Sin embargo, y en todos los casos, los uniformes pueden requerir una revisión periódica a la luz de una mayor experiencia y de las circunstancias cambiantes, y un cuerpo central, como el que hemos estado imaginando, sería el más indicado para considerar e introducir los cambios que parezcan deseables. Al proponer uniformes, dicho Consejo tendría por supuesto que tener en cuenta las mismas consideraciones de higiene, comodidad, coste y belleza que se aplican al vestido en general.

Los detalles de las modas futuras, en la media en que se relacionan con la influencia relativa del adorno y del pudor, de la juventud y de la madurez, y con el predominio relativo de ciertas partes del cuerpo (capítulo 10), podemos tal vez dejarlos en su mayor parte a las deliberaciones de nuestro Consejo imaginario. La antítesis entre adorno y pudor es un asunto de implicaciones prácticas que ya hemos considerado. Con respecto a las demandas de la juventud y de la madurez, nuestro principio fundamental requiere que se tengan debidamente en cuenta las necesidades y ventajas de ambas. La forma juvenil puede ser muy hermosa, pero esto no hace menos agradable la figura más plenamente desarrollada de la primera madurez. Una apreciación verdadera de la realidad haría valer tanto como fuera posible los atractivos de todas las edades. No obstante, es indudable que un ideal algo juvenil tiene, en general, muchas ventajas, como conducir a la prolongación real del período de mayor frescura y actividad. En lo que respecta a la parte del cuerpo que se acentúa más, nuestro principio requiere aquí que el cuerpo se tenga en cuenta como un todo tanto como sea posible, dado que una erotización o idealización predominante de cualquier parte tiende inevitablemente a divorciar nuestras nociones estéticas de una apreciación armoniosa de la realidad según se manifiesta en el organismo viviente completo, tal y como lo creó la naturaleza.

La antítesis entre cuerpo y ropa merece tal vez una consideración algo más detallada. Aquí, una vez más, se trata de un asunto en el que nuestro principio general apunta muy claramente en una cierta dirección, pero en el cual algunos lectores pueden muy bien inclinarse a dudar de su validez o por lo menos de su aplicabilidad. En cierto sentido, puede decirse que las modas que acentúan el cuerpo están más cerca de la realidad que las que ponen el acento principal en la ropa. La ropa suntuosa o voluminosa, cuya forma se aparta ampliamente de la del propio marco humano, tiende a sustituir el cuerpo natural por un cuerpo sartorial artificial y, al ocultar el primero hasta el punto de ser irreconocible, a crear la ilusión de que el hombre es distinto de lo que realmente es. Toda la tendencia, como hemos visto, surge de una desconfianza ante el cuerpo natural, cuando no de una aversión hacia él. Desgraciadamente, sin embargo, desde este punto de vista no nos es posible cambiar nuestro cuerpo por el mero proceso de complicar su ropaje exterior. Nuestro cuerpo, con todas sus imperfecciones, persiste debajo; y dado que constituye un elemento más esencial, permanente e ineludible de nuestro ser que nuestra ropa, el principio de realidad exige que hagamos las paces y vivamos con él en términos, si no de afecto, al menos de tolerancia. Además, en la medida en que hayamos llegado a reconciliarnos con nuestro cuerpo natural, lo trataremos con más respeto y tomaremos medidas para aumentar su atractivo y belleza, más que —considerando el cuerpo como estéticamente deplorable— concentrarnos, como una escapatoria, en la elaboración de sus vestimentas. En el período de mayor artificialidad en el vestido —en el siglo XVIII—, la limpieza y la higiene corporal se descuidaban mucho. Debajo del perfume, el polvo y las prendas suntuosas, el cuerpo estaba a menudo sucio y mal cuidado, condición que concordaba con la falta casi total de medios sanitarios o de lavado que distinguía incluso los palacios de esa época. Teniendo en cuenta este ejemplo, haremos bien en exigir que la ropa limite sus funciones al adorno y la protección del cuerpo y que no se arrogue el derecho a reemplazarlo en nuestros intereses y afectos. Nuestra actitud moderna requiere, tanto por razones estéticas como higiénicas, que amemos a nuestro cuerpo, por lo menos en la medida en que sea necesario para mejorarlo. Para ello debemos, además, tener buenos modelos; y, en general, se admite que, cuanto más acentúa la ropa el cuerpo real, mayor es la ventaja (y por consiguiente la influencia) de aquellos cuyos cuerpos son atractivos en sí mismos; mientras que, en el otro extremo, si el cuerpo no es de más valor que una montura, las ventajas de lo bello y de lo feo se igualan en gran medida. La nueva ciencia de la eugenesia, acentuando la importancia de la selección sexual para el bienestar futuro de la humanidad, añade su propio argumento a los de la higiene y la estética, y requiere que valoremos debidamente el cuerpo, si no por nosotros mismos, por lo menos en aras de las generaciones futuras. Por lo tanto, desde todos estos puntos de vista, parece deseable permitir a los que la naturaleza ha dotado de cuerpos admirables que cosechen las recompensas naturales (tanto sociales como sexuales) de su superioridad física, más que dedicar nuestras energías al ocultamiento artificioso de los defectos corporales mediante una elaboración del atuendo que distrae el ojo y abandona la anatomía a la imaginación. Indudablemente es verdad que (especialmente al comienzo) la adopción de este principio implicará algún sacrificio, en tanto obligará a tolerar formas feas que, en la medida de consideraciones puramente estéticas, estarían mejor ocultas. Pero en general las ventajas probablemente compensarán las pérdidas. El soportar lo feo, que podemos reducir en alguna medida, es probable que quede compensado por nuestra apreciación de lo hermoso, que podemos en alguna medida prolongar —como ocurre, en realidad, en el caso del rostro; pues indudablemente no querríamos perder el derecho de contemplar los rasgos hermosos incluso si se nos ahorrase la vista de otros que son vulgares—. También el acortamiento de las faldas, aunque ha revelado cosas desagradables, sin embargo nos ha recompensado ampliamente por la oportunidad de advertir con comodidad de qué hermosas líneas están constituidos (en los casos favorables) los miembros inferiores femeninos; y, en general, no parece haber razón para que lo que es verdad de las extremidades superiores e inferiores no lo sea de otras partes del cuerpo.

También puede señalarse que este argumento general está en armonía con ciertas tendencias bien marcadas del desarrollo del vestido, si contemplamos ese desarrollo durante un período suficientemente largo. Carlyle tiene mucha razón en esto cuando dice, de un modo desconcertante según su costumbre, que «el primer deseo espiritual de un hombre bárbaro es el adorno, como sin duda lo vemos todavía entre las clases bárbaras de los países civilizados».[5] El hombre primitivo parece encontrar relativamente poco placer en el cuerpo tal y como lo ha creado la naturaleza. Antes de poder admirarlo, debe modificarlo muy claramente a partir del molde natural. Uno de los mayores éxitos de los griegos fue advertir que el cuerpo tenía una belleza propia que, en el mejor de los casos, podía hacerse sólo un poco más atractiva mediante adornos superfluos. Así ocurre también con la ropa en el sentido estricto; las nociones más simples acerca de la vestimenta tienen, como base común, la creencia de que cuanto más amplia sea la ropa que se usa, más grande es el efecto. En los pueblos primitivos, los jefes llevan más ropa que los plebeyos y, en ocasiones ceremoniales en las que se emplean las mejores galas posibles, se acumulan capas sobre capas en un esfuerzo por llegar a impresionar mediante una grandeza de acumulación. El mismo principio se aplica en el atuendo «nacional», en el que el vestido dominical o ceremonial es siempre más elaborado y más abultado que el cotidiano. En menor medida esto se aplica también a la mayoría de uniformes y al vestido común masculino de nuestros tiempos. Aunque ha eliminado el ornamento, el hombre civilizado todavía trata, tal vez algo patéticamente, de parecer más imponente poniéndose prendas más gruesas, más rígidas o más numerosas capas de gris oscuro o negro; la exposición corporal es en él fuertemente indicativa de descuido, y debe ser cubierta —aunque con un matiz sombrío— si ha de adecuarse a la ceremonia o a las formas más corteses de la vida social. Con el descubrimiento del escote, la mujer encontró un método más sutil, que puso la ropa en concordancia con las tendencias largamente manifiestas en las formas «corporales» del adorno. Para hacerse atractiva, la mujer occidental «de moda» no se pone más ropa, sino que más bien se la quita, y confía para sus fines en la sutil interacción de su forma corporal natural y la vestimenta reducida (pero decorativa) que retiene. Este es un paso definido hacia una mayor acentuación del cuerpo a expensas de una función disminuida y más subsidiaria de la ropa. Implica una notable fe en la atracción, por lo menos de ciertas partes del cuerpo, y marca una nueva actitud hacia las relaciones entre el vestido y el cuerpo, que parece muy extraña a la mente primitiva. Aunque francamente erótica en su origen, es una actitud que concuerda con las diferentes razones —higiénicas, estéticas y eugenésicas entre otras— que señalan la deseabilidad de que la función de adorno de la ropa sea secundaria y auxiliar más que primaria y esencial. Por lo tanto, puede constituir una etapa en la historia y en el desarrollo del vestido que demostrará tener gran importancia cultural y ética, en la medida en que implica una mayor armonía de los ideales eróticos y culturales con las realidades del cuerpo humano.

En cuanto al capítulo 11, hay poca necesidad de comentarios éticos, a menos que se trate de una reflexión sobre el inevitable conservadurismo de las instituciones humanas y de un recordatorio de que la supresión de los rasgos vestigiales en el campo de la vestimenta es más fácil que en el de la anatomía. Llevar vestigios que han cesado hace mucho de tener una función útil y que podrían posiblemente eliminarse o reemplazarse con ventaja, incluso desde el punto de vista del adorno, es el signo de una inercia irreflexiva que no habla bien de la visión y adaptabilidad de los sastres.

15. El futuro del vestido

¡Oh hermosa desnudez, el mejor vestido! No muestra venas
Pues cada fluida extremidad en el placer se ahoga
Y el alivio con gracia acentúa.

The Castle of Indolence
James Thomson

Hemos completado la revisión ética de nuestras primeras consideraciones psicológicas. Antes de que finalmente dejemos al lector, hay otros dos asuntos que podemos examinar levemente: el primero como indicación de un programa; el segundo, a la vez, como una apología, una admisión y una búsqueda.

Respecto al primero de estos puntos, es evidente que nuestras consideraciones éticas en los dos últimos capítulos sólo han bosquejado una política de práctica sartorial, y no han intentado de ningún modo abordar las medidas detalladas de su aplicación. Estas medidas implicarán muchas investigaciones especializadas de un tipo que sólo en algunos casos ha surgido recientemente y que en otros no se ha iniciado. Probablemente nuestra imaginario Consejo o ministerio del Vestido deberá iniciar esta investigación o, por lo menos, coordinar sus problemas y resultados. Las investigaciones en sí entran en diferentes campos, de los cuales los principales parecerían ser los siguientes:

Estético. La estética experimental no se ha tocado todavía en el campo de la vestimenta, excepto de un modo azaroso y asistemático. Hay aquí lugar para gran cantidad de interesantes investigaciones que apuntarían en última instancia a la formulación de leyes generales concernientes a las formas, colores y estilos más agradables que convengan a los complejos aspectos fisiológico, anatómico y psicológico de las personalidades individuales.[1] Dicha investigación podría hacerse apropiadamente en los laboratorios psicológicos existentes, pero implicaría, por supuesto, la estrecha cooperación entre psicólogos, diseñadores, modistos y sastres, y acaso también con los exponentes de algunas otras artes aplicadas, ya que, como se indicó en un capítulo anterior, los estilos del vestido no dejan de estar relacionados con estilos arquitectónicos y de decoración de interiores contemporáneos y deberían considerarse en relación con ellos. (Parece desde luego inapropiado, por ejemplo, que los empleados que trabajan en los edificios espaciosos, luminosos y aireados de la arquitectura «nueva» estén vestidos en el mismo estilo que sus abuelos, que trabajaban en oficinas del tipo más íntimo y secreto favorito en ese período). Por último, dicha investigación debería extenderse también más allá de la esfera estrictamente estética y ocuparse de los efectos sociológicos del atuendo, tal y como se manifiestan en la felicidad y eficiencia de los que lo usan. Por ejemplo, debería ocuparse de la relativa influencia del atuendo alegre y sobrio sobre diferentes clases de trabajo (un extremo sobre el que en la actualidad hay considerables diferencias de opinión);[2] de los efectos mentales y fisiológicos de los diferentes colores y los diferentes tipos de decoración;[3] de las ventajas relativas psicológicas y sociales de la estandarización y la individualización en el estilo y el tratamiento decorativo, y del tipo y grado de diferenciación sartorial entre personas de diferente sexo, edad y clase. De manera muy general, de hecho, puede decirse que la relación entre la estética y la sociología no es casi nunca tan estrecha como en el campo del vestido.

Higiénico. Ya hemos indicado (capítulo 12) la urgente necesidad de una investigación científica de los aspectos higiénicos de los diferentes tipos de materiales que pueden usarse en el vestido. Dicha investigación ya ha comenzado, pero requiere sistematización y extensión. Naturalmente, debería ser dirigida por médicos o fisiólogos trabajando nuevamente en cooperación con diseñadores y fabricantes de ropa. También necesitaría coordinarse con el siguiente campo de investigación.

Técnico. Se trata de la investigación sistemática de las cualidades y potencialidades de los diferentes materiales. Es un campo de investigación que en realidad ha hecho progresos muy considerables durante los últimos años, como resultado de lo cual una cantidad de valiosos materiales nuevos —que combinan las ventajas de ser baratos, atractivos y saludables— han llegado a estar al alcance del uso general.

Económico. Ya nos hemos referido a la importancia de los aspectos económicos de la vestimenta. Tanto desde el punto de vista del individuo que la usa, como desde el de la industria de la ropa, estos aspectos económicos poseen una significación que difícilmente puede exagerarse. Hay aquí un campo amplio y complejo, en el que continuamente surgen nuevos problemas a medida que la moda cambia y se hacen nuevos descubrimientos. Sería bueno, sin embargo, si, en la maraña de problemas particulares, no se perdieran de vista los aspectos más generales y filosóficos de los problemas económicos. En este campo hay ciertos problemas que tocan algunas cuestiones fundamentales, tanto en política como en ética. El ilimitado campo de la competencia comercial tiende, como hemos visto, mediante la explotación de los elementos de rivalidad social, a aumentar tanto como sea posible los gastos en vestimenta; éste es sólo uno de los aspectos de los resultados de los modernos métodos de propaganda que, especialmente en Norteamérica, están tratando de convertir la tarea de vender en una de las bellas artes. El desarrollo en esta dirección tiene límites claros: todas las principales tendencias sociales y financieras del mundo moderno indican que, tarde o temprano, los rivales comerciales buscarán, aun en su propio interés, poner fin a la competencia ilimitada, para contento de la billetera del consumidor, a través de algún proceso de fusión. Cuanto más grande sea la fusión, menor será la lucha entre firmas e industrias particulares y mayor la coordinación del comercio de ropa en su conjunto. Un Consejo del vestido tendría que esforzarse, desde luego, por promover tal fusión y por alentar la coordinación de los diferentes intereses implicados. Sin embargo, podría irse razonablemente un paso más allá. Dado que será asunto suyo considerar a los consumidores tanto como a los productores, deberá tener en cuenta que, tanto desde el punto de vista de la satisfacción individual como del bienestar social, hay —con la ropa como con otras cosas— un punto más allá del cual la inversión produce rápidamente ganancias decrecientes.[4]

Hay mucho que decir frente a quienes[5] defienden una vida más simple sobre la base de que los lujos más caros de la civilización proporcionan poco placer comparados con el esfuerzo y gasto necesarios para obtenerlos. En muchos casos, dicho esfuerzo y gasto no remunerados obedecen al deseo (a veces, tal vez justificadamente, llamado necesidad) de conformarse a las convenciones sociales extravagantes y esnobistas. En todos estos casos el Consejo debería tratar de usar su influencia (a través de la persuasión y no, por supuesto, a través de la fuerza) con miras a la reducción de un gasto inútil. Aquí, como siempre, promover la felicidad individual, la armonía social y las finanzas sólidas es un deber más alto que la protección de los intereses más inmediatos de un cierto grupo de intereses comerciales.

Conveniencia. Hay otro campo más para la investigación, en este caso uno muy descuidado, pero en el cual los problemas son relativamente simples. Para dar la más amplia satisfacción, nuestras prendas no deben ser sólo hermosas, higiénicas, baratas y cómodas; deben también ser convenientes en su uso. Hemos tratado ya este tema una o dos veces, como cuando hablamos acerca de lo deseable de investigar el mejor modo de disponer los pequeños objetos bastante numerosos que la civilización nos obliga a llevar con nosotros en nuestro ajetreo diario, y cuando comparamos, desfavorablemente, la vestimenta masculina actual con la de las mujeres, en lo que respecta a la comodidad con que pueden ponerse o quitarse prendas adicionales para adaptarse a la temperatura variable del medio. Este último ejemplo señala, sin duda, un problema general de importancia muy considerable que ha sido ignorado casi totalmente por los diseñadores y fabricantes de ropa: el problema de cómo hacer las ropa de manera que una persona pueda vestirse con el mínimo esfuerzo y pérdida de tiempo posibles. Si vale la pena que los psicólogos industriales hagan estudios pacientes y detallados sobre el movimiento del trabajo en las fábricas —para llevar a cabo cada tipo de trabajo que una pequeña parte de la población realiza durante una cierta parte de su vida—, los movimientos al vestirse y desvestirse que realiza toda la población durante toda la vida no son sin duda menos dignos de investigación. Dicha investigación proporcionará ciertamente indicaciones útiles. Las operaciones innecesariamente fatigosas o difíciles (como las que ocasionan botones colocados en lugares inaccesibles, o botones de un tipo tal o arreglados de tal manera que abrocharse uno más amenaza con deshacer todo lo hecho anteriormente) deberían eliminarse o reducirse en la medida de lo posible. Toda la ropa debería hacerse de manera que pudiera ponerse o quitarse fácilmente sin requerir la ayuda de otros. Esto es especialmente importante en los niños, que a menudo son atormentados con complicados cierres. Pero en estos tiempos democráticos es bueno que los modistos adviertan que los ayudas de cámara y las doncellas son una raza en proceso de desaparición que se encuentra sólo en una pequeña minoría de casas. Las invenciones modernas como la cremallera pueden facilitar en gran medida el trabajo de vestirse. Este brillante y pequeño invento pareció limitarse primero al uso de materiales más pesados y fuertes. En el momento de escribir esto, queda por ver si puede emplearse también con materiales más livianos, ligándose a una banda de material más fuerte. Este es un pequeño problema entre los muchos que exigen una pequeña investigación especializada.

Ciertos principios generales deberían considerarse; en particular, la cuestión de prendas más grandes frente a las más pequeñas (por ejemplo, camiseta y calzoncillo frente a una prenda única que los combine), la eliminación de todos los artículos diminutos, delicados y fáciles de extraviar (el cuello, corbata y gemelos que constituyen el sistema de vestimenta del cuello de los hombres es una ridícula ofensa en este como en otros casos) y el problema general de los méritos relativos del tipo de prenda «pull-over» frente al tipo «con cierre». El primero tiene la ventaja de evitar procesos especiales de cierre, y puede también, por la misma razón, alcanzar usualmente un ajuste más estrecho, pulcro y cómodo. Tiene la desventaja de desarreglar el cabello (cuando se introduce por la cabeza), de necesitar algún gasto de energía cuando la prenda es ajustada y de producir —en algunas personas— resistencias emocionales relacionadas con la oscuridad de la visión y la impotencia y el ridículo generales vinculados a este método de ponerse la ropa.[6] Parece posible que la cremallera, o algún sistema mejor, pueda, en no mucho tiempo, lograr todas las ventajas del método «con cierre» sin sus desventajas.

Nos hemos demorado mucho sobre este asunto de ponerse y quitarse la ropa tanto porque es uno de los aspectos más importantes como uno de los más descuidados de la conveniencia del vestido. Por supuesto, está lejos de ser el único. Otra dificultad concierne a los métodos mediante los cuales pueden hacerse interferir lo menos posible los elementos protectores y decorativos del vestido con la libertad de movimiento y de postura. Esto se aplica particularmente a la ropa especial de trabajo y de deporte, pero no parece haber ninguna razón para no estudiar esa libertad con referencia también a la ropa cotidiana. El salvaje, ávido del máximo de decoración desordenada, la seguidora de la moda inclinada meramente a perseguir *La Mode* a cualquier lugar que pueda conducir, el que se aferra a la corrección o a la adhesión rígida a la tradición, a todos ellos les importa poco lo que su comodidad o salud puedan sufrir con tal de alcanzar los estándares que ellos mismos se han fijado. Quienes consideran la vestimenta con un espíritu más crítico y racional preguntarán si la moda, la etiqueta o la belleza, o ninguna de ellas, tiene el derecho de cercenar la libertad y la eficiencia. Se inclinarán más bien a suponer que los verdaderos ideales, sean sociales, morales o estéticos, estarían en armonía con las leyes fisiológicas del movimiento humano y que la desarmonía en ese aspecto indica la necesidad de revisar nuestros propios criterios sartoriales más que de sacrificar nuestra libertad de movimiento. Constituye ya un canon de la estética que lo que es verdaderamente útil y eficiente sea también lo más hermoso. La misma ley general se aplica seguramente a los valores morales y sociales.

Sin embargo, en la práctica aún estamos comenzando a reconocer oscuramente estos hechos. Hasta la introducción de las grandes reformas recientes, el vestido femenino impedía el libre movimiento de muchas maneras. La chaqueta masculina, esa «extraña transacción entre lo gravitacional y lo anatómico», como la ha llamado Gerard Heard, con sus costados sueltos, sus mangas colgando, su tirantez en las axilas y en los codos, está tan mal adaptada al movimiento, a excepción del de tipo más lento y más solemne, que, mediante las restricciones impuestas, debe —tanto psicológica como fisiológicamente— reducir la eficiencia de la porción masculina de la raza humana en un grado considerable. Cuánto, no lo sabemos; pero la capacidad grandemente aumentada de las mujeres en los últimos años, desde que han eliminado sus trabas, indica que la pérdida puede que no sea despreciable.[7]

También debemos tener en cuenta que en ciertas emergencias la conveniencia de la ropa puede ser de importancia literalmente vital. La falda larga o los pantalones flojos han causado muchos accidentes, como también la falda anormalmente estrecha que se usaba antes de la guerra. Se ha dicho que algunas mujeres[8] han perecido en naufragios por el peso embarazoso de sus faldas cuando de otra manera habrían podido salvarse. Recientemente, por otro lado, no puede dudarse de que las medias de color claro han evitado, de noche, muchos desastres en nuestras ahora tan peligrosas carreteras. Estas también son cosas no del todo desdeñables por parte de los diseñadores de nuestra ropa.

Y ahora nuestro tema final. El lector puede haber percibido que ha quedado una deuda pendiente (con interés acumulativo) a través de los últimos tres capítulos. La pagaremos, como deben pagarse todas las deudas: en su totalidad y con el menor alboroto posible.

El principio que nos ha guiado en todas nuestras consideraciones éticas y prácticas fue que la ropa debería proporcionar el máximo de satisfacción de acuerdo con el pleno reconocimiento de la realidad. A medida que hemos avanzado se ha hecho paulatinamente evidente que nuestro cuerpo tiene, en un sentido importante, un valor de realidad más grande que nuestra ropa. El principio de realidad siempre requiere que nos permitamos consistentemente un reconocimiento no distorsionado de nuestros cuerpos. Así, a medida que el gusto estético se desarrolla, tiende a reconciliarse cada vez más con la forma humana natural y a buscar establecer y revelar sus bellezas más que ocultar sus deficiencias o sustituirlas por otras bellezas de un tipo ajeno a la anatomía. Si este proceso continúa, significa que la acentuación deberá tender a caer aún más sobre el cuerpo mismo y menos sobre su ropa. Pero no debemos eludir la tarea de seguir este proceso hasta su conclusión lógica. La reconciliación completa con el cuerpo significaría que las variaciones, correcciones y agrandamientos estéticos del cuerpo producidos por la ropa ya no se sentirán como necesarios o deseables; de hecho, no habrá necesidad de ropa, excepto en tanto que pueda todavía ser requerida con propósitos de pura protección (e incluso estos requerimientos, como hemos visto, son más nimios de lo que se ha supuesto a menudo, y probablemente lo serán menos a medida que aumente el control del medio, por ejemplo, mediante la calefacción).[9]

Otras consideraciones señalan claramente en la misma dirección. El pudor, como hemos visto, cuando se reconoce su naturaleza esencialmente ambivalente, no puede interponer obstáculo razonable a la desnudez; tampoco, a la larga, puede hacerlo la economía, ya que, en cuanto la ropa cesa de satisfacer una necesidad, cae en la categoría de extravagancia inútil o convencional, que es mejor eliminar, dado que el esfuerzo, tiempo o dinero gastados en ella pueden ser empleados más provechosamente. La higiene aplaude también la desnudez en muchas circunstancias y está depositando mayor confianza en las simples funciones de la piel humana.[10] La conveniencia no puede ofrecer seguramente ninguna objeción seria, en la medida en que algún tipo de arnés sartorial nos permita transportar con razonable comodidad los instrumentos requeridos en la vida cotidiana. Aparte de esto, el ahorro en el tiempo y preocupación que destinamos a vestirnos (o, tal vez, el empleo más provechoso de este tiempo en la causa de la perfección corporal) y la facilidad con la que la piel natural puede limpiarse si se ensucia y secarse si se moja, están a favor de la desnudez más que del vestido.

Aquí, sin embargo, puede pensarse que nuestro principio revela una inherente absurdidad suicida, dado que el criterio mediante el cual juzgamos la ropa debería alcanzar su culminación en la abolición práctica de toda la ropa. Esta *reductio ad absurdum* indica seguramente la necesidad de elaborar más la formulación del principio, elaboración que acentuaría las gratificaciones más intrínsecas de la ropa en la satisfacción de las necesidades humanas, que afirmaría los requerimientos superiores de los valores psicológicos del deseo de belleza, pudor y protección, por oposición al valor de la mera aprehensión intelectual de la realidad externa.

Dicha admisión, sin embargo, significaría realmente no la revisión, sino el abandono de nuestro principio en su totalidad. El principio de realidad, tal y como lo entendemos, no niega la existencia y el valor de los deseos humanos; tan sólo persigue que estos deseos proporcionen la satisfacción más segura y permanente, a saber, a través del reconocimiento (y no de la distorsión o la negación) de la realidad externa, y por ello hemos llegado a plantear la posibilidad (o más bien la deseabilidad real) de la desaparición en última instancia de la ropa, excepto para propósitos ocasionalmente protectores. Parece que no hay otra alternativa que abandonar el principio o aceptar las consecuencias. La primera vía significaría una nueva orientación, la formulación de nuevos principios y una nueva discusión sobre todo el campo de la vestimenta a la luz de estos nuevos principios; de hecho, significaría volver a escribir nuestros tres últimos capítulos, tarea que debemos dejar a otros, con el consuelo de que su trabajo pueda por lo menos aliviarse con nuestro presente fracaso. Aquí sólo podemos terminar por enfrentarnos a las consecuencias entre la espada y la pared. Las consecuencias son dobles:

1) Debemos admitir que la misma existencia de la ropa para propósitos de pudor o de adorno implica que las condiciones de nuestro estándar tan sólo se cumplen de forma incompleta y que, al recomendar esto o aquello como una contribución a la reforma sartorial, somos culpables de llegar a una solución de compromiso, dado que en última instancia nuestras reformas deben terminar por mejorar la ropa hasta hacerla desaparecer. Esta conclusión parecería no ser, después de todo, tan terrible. Es el tipo de compromiso implícito en todo arte y, de hecho, en casi toda valoración

ética del comportamiento (como en la distinción de Spencer entre ética absoluta y relativa). El arte mismo (y con él el arte sartorial) es un compromiso entre la imaginación y la realidad; se ocupa de medios reales, pero implica una incapacidad para encontrar una satisfacción completa en la realidad, y crea un mundo nuevo «más cercano al deseo del corazón», lejos de las limitaciones y frustraciones de la realidad. En esta cuestión, si somos culpables de un compromiso, por lo menos hemos pecado en la más respetable de las compañías; de hecho, sólo hemos mostrado la tolerancia frente a la fragilidad humana y la relatividad de los deseos humanos que postula todo arte. Ante un compromiso así no hay mucho de que avergonzarse.

2) Debemos enfrentarnos honestamente a la conclusión de que nuestro principio apunta en última instancia no a la ropa sino a la desnudez. Aquí tampoco estamos solos, y nuestra compañía, aunque menos numerosa, es por lo menos digna de consideración. Aparte de los practicantes (muy numerosos en algunos países) de la cultura nudista y sus portavoces oficiosos,[11] ha habido varios autores en los últimos años que se nos han anticipado en esta conclusión. Los «hombres como dioses» que habitaban en la utopía de H. G. Wells estaban desnudos. Gerald Heard considera,[12] como resultado de su análisis filosófico e histórico, que la ropa está destinada a desaparecer de la tierra. Más recientemente aún, Langdon Davies,[13] tomando a Godiva como a su santa patrona, nos condujo con muy elocuente persuasión hacia el mismo punto de vista en cuanto a la inevitabilidad última de la desnudez. El más audaz de todos los profetas es el profesor Knight Dunlap,[14] que piensa que la desnudez será al principio un asunto unisexual, pero sostiene que «dentro de pocos años» por lo menos las mujeres expondrán todo el cuerpo en público, ¡y causarán con ello poca conmoción!

Animados así, podemos contemplar con mayor ecuanimidad la posibilidad de que el vestido esté, después de todo, destinado a ser nada más que un episodio en la historia de la humanidad, y de que el hombre (y tal vez la mujer antes que él) irá algún día a su trabajo seguro en el control tanto de su propio cuerpo como del medio físico más amplio, desdeñando las muletas sartoriales en las que se apoyaba peligrosamente durante las primeras etapas tambaleantes de su marcha hacia una cultura más elevada.

Mientras tanto, las muletas están con nosotros. Sin embargo, podemos ver por lo menos que nuestra ciencia en ciernes nos permitirá moldearlas eficientemente y usarlas bien, y así permitir que nos ayuden más adelante. Pero la primera etapa de la ciencia aplicada debe consistir en una revisión honesta de nuestra posición actual y en una exploración de la senda del progreso futuro. Estas son las humildes pero necesarias tareas en las que hemos estado ocupados.

Notas

1. Los motivos fundamentales

1. Especialmente por Schurtz, 86.
2. 95, p. 319.
3. Tendencias muy semejantes pueden observarse en los monos antropoides, de los que Köhler dice: «Casi diariamente puede verse a los animales paseando con una soga, un pedazo de trapo, una brizna de hierba, o una rama sobre sus hombros ... Su placer aumenta visiblemente colgándose cosas. Ningún observador puede evitar la impresión de que ... los objetos que cuelgan del cuerpo cumplen la función de *adorno* en el sentido más amplio.» (W. Köhler, *The Mentality of Apes*, 2ª edición, pp. 92-93).
4. Por ejemplo, W. McDougall, *Introduction to Social Psychology*, 1ª edición, p. 83. [*Introducción a la psicología*, Buenos Aires, Paidós, 1961.]
5. Arthur Schnitzler llevó a cabo un fascinante estudio sobre un conflicto entre el exhibicionismo y el pudor en su conocida novela *La señorita Else*. En esta historia, un viejo libertino pide a la heroína que se le muestre desnuda en pago por cierta ayuda financiera indispensable que, bajo esta condición, concederá a su padre. En lugar de acceder a su requerimiento en privado, ella se quita el vestido y se muestra completamente desnuda en una sala repleta de público de un gran hotel, suicidándose después.

   La agudeza de la situación emocional en esta historia reside en el hecho de que el requerimiento (al que ella accede por la extrema urgencia de la necesidad de su padre), aunque contradice su tradición de pudor, atrae no obstante con vehemencia sus tendencias exhibicionistas reprimidas. Tales situaciones, en las que las consideraciones éticas de un nivel más elevado se alían con deseos instintivos fundamentales (siendo rechazada esta alianza, a su vez, por todos los elementos morales más profundos y más arraigados) están entre las más difíciles que se nos puede pedir que reconciliemos. En el caso presente el conflicto se soluciona de una manera que revela muy claramente el mecanismo inconsciente de «sobredeterminación» en el que deseos antagónicos se satisfacen por un mismo acto. Mediante su exagerada «sobrerreacción» a una solicitud «inmoral», Else crea una situación que le permite una complacencia mucho más satisfactoria en el exhibicionismo de lo que requieren las circunstancias, situación que, sin embargo, es al mismo tiempo de una vergüenza pública tan grande como para hacer imposible la continuación de la vida.

6. La razón de esta exageración constituye en sí un problema psicológico de mucho interés en la historia de la medicina. Cf. Ernest Jones, 55.

2. El adorno: aspectos teleológicos

1. La exposición más clara y resumida de este asunto se encontrará en Bloch, 7, p. 146 y ss.
2. Eduard Flichs, 44, vol. III, p. 212.
3. Para un breve resumen de nuestro conocimiento actual sobre el simbolismo sexual del vestido, el lector puede consultar el trabajo del autor sobre *Clothes Symbolism and Clothes Ambivalence,* 36.
4. En este aspecto, el zapato es ambisexual. El simbolismo femenino de la liga se ilustra muy bien en algunos ejemplares en venta recientemente en Londres, que estaban provistos de una representación plateada de una puerta con inscripciones como: «Vaya con cuidado», «Esta puerta es privada», «Propiedad privada».
5. Havelock Ellis, *Studies in the Psychology of Sex,* v, p. 25.
6. Las «etapas» se refieren aquí por supuesto a la claridad del simbolismo erótico, no a la cronología.
7. Por ejemplo, Sadger, 82, p. 327 y ss.; Freud, 41, p. 161.
8. 91, vol. II, p. 128 y ss.
9. Ni tampoco a culturas primitivas. Por lo menos el autor recuerda bien el orgullo con el que un compañero de estudios exhibía (como el principal adorno de su estudio) un cuero cabelludo simbólico, en la forma del casco de un policía, capturado durante una «juerga colegial».

10. Cf. Marie Bonaparte, 9.
11. Webb, 103, p. 105.
12. Flaccus, 34.
13. Tanto la confluencia como el contraste pueden usarse, por supuesto, de muchas maneras sutiles en los detalles del atuendo. Pueden emplearse, por ejemplo, para acentuar la pequeñez de alguna parte del cuerpo, cuando así se desea, como se ejemplifica en el párrafo siguiente: «A menudo es en el volumen del objeto en donde se oculta el secreto de su seducción. Este pañuelo de batista no interesaría a nadie si no fuera tan exiguo. Extraviado, parece al que lo recoge un copo de nieve que se funde en su mano. Este pañuelo atestigua bien la insignificancia del rocío que restaña: será reemplazado mañana, sin transición, por un enorme pañuelo de seda que desborde del bolsillo que, por el medio contrario, por la desproporción entre la causa y el efecto, hace pensar exactamente en la misma cosa: en la extrema pequeñez de la nariz», (Bibesco, 4, p. 150.)
14. Como lo aclara Flaccus, *op. cit.*
15. Las consideraciones aportadas recientemente por Cullis (18) hacen que parezca posible que dichos efectos del viento (sobredeterminados por las ideas asociadas con los gases intestinales) pueden haber desempeñado un papel mayor en el desarrollo de las prendas voluminosas y curvadas de lo que se sospechaba previamente.

3. El adorno: aspectos formales

1. Reik, «Die Pubertätsriten der Wilden» en *Probleme des Religionspsychologie*, p. 59; von Winterstein, "Die Pubertätsriten der Mädchen und ihre Spuren im Märchen", en *Imago*, 1928, vol. XIV, p. 199.
2. Tendencia que el psicoanálisis se inclina a considerar como una creciente represión de las tendencias activas subyacentes al complejo de castración.
3. *The Descent of Man*, p. 887. [*El origen del hombre*, Madrid, EDAF, 1978.]
4. La clasificación adoptada aquí es la de Selenka, 89.
5. Cf. Fuchs, 44, vol. III, pp. 203-204; y Fischel y von Boehn, 32, vol. III, p. 73.
6. Obsérvese también en esta figura la sugerencia inconfundiblemente fálica del taparrabo.
7. Resulta interesante señalar de paso que esta prenda no es de ninguna manera nueva. Como la cintura de avispa, puede jactarse de ser muy

antigua, ya que en dibujos de cuevas prehistóricas están representadas mujeres vestidas con faldas estrechas muy similares a las usadas antes de la primera guerra mundial.

8. Citado por Flaccus, 34.
9. Obsérvese también en la fig. 11 el efecto direccional de los complicados tocados.

4. El pudor

1. Schurtz, 86, p. 122
2. Parsons, 71, p. 145
3. Con ocasión del gran terremoto de julio de 1930, varios teólogos católicos romanos no dudaron en expresar el punto de vista de que este desastre era «un azote blandido por la mano misericordiosa (!) del Todopoderoso» y un correctivo divino provocado por «los desórdenes morales y, en particular, por las vergonzosas modas», y en sostener que «Nápoles había sido salvada de la catástrofe porque [los napolitanos] habían rechazado las escandalosas modas femeninas actuales».
4. Parsons, 71, p. 43.
5. Fuchs, 44, vol. II, p. 205.
6. La inmensa mayoría de los psicólogos actuales sostiene que todas nuestras tendencias «morales» más específicas, incluyendo las relacionadas con el pudor, se originaron de esta última manera. Sin embargo, afortunadamente no es necesario que consideremos aquí la importancia relativa de las tendencias morales heredadas y adquiridas. No obstante, es deseable tener en cuenta que la conducta moral que originalmente dependía de sanciones exteriores (la actitud de otras personas) puede con el tiempo llegar a depender de una sanción interna (es decir, puede llegar a ser independiente de otras personas).
7. En este sentido, la función del pudor es, en cierto modo, comparable con la de una «fobia» que, como parece demostrarlo la investigación psicoanalítica, sirve para proteger al individuo de la dolorosa ansiedad que sobrevendría si se enfrentara a la situación (psicológicamente) «peligrosa».
8. 24, p. 64.
9. Cf. más adelante, capítulo 12.
10. Amabe Williams-Ellis, *The Tragedy of John Ruskin*, p. 232.
11. Havelock Ellis, *Erotic Symbolism*, p. 26.
12. Que el polizón simbolizaba realmente y servía para llamar la atención hacia las nalgas era, por supuesto, claramente evidente para todos los

que dedicaran alguna consideración a las modas del momento. Cf. la divertida rima en boga entonces:
Die letzte Kleidermode war
Noch immer nur so so;
Jetzt erst sind wir ganz und gar
Ein wandelnder P...
[La última moda del vestido
Todavía se podía tolerar;
Es ahora cuando de verdad
Somos un trasero andante.]
13. Cf. Schurtz, 86, p. 50.

5. La protección

1. En opinión de Knight Dunlap, «la mujer, durante mucho tiempo la peor pecadora, ha aventajado súbitamente al hombre, tanto literalmente como en la línea del progreso».
2. Se ha sugerido plausiblemente, aunque sin pruebas históricas adecuadas, que la influencia de la armadura debe rastrearse en la tiesa rigidez que caracteriza todavía el atuendo masculino para ocasiones formales (Baumann, 3, p. 16).
3. Cf. Schurtz, 86, p. 114.
4. Por ejemplo, Wundt, 105, p. 219.
5. Véase, por ejemplo, J. C. Flügel, «Polyphallic Symbolism and the Castration Complex», *Inter. Jour. of Psycho-analysis*, 1924, vol. v, p. 188.
6. De camino a su muerte (para ser fusilado como espía) el sargento Grischa, en la conocida novela de Arnold Zweig, descubrió que «lo único que le confortaba era la sensación del ancho cinturón de cuero alrededor de su cintura, que lo mantenía tieso y erecto. El orgullo, triste y espléndido embustero, que le obligaba a preservar su honor ante sus enemigos mediante una valiente muerte en un lejano país, era como su cinturón, pues también lo sostenía».
7. La protección moral de los apretados corsés, por ejemplo, surge de manera interesante en el caso de una señora que admitía que se arriesgaría «a que un brazo la circundara», cuando estaba defendida de esta manera, aunque no lo permitiría en otras circunstancias; mientras que las implicaciones morales más activas se muestran en el caso de otra señora que se puso un duro corsé tan pronto como se comprometió, y que replicó a los reproches de su algo desconcertado novio: «Ahora ya

no puedo revolotear, pero tú podrás verme sin él». En realidad, ataviarse con esta prenda coincide con un cambio desde un flirteo muy libre a un criterio moral monógamo claramente rígido.

8. En Flaccus, 34 y en Flügel, 35, se encontrarán pruebas de la existencia de las influencias morales consideradas aquí.
9. Por ejemplo, Fuchs, 44, vol. III, p. 176.
10. Como confirmación puede señalarse que, donde hay menos sensación de un medio hostil y antipático, hay menos oposición para pasearse con un traje de etiqueta. Así, en una pequeña región del West End londinense, donde se comprende que abunden las ocasiones que requieren los trajes de etiqueta, los hombres pueden verse a veces en las calles vestidos así sin abrigo. Lo mismo ocurre en grado aún mayor en el caso de los estudiantes de Oxford y Cambridge. Aquí se siente que la universidad constituye el cuerpo más importante de la población, cuerpo para el cual y alrededor del cual existen los otros habitantes; el estudiante es, por lo tanto, dueño de la situación y no necesita temer la crítica de extraños hostiles.
11. Citado en *One Thousand Beautiful Things* (editado por Arthur Mee), p. 37.
12. Cf. *Psicoanálisis de la familia,* del autor, cap. VIII. El interesante libro de Otto Rank, *El trauma del nacimiento*, representa un punto de vista extremo acerca de su importancia que no es compartido por la mayoría de los psicoanalistas.
13. Un análisis algo más detallado del simbolismo uterino de la ropa se encontrará en un trabajo ya mencionado del autor, 36.
14. 48, p. 154.
15. Si, con respecto a la protección, puede decirse que la ropa asume las funciones de la casa, en lo que respecta al pudor, nuestras casas, obviamente hasta cierto punto, asumen el lugar de la ropa. Por lo menos dentro de nuestros cuartos muchos de nosotros podemos desvestirnos sin sentirnos impúdicos. Las damas musulmanas, como señalamos en el último capítulo, se encuentran por lo general confinadas en sus casas fuera de la mirada del público pero, como nos lo recordará una mirada a la fig. 12, cuando abandonan sus casas la protección así perdida puede reemplazarse en gran medida por la ropa. En este caso particular, la señora tunecina está casi tan completamente a resguardo de los ojos del indiscreto como si estuviera en la intimidad de sus propios aposentos. Esto nos muestra que la función complementaria de la ropa y de la casa se mantiene tanto en la esfera del pudor como en la de la protección.

16 Y la habitación. Cf. la palabra alemana *Frauenzimmer.*

6. Diferencias individuales

1. Como ya se mencionó, parece probable que impidamos a menudo el proceso de sublimación interfiriendo demasiado rápido y con demasiada vehemencia en el interés infantil por el cuerpo desnudo y su goce de las formas más primitivas de adorno (en su mayoría «locales»). A menudo los adultos intentan inculcar en el niño la importancia de los motivos de pudor y de protección antes de que esté preparado para apreciarlos. Aquí, como en otros casos, la sublimación puede ser impedida a menudo por una represión prematura.
2. Sadger, 82.
3. Por supuesto, puede recurrirse a una estimulación artificial de la piel (rascándola, frotándola, haciéndole cosquillas, etc.) para dar satisfacción a este erotismo cutáneo.
4. Flügel, 36.
5. Eve Macaulay, 65, p. 157.
6. Eve Macaulay, 65.
7. En el trabajo de Eve Macaulay, 65, se encontrarán detalles adicionales relativos al desarrollo de las actitudes infantiles hacia el vestido.
8. En particular, las señaladas en el trabajo antes mencionado del autor, 35.
9. No parece improbable que, por lo menos en ciertos casos, pueda estar comprendido también algún grado de erotismo anal —siendo tal vez desplazados los elementos anales a la piel del modo recientemente descrito por B. D. Lewin (*Int. Zeitschrift f. Psychoanalyse*, 1930, vol. XIV, p. 47 y siguientes)—. Estos elementos desempeñarían entonces un papel en la rebeldía general, en particular, en un cierto descuido desafiante o desaliño en la ropa al que tiende a menudo este tipo.
10. Se dice que en el verano de 1928 tenía entre doscientos mil y trescientos mil miembros.
11. Surén, 96, p. 107.
12. Cuando se le ofreció un almohadón como sustituto para sentarse en el suelo (porque había habido una tormenta la noche anterior), un miembro del campamento «gimnosofista» lo rechazó, de modo característico, diciendo: «Los almohadones no tienen nada que hacer aquí. Quiero estar tan cerca como sea posible de la naturaleza».
13. Cf. por ejemplo, Frederick Boyle, 12.
14. Por supuesto, a menudo los dos rasgos están combinados como, por ejemplo, en muchos uniformes militares, en el uniforme de una enfermera, o en los cuellos almidonados que las personas de este tipo

consideran por lo general como la única prenda del cuello conveniente para uso profesional o de oficina.

15. Normalmente con la salvedad: «en tanto no sean extravagantes o inconvenientes».

7. Diferencias sexuales

1. Parte de este capítulo fue incorporada a un trabajo leído ante el Congreso de la Liga Mundial para la Reforma Sexual celebrado en septiembre de 1929.
2. Los varones judíos no se quitan el sombrero en la sinagoga, probablemente porque su ritual, siendo de descendencia más puramente semítica, participa del rechazo general semítico a exponer el cuerpo desnudo. En comparación con el cristianismo, su tradición atestigua en menor grado el desplazamiento de tendencias exhibicionistas a la ropa. Por lo tanto, en la sinagoga el pudor se muestra en ambos sexos en el hecho de permanecer cubiertos.

   El soldado también retiene su tocado, incluso en una iglesia cristiana. Esto es tal vez un poco más difícil de explicar. Hasta quizás cierto punto, la psicología puede ser semejante al caso de las mujeres; un uniforme militar es un todo, y quitarse cualquier parte de él confiere al que lo lleva una apariencia de desvestido, es decir, impúdica, de suerte que el soldado sin el uniforme completo sería como una mujer vestida inadecuadamente. Pero tal vez en mayor medida la explicación sea de signo opuesto. El uniforme militar, con su espada y su yelmo, contiene en un grado desacostumbrado el elemento de simbolismo fálico que, como hemos visto, pertenece a tantos artículos de vestir. Quitarse el yelmo constituiría, lo mismo que renunciar a la espada, un símbolo dolorosamente claro de castración: de hecho, demasiado doloroso para poder ser tolerado, de manera que el soldado exhibe orgullosamente su gloria militar aun en casa del Todopoderoso, confiando tal vez en que los fines correctos por los que está listo a luchar (en última instancia: glorificación del Padre [gobernante] y protección de la madre [país]; cf. *Psicoanálisis de la familia,* del autor, pp. 125 y ss.), inducirán al Padre Divino a obtener orgullo paterno de una exhibición que de otra manera le ofendería.
3. Se demuestra que esta diferencia entre los sexos se profundiza en algunos sentidos por las reacciones notablemente diferentes de los hombres y de las mujeres ante el complejo de castración en lo que se refiere a la

ropa (cf. Flügel, 36). En los hombres, la castración en sí está simbolizada en el acto de quitarse prendas, mientras que la posesión o la exhibición de las prendas correspondientes sirve como una reafirmación contra los temores de castración en virtud de su simbolismo fálico. En las mujeres que sufren del complejo de castración en su forma femenina (es decir, temor de que el pene *haya* sido perdido, en lugar de temor de que pueda perderse, como en el hombre) la reafirmación correspondiente parece obtenerse más a menudo mediante el acto de quitarse ciertas prendas, como si el símbolo fálico residiera más en la parte del cuerpo cubierta que en la vestimenta en sí. Hay razón para creer que el deseo de quitarse el sombrero a la primera oportunidad es un signo particular de esto. Aquí nuevamente encontramos una clara indicación de un grado mayor de desplazamiento del cuerpo a la ropa en el hombre que en la mujer.

4. Parece una grosera exageración decir, como lo hace Crawley (17), que «durante los últimos quinientos años de la civilización europea el vestido con adornos ha estado limitado a las mujeres», aunque es indudablemente cierto que «en la última etapa (del desarrollo del vestido) la mujer, en cuanto sexo, no sólo ha ganado libertad y derecho de fascinar, que anteriormente sólo poseía la cortesana, sino que ha desplazado el equilibrio del sexo a una posición más permanente y eficiente. La historia de la lucha inconsciente de la mujer por un monopolio de la belleza en el vestido ilustra así un importante movimiento social».

5. Puede señalarse una excepción sutil pero importante. Siendo el falo la parte más importante (eróticamente) del hombre, hay una tendencia de todo el cuerpo a convertirse en símbolo del falo (el simbolismo del «hombrecito», etc. Cf. Ernest Jones, *Papers on Psycho-Analysis*, 2ª edición, pp. 153 y ss.). Tal vez la formación de este simbolismo se beneficia de la significación fálica de muchas de las prendas individuales que cubren el cuerpo. En todo caso, en virtud de este simbolismo, puede considerarse inconscientemente cualquier exposición no habitual del cuerpo masculino como un equivalente de la exposición del falo y despertar un efecto que sería más apropiado para el último. En comparación con esto, la exposición del cuerpo femenino puede parecer relativamente inofensiva.

   No obstante, las mujeres han sufrido una desventaja parecida en el pasado, en este caso fisiológica tanto como anatómica. El miedo y repugnancia a la menstruación, tan difundido especialmente entre comunidades primitivas, ha hecho al cuerpo femenino sujeto de gran número de supersticiones y tabús y, sin duda, ha contribuido inmensamente a la impudicia asociada con su exposición (cf. Daly, 19). En el aspecto anatómico, también las mujeres sufren por tener dos zonas altamente sexualizadas (y, por lo tanto, altamente deshonrosas), en lugar de una. La insistencia convencional en el ocultamiento de los pechos es una gran dificultad en el camino de la exposición completa del cuerpo de la mujer, como puede verse fácilmente en una visita a casi cualquier playa. Posiblemente la próxima etapa en la lucha por la emancipación femenina estará relacionada concretamente con este asunto.

6. Recientemente, en muchos círculos de debate entre estudiantes, esta diferencia de actitud entre los sexos condujo realmente a lo que fue descrito por los presentes como «guerra de sexos».
7. Toda la cuestión es analizada en otro lugar por el autor: «Sexual and Social Sentiments», *British Journal of Medical Psychology*, 1927, vol. VII, p. 139.
8. Cf. Freud, *Collected Papers*, vol. IV, p. 44. El uso de ropa más distintiva y con más adorno alimenta a su vez, por supuesto, este narcisismo relativamente más grande de las mujeres, de tal manera que se establece usualmente un círculo vicioso.
9. Cf. Flügel, *op. cit.*, p. 155.
10. El hecho de que las mujeres que han entrado en la vida activa están ahora, en su conjunto, menos diferenciadas, en cuanto al vestido, de otras mujeres que fueron sus predecesoras, digamos de cuarenta años atrás, se debe en parte al hecho de que el ideal de trabajo es ahora común a un mayor número de mujeres que entonces (en este aspecto, las mujeres se han aproximado indudablemente a los hombres), en parte al hecho de que, debido a las circunstancias económicas y a la difusión de este ideal, un tipo de mujer sexualmente más «normal» está adoptando el trabajo como una «carrera», y en parte a un cambio general en la actitud hacia el sexo, y en particular a una disminución de la aparente incompatibilidad entre los ideales de trabajo y de sexo (incompatibilidad cuya fuerza anterior surge muy bien en la obra de Reginald Berkeley, *The Lady with a Lamp*, donde la heroína, Florence Nightingale, cree que la debida actuación en el trabajo al que es llamada exige la represión más severa de su vida sexual y de todas las esperanzas e ideales ligados a ella).
11. Flügel, 35.
12. En ciertos casos esta tendencia puede adoptar la forma extrema de un marido que muestra las bellezas del cuerpo desnudo de su mujer a sus amigos, como la clásica historia de Candaules y Giges, narrada por Heródoto (I. 10). Sadger (82) opina que en tales casos se da comúnmente un componente homosexual reprimido: el marido sólo exhibiría

a su mujer (de palabra o de hecho) a los hombres hacia los que siente una atracción personal.

13. Cuyo retrato (con atuendo femenino), pintado por sir Joshua Reynolds, puede verse en el Kaiser Friedrich Museum de Berlín.
14. Havelock Ellis, *Eonism and other Studies,* cap. I.
15. Cf. Crawley, *The Mystic Rose,* y (17). En un informe privado, Geoffrey H. White, que realizó un estudio especial de la ropa de los niños, enumera no menos de veintiocho razones superficiales por las que los niños han sido vestidos, en diferentes lugares y momentos, como niñas. Insiste en lo deseable de una investigación más sistemática de las causas y efectos psicológicos de dicho travestismo infantil, que no se ha hecho todavía.
16. Cf. también la curiosa costumbre de vestir como niñas a los jóvenes de la isla de Marken, en Holanda, costumbre que Jelgersma (51) considera que se debió al deseo de los padres de librarse de los rivales masculinos mientras estaban fuera, pescando. Sin embargo, White (104) ataca este punto de vista y considera que este ejemplo y otros aislados de carácter similar son meramente vestigios de un hábito otrora más general de vestir a los niños como niñas.

8. Clases de vestido

1. H. Stratz, 93.
2. F. Müller-Lyer, 67. El mismo Müller-Lyer propone tres clases: «natural», «nacional» y «a la moda». Hemos modificado este sistema porque: 1) parece tener algo del carácter de una clasificación cruzada. La categoría «natural» se distingue de las otras por el hecho de que la vestimenta en cuestión esté formada por productos naturales simples como sebo, aceite, hojas, piel, pasto, flores y corteza de árboles. Dicha categoría debería diferenciarse más lógicamente de lo «artificial», donde los productos naturales son tratados mediante algún proceso especial antes de usarse (clasificación dual que, por supuesto, es de gran importancia desde el punto de vista de la antropología cultural); 2) lo «nacional» parece estar ligado tan estrechamente a otros tipos de indumentaria que puede dar lugar convenientemente a una clase más amplia, con una designación más comprensiva. De ahí la sustitución por el nuevo término «fijo», que podría valer para toda la indumentaria relativa a esta clase más amplia, sea «nacional» o no.
3. Stratz, 93, p. 114.

4. Tal vez nos ayude a apreciar la diferencia en cuestión el recordar que, en el siglo XIX, en Inglaterra, los hombres podían entrar en el mar con calzoncillos de baño, en una época en que las mujeres usaban trajes de baño de un carácter mucho más voluminoso que les cubría casi todo el torso y una parte considerable de los miembros.
5. De acuerdo con otra clasificación que no examinaremos en detalle aquí, en ese momento la vestimenta pasa de ser *gravitacional* a *anatómica*.
6. Según Stratz (93, p. 256), las mujeres europeas usan pantalones como prenda de trabajo justamente en las partes en que los etnógrafos dudan en cuanto a si sus elementos raciales son de origen puramente blanco.
7. La importancia de los rasgos particulares del vestido que han llegado a ser símbolos de privilegios y respetabilidad social especiales puede verse a menudo en la vida escolar. En ausencia de uniformes definidos u otra indumentaria jerárquica, los índices de lo que en otro lugar es un vestido «de moda» pueden tratarse como vestidos «fijos», a los que sólo tienen derecho ciertos miembros de la comunidad. El siguiente pasaje del libro *Adiós a todo eso* de Robert Graves ilustra de manera divertida esta tendencia: «El código social de Charterhouse se basaba en un estricto sistema de castas, castas que se reconocían por ciertos signos distintivos en el vestir. Un alumno nuevo no tenía ningún privilegio; un alumno en el segundo semestre llevaba calcetines de colores; el tercer año otorgaba casi la mayor parte de los privilegios: cuellos duros, pañuelos de colores, un sobretodo con una amplia capucha; el cuarto año, algunos más, como el derecho a organizar tómbolas; pero los "bloods" tenían reservados algunos privilegios especiales. Éstos incluían usar pantalones de franela gris perla, cuellos de mariposa, chaquetas sujetas por detrás y el derecho a caminar del brazo» (p. 60; se cita por la traducción española de Sergio Pitol, RBA, Barcelona, 2010). Continúa describiendo la infracción deliberada de esta convención por parte de seis principiantes, que «entraron caminando lentamente por un pasillo lateral [de la capilla de la escuela], estupendos con sus pantalones de franela de color gris perla, sus chaquetas ajustadas, cuellos de mariposa, y cada uno de ellos, con un clavel rosa en el ojal. Estupefactos y aterrorizados por aquel espectáculo, todos dirigimos la mirada al capitán del equipo».
8. Webb, 103, p. 102.

9. Las fuerzas de la moda

1. Algunos de los que han escrito sobre la moda, siguiendo nuevamente a Herbert Spencer, distinguen dos motivos para la imitación en la moda

que pueden describirse brevemente como la reverencia y el deseo de igualdad, respectivamente. Por supuesto, es evidente que algún elemento, si no de reverencia, por lo menos de admiración, es necesario siempre para esta imitación; no imitamos de buen grado salvo bajo esta condición. La imitación de una moda es siempre, en un sentido, una alabanza para aquellos a quien se copia. A veces, también el elemento de deseo de igualdad o semejanza (por lo menos ciertas formas específicas de él) puede estar casi o totalmente ausente (como, por ejemplo, en el caso de llevar un cuello alto en obsequiosa imitación de un potentado que lo ha adoptado para ocultar un cuello escrofuloso). Pero si esto fuera generalmente así, los imitados sentirían poca necesidad de crear una distinción nueva para sí mismos y la moda (como movimiento continuo) llegaría a un fin a través de la adopción permanente del estilo imitado por todos los interesados. Por lo tanto, el elemento de rivalidad parece esencial para la continuación de la moda.

2. Como ocurre también en el estado relativamente anárquico de algunas sociedades muy primitivas. Así, se ha dicho que los bosquimanos no tienen modas, mientras que los cafres sí las tienen: la presencia de la moda entre los últimos está relacionada con una diferenciación social bien marcada (Mustoxidi, 68).
3. He encontrado que el más útil me ha sido Sombart, 90.
4. La descripción reciente más interesante del funcionamiento íntimo de la industria del vestido en París que conozco es la de Roubaud, 80.
5. George Bryan Brummell (1778-1840), conocido como Beau Brummell, fue un dandy en la Inglaterra de la Regencia. (*Nota del t.*)
6. La francesa Suzanne Rachel Flore Lenglen (1899-1938) fue la primera celebridad femenina del tenis. (*Nota del t.*)
7. En 1929, arreció un debate en la prensa inglesa sobre la conveniencia o no de que las tenistas siguieran llevando medias. El *Daily Mail* informó que la estadounidense Helen Wills (1905-1998), conocida como la «señorita cara de póker» y la Garbo del tenis, estaba sorprendida con la propuesta de prohibir el tenis con las «piernas desnudas» pues esta práctica era muy popular en Estados Unidos y Francia. Sin embargo, dada la actitud severa de las autoridades de Wimbledon, decidió competir con medias.
8. Entrevista en *La Liberté* (12 de diciembre de 1929).
9. ¿Acaso el fracaso estético, tanto del renacimiento gótico de Ruskin como del subsiguiente estilo pseudoisabelino de la arquitectura doméstica, se deba en parte a que ambos eran totalmente extraños al espíritu de la época, hecho que se manifiesta en la ausencia de cualquiera moda sartorial correspondiente?

10. Varios autores, incluyendo entre los muy recientes a Gerald Heard (48), han llamado la atención hacia interesantes paralelismos entre prendas individuales y partes de edificios, por ejemplo, entre techos, torres y cúpulas y ciertas formas correspondientes de sombreros, entre las largas chimeneas de fábrica de la era industrial y los largos pantalones tubulares del mismo período. Entrando en mayor detalle, Heard nos recuerda que, a medida que las ventanas y arcos góticos se hicieron gradualmente menos puntiagudos hasta alcanzar la llanura algo extrema del período Tudor, los efectos puntiagudos de la ropa, característicos del último medievalismo, dieron lugar gradualmente a una mayor anchura. El tocado alto en punta fue reemplazado por uno bajo y ancho, y las puntiagudas puntas del calzado por un zapato de punta extremadamente ancha, el Sableton. De hecho, todo estilo de la vestimenta tendía a acentuar la anchura del cuerpo.
11. Cf. E. Jones, «The Nature of Auto-Suggestion», *International Journal of Psycho-Analysis,* 1923, vol. IV, p. 293.
12. Por supuesto, existe también el prestigio negativo. Una moda puede morir en su inicio si la adoptan personas a las que se considera indeseable imitar. El caso clásico fue la súbita desaparición de los «bombachos» en 1851, cuando una cervecería londinense vistió a todas sus camareras con prendas inferiores de este tipo. Otro método (en un sentido más literal) de matar modas es asociarlas con ejecuciones públicas, en la persona del ajusticiado o del verdugo. Durante el reinado de la reina Ana produjeron considerable alboroto las mujeres que aparecían en la calle con camisones. Pero esta moda desapareció súbitamente cuando una mujer fue ajusticiada con esta prenda. En la terminología del conductista, el hábito fue «descondicionado», al quedar asociado con un acontecimiento de carácter doloroso.
13. El partido de la reforma de la vestimenta masculina de Inglaterra fue creado en 1929 y aspiraba a que los varones vistieran de forma más hermosa con trajes claros, shorts y faldas escocesas. El ideal tenía un trasfondo eugenésico, pues se razonaba que, si los varones de clase media vestían mejor, serían más atractivos para las mujeres (las madres en potencia), y ello desactivaría el supuesto declive de las clases medias. (*Nota del t.*)

10. Las vicisitudes de la moda

1. En relación con las modas de tiempos más recientes, el lector puede consultar especialmente el trabajo de Fischel y von Boehn, 32.

2. Cf. Löwitsch, 64.
3. *Daily Mirror,* 4 de julio, 1928.
4. No obstante, los tacones altos han sido conservados en nuestra indumentaria moderna de posguerra, a pesar de un abandono de la anterior acentuación del pecho. Esto puede deberse a cuatro razones: 1) al deseo de reducir tanto como sea posible toda acentuación del abdomen; 2) al deseo de aumentar la altura aparente (sin aumentar la anchura) en la búsqueda del ideal de juventud; 3) al simbolismo fálico inconsciente ligado al tacón, factor que estaría en armonía con la adopción de la característica masculina del pelo corto y una línea general «pueril»; 4) al deseo de hacer que los pies parezcan más pequeños.
5. Tal vez el análisis más esclarecedor de las modas más recientes desde el punto de vista psicológico y social sea el de Samson, 84.
6. Aunque no se debe confiar demasiado en la suposición subyacente de que las ropas están razonablemente relacionadas con la actividad. Las mujeres han cruzado continentes ataviadas con faldas con cola. Los hombres han ido a la guerra con indumentarias que los hacían fácil blanco del enemigo y, como medio de relajación, todavía bailan en salas sobrecalentadas con camisas duras y cuellos altos almidonados.
7. Resulta interesante recordar que Italia, el país menos democrático de Europa, es el único en el que ha habido algo parecido a medidas oficiales en contra de la falda corta.
8. Incluso mientras escribo encuentro lo siguiente en la página sobre modas de un periódico muy leído, bajo el título «¡París en enaguas! La cima de la feminidad alcanzada»: «Las turistas de París, ansiosas por saber cómo será la moda de verano, se quedarán atónitas al descubrir que las faldas no sólo llegarán al suelo, sino que serán más amplias que nunca desde los días de la crinolina. Un ejemplo típico de lo que la mujer puede prever para este verano es un vestido raso de azul de Sajonia con un gran ramo de violetas prendido en el puño. *Lleva media docena de enaguas compuestas de capas alternadas de encaje rosa oscuro y cinta trenzada*» (subrayado en el original). Parece como si París se hubiese vuelto más osado y estuviera decidido a aprovechar su ventaja sin mayor dilación. Tal vez en el momento en que esto aparezca impreso ya sabremos si esta presunción está justificada o no.

   Por otro lado, hay también signos de que de pronto la *Haute Couture* se ha asustado un poco ante su propia exuberancia y está contemplando ya el lanzamiento de una línea nueva más simple. Así, en abril de 1930, en el momento de partir hacia América después de una gira por Europa, la editora de *Vogue,* en una entrevista con un representante de un periódico italiano, predijo el retorno inmediato del espíritu clásico de los simples paños sueltos, aunque, por supuesto, con faldas largas (y con cabello largo y otras características «femeninas» a juego).

11. La evolución de las prendas

1. Darwin, 20.
2. Webb, 103.
3. Muchos de estos ejemplos está tomados de la rica colección de Webb, 103.
4. Aunque, por supuesto, está muy lejos de ser verdad que todas las prendas interiores fueran originalmente prendas exteriores.
5. El regimiento más antiguo del ejército británico. (*Nota del t.*)
6. Regimiento de infantería británico fundado en 1689. (*Nota del t.*)
7. *Adiós a todo eso*, pp. 103-104.

12. La ética del vestido: arte y naturaleza

1. Eugene Bagger, *Francis Joseph*, p. 245
2. Al caminar por la calle con un sobretodo, el autor halló que tenía veinte en total, y cree que esto no es excepcional.
3. No obstante, es justo tener en cuenta que el acto de embellecerse en público no se ha limitado en todos los casos a las mujeres, como ilustra el siguiente relato del comportamiento de Ibsen en una reunión pública celebrada en su honor: «"Estimado maestro", comienza el orador. Pero Henrik Ibsen, interrumpiéndolo con un gesto de la mano, dice muy tranquilamente y con voz de cristalina claridad: "Un momento, por favor". Acto seguido extrae un gran pañuelo azul del bolsillo posterior de su abrigo y se restriega la cara con él hasta que brilla totalmente. Entonces guarda con parsimonia el pañuelo, rebusca en el bolsillo del pecho y extrae un inmenso peine, coloca su sombrero de copa frente a sus ojos y se mira seria y atentamente en su propia imagen que se refleja en el espejo fijado en el interior del sombrero. Procede entonces a peinarse por completo el cabello y las patillas, hasta que se yerguen en su cabeza como una llamarada, del modo en que se ve en sus fotografías. Observamos todo esto estupefactos y confundidos, pero cuando Ibsen está listo, asume una pose y dice, sin el menor signo de embarazo: "Gracias, ahora estoy listo"». A. V. Winterfeld, *Henrik Ibsen*, Reclam, p. 30.

4. Aunque otro factor en esta irritación puede provenir de los elementos autoeróticos comprendidos en la práctica, en virtud de los cuales «empolvarse la nariz», como cualquier otra manipulación del propio cuerpo, puede identificarse inconscientemente con la masturbación (genital o anal), a veces por supuesto correctamente, porque la identificación puede existir inconscientemente también para el manipulador.
5. Como se señaló en un capítulo anterior, Knight Dunlap, 24, p. 76, piensa que el uso en aumento de los cosméticos en los últimos años es una suerte de compensación por la exposición de las piernas debida a las faldas cortas. Si las desventajas de las desgarbadas deben revelarse así bruscamente en la parte final del cuerpo, las menos agraciadas obtienen su revancha igualando todos los cutis (al igual que las piernas eran igualadas anteriormente por la falda larga). La teoría resulta atractiva, pero no tengo ninguna noticia sobre una menor tendencia a recurrir a los cosméticos por parte de las que poseen un buen cutis, como uno podría esperar si esto fuera verdad. Mis propias observaciones señalan más bien que las faldas cortas y los cutis artificiales son ambos símbolos de la nueva libertad conquistada por las mujeres.
6. Cf. Parmelee, 70, y Seitz, 88.
7. En el capítulo en cuestión (*La isla de los pingüinos*, libro II, cap. I) expresa, en su estilo inimitable, todo lo que decimos aquí.
8. Estamos orillando aquí un problema muy grande. En verdad «sobredeterminaciones» del tipo en cuestión son características de las neurosis individuales y de sus equivalentes sociales. Pero nuestro conocimiento es tal vez todavía insuficiente para decir si estas «sobredeterminaciones» son, por ejemplo: a) siempre patológicas y, por lo tanto, deben ser resueltas siempre que sea posible; b) etapas esenciales en el desarrollo, por las que hay que pasar inevitablemente si se quieren alcanzar ciertos niveles más altos (tal vez esenciales a causa de la estimulación de la libido que producen, estimulación que se manifiesta sexualmente como lo «picante» a lo que nos hemos referido, pero que puede ser esencial también para sublimaciones superiores); c) siempre y completamente esenciales para las sublimaciones superiores. En opinión del autor, los datos que se poseen hasta ahora son contrarios a la tercera hipótesis. Sin embargo, si esta hipótesis resultara ser la correcta, la posición que hemos adoptado con respecto al pudor requeriría alguna modificación.
9. Las casetas de baño en el siglo XIX eran carromatos techados con ruedas y lonas que permitían que los bañistas de ambos sexos pudieran alcanzar el agua sin ser vistos por las personas del sexo opuesto. (*Nota del t.*)

10. Lo mismo se aplica a los puños de camisa desprendidos y a las pecheras separables de los hombres cuando se ven fuera de su posición convencional. En Inglaterra hay una oposición tan fuerte ante estas prendas separables que rara vez se usan en la sociedad «respetable», aunque el cuello separable ha persistido. En relación con estas prendas hay un desagradable sentimiento de simulación o hipocresía, como lo indica tal vez el término francés *faux col* (cuello falso). Parece probable que los sentimientos derivados del complejo de castración desempeñen un papel en las emociones suscitadas por estas piezas separables del vestido masculino.
11. El disgusto no obedece tanto a su carácter puramente utilitario como al hecho de que, al no ser destinadas a la exhibición, no se ha hecho ningún esfuerzo para adecuarlas a este esquema total.
12. A menudo está implícito (tal vez el párrafo anterior es un caso de ello) y a veces se sostiene explícitamente que, debido a su provisión más generosa de tejido adiposo, la mujer necesita cubrirse menos que el hombre. Este es un punto de vista muy moderno, que hubiera parecido extraño a las generaciones anteriores, tan acostumbradas a contrastar la fuerza del hombre con la debilidad de la mujer, y uno sospecha que se origina en un intento de encontrar alguna justificación higiénica para la práctica existente. No obstante, puede tener alguna validez real, como lo sugieren los notables éxitos de algunas mujeres en la natación de larga distancia, deporte caracterizado por la capacidad para soportar el frío. Entretanto, los que todavía persiguen destacar la fuerza superior del hombre se refugian a veces en la radicalización curiosamente ascética de que el hombre, siendo más fuerte muscularmente, puede y debe someterse a una carga mayor de ropas, insinuando que los que se quejan de esta carga no están «en forma».
13. Se encontrarán unos pocos hechos interesantes que aclararán los aspectos higiénicos de las ropas en Leonard Hill, 51.

13. La ética del vestido: diferencia individual y sexual

1. Cf. Landauer, 60 y Chadwick, 15.
2. Cf. Flügel, 35 y Macaulay, 65.
3. Podría sostenerse razonablemente que una consideración del vestido de los niños exige una exposición en cuanto a la actitud que deberíamos adoptar hacia la desnudez en relación con ellos. Nuestro principio general apunta claramente al deseo de una franqueza perfecta al respecto. Por lo que respecta a la desnudez de los niños, ésta será probablemente

admitida libremente en los círculos educativos más ilustrados. Pero parece que en las clases sociales bajas inglesas se inculca a menudo un sentimiento exagerado de vergüenza, y los niños pequeños (especialmente las niñas) sufrirán a menudo un gran embarazo si se tienen que desnudar para una revisión médica. Incluso prevalece la idea de que el pudor sólo puede ser salvaguardado adecuadamente por medio de un exceso de prendas interiores (cf. Macaulay, 65).

En cuanto al problema de si los adultos (y especialmente los padres) deben mostrarse desnudos ante los niños, hay poco acuerdo. En ciertos círculos más «avanzados» esto se hace por principio, pero ha surgido un interrogante en cuanto a su conveniencia desde un rincón algo insospechado: el de los psicoanalistas, a quienes les han impresionado mucho las grandes emociones que parecen suscitar en los niños los genitales adultos (en particular, emociones relacionadas con el complejo de castración). Se admite que los datos que poseemos ahora están lejos de ser concluyentes; no obstante, Zulliger, en una reciente revisión del asunto (106) dice: «Mi punto de vista personal y provisional es que es mejor que los niños no vean a sus padres desnudos». En opinión del presente autor, Zulliger no da el debido peso al hecho de que, en la vida familiar cotidiana, es difícil impedir el mostrarse accidentalmente ante los niños. También parece probable que las precauciones especiales que puedan ser necesarias para asegurar que no ocurran tales accidentes podrían hacer probablemente más daño que el mal que intentan prevenir. En resumen, parecería deseable esperar a más datos antes de que convengamos en apartarnos de las líneas de educación generales tal y como sugiere el psicoanálisis. Sin embargo, es indudablemente verdad que el complejo de castración es muy importante, y que se debería hacer todo lo razonablemente posible para impedir su desarrollo exagerado (hasta cierto punto, probablemente resulta inevitable). Como también señala Zulliger, los adultos deberían tener en cuenta lo difícil que resulta ser imparcial en este asunto, así como su inclinación a satisfacer su propio exhibicionismo bajo el pretexto de criar a sus hijos «naturalmente».

Otro psicoanalista (Reich, 78) se opone también a la «educación nudista» sobre la base general de que implica lógicamente un estado muy diferente de opinión pública sobre las cuestiones sexuales del que existe en la actualidad. Este argumento podría aplicarse a cualquier desvío con respecto al gusto y moral convencionales; si se aplicara lógicamente, eliminaría todos los experimentos en la educación que implican tal desvío. La verdadera superación del problema reside seguramente en enseñar las ilogicidades e inconsistencias de las instituciones humanas como partes en sí mismas de la realidad. Si, por ejemplo, en el caso presente, se decide criar a los niños para que consideren la desnudez como natural y ética, esta actitud sería complementada por la información de que la desnudez no es considerada en todos lados de la misma manera. Parecería que el problema es aquí exactamente paralelo, digamos, al del caso del agnosticismo.

4. Bousfield, 11.
5. Acaso en un futuro más tolerante permitamos libremente, o incluso alentemos, la tendencia que indudablemente existe a hacer que el grado de diferenciación sexual en la ropa se corresponda con el grado de diferenciación (heterosexual u homosexual) del que la lleva, como en la visión de la sociedad en el año 2270 de Anatole France, en la que la joven electricista Chéron, vestida indistintamente de sus compañeros masculinos, comenta como sigue las diferencias entre su época y la nuestra: «Tenemos sobre los caracteres sexuales nociones que no imaginaba la simplicidad bárbara de la era anterior. Dado que hay sexos y puesto que sólo hay dos, se extrajeron conclusiones falsas. Se concluyó que una mujer es absolutamente mujer y un hombre absolutamente hombre. Pero la realidad no es así: hay mujeres que son muy mujeres y otras que lo son poco. Estas diferencias, antaño disimuladas por el atuendo y el tipo de vida y enmascaradas por el prejuicio, se evidenciaron claramente en nuestra sociedad». *Sobre la piedra blanca*, Erasmus, 2010, p. 137.
6. Baumann, 3.
7. Enero de 1930. En estos asuntos es bueno ser preciso en cuestión de fechas.
8. A veces se dice que la ropa femenina no provee un calor adecuado en los pies y piernas. Pero durante el tiempo frío las mujeres son perfectamente libres de usar botas rusas o polainas o (por lo menos en algunos países) chanclos, decisión ésta muy acertada.
9. En este aspecto, la ropa masculina rompe el principio de igual presentabilidad de todas las capas que hemos analizado en relación con el pudor.
10. Cf. Flügel, 35, pp. 132 y 135.
11. Contra todo esto parecería haber dos pequeñas ventajas sartoriales del lado de los hombres: la ausencia de medias largas, en su molesto hábito de deslizarse, y el aparato algo incómodo y antiestético usado para sostenerlas («esa divina maldición del liguero», como lo ha llamado un autor moderno), y la existencia de bolsillos. De éstos hemos visto que los últimos no son de ningún modo una total bendición, mientras que las primeras pueden eliminarse fácilmente, o reducirse, si las

mujeres dejan de usar medias largas (como lo han hecho en alguna medida: se han visto piernas desnudas incluso en salas de baile) cuando están a resguardo y en verano, y usan medias más gruesas, sostenidas por una liga (preferiblemente debajo de la rodilla), en invierno.

12. *Practical Dress Reform,* 75.
13. No hay oposición real entre esto y lo que ya hemos dicho sobre la importancia del simbolismo fálico del vestido. Este último simbolismo representa una satisfacción desplazada del falicismo, satisfacción que resulta permisible psicológicamente porque es inconsciente y se aleja de los objetivos y objetos originales de los deseos en cuestión.
14. Sentimiento que aparentemente es recíproco por parte de las mujeres como, por ejemplo, en el caso de una dactilógrafa berlinesa que entabló un juicio contra su patrón por ser tan irrespetuoso que le dictó una carta en mangas de camisa.

    Tan poco respetable es una camisa sin una chaqueta sobre ella que, como me dijo un corresponsal, los hombres con camisa pero sin chaqueta no pueden entrar en los hoteles elegantes de una conocida playa europea donde, al mismo tiempo, almorzar en pijama está considerado muy normal.
15. Diversión que toma a veces la forma sádica de poner al hombre en el dilema de ser «estúpido» si continúa conformándose con las convenciones existentes o ser «descortés» o «imposible» si se esfuerza por apartarse de ellas.
16. Especialmente 35, p. 136.
17. El atractivo instintivo que posee la mujer para el hombre, en virtud del cual le parece tan adorable y deseable, se traslada a su ropa en virtud de la ley general de la «transferencia de sentimiento» (Wohlgemuth, *Pleasure-Unpleasure*, p. 242); y su ropa, si es atractiva, puede incluso hacerla más deseable en tanto constituya un todo mental con la que la lleva. Pero (aparte del fetichismo) el hombre tiene comparativamente poco interés en la ropa de la mujer en sí, es decir, disociada de la que la lleva.
18. «Sería mortificante, para los sentimientos de muchas señoras, hacerles entender qué poco se ve afectado el corazón del hombre por lo que es costoso o nuevo en su atuendo, qué poco le influye la textura de su muselina y qué poco susceptible es de desarrollar una ternura peculiar hacia el jaspeado, la puntilla, la muselina clara o la chaconada», Jane Austen, citado en *The Technique of the Love Affair,* por una dama de honor, p. 76.

14. La ética del vestido: la racionalización de la moda

1. 75.
2. Mientras escribo esto, he recibido el informe de «The Sensible Dress Society» con objetivos muy semejantes (e inspirados directamente en el deseo de conservar la falda corta) en Inglaterra.
3. Por ejemplo *This and That*, 16 de noviembre de 1929.
4. Como otros productos artísticos, los diseños sartoriales realmente buenos son, en gran medida, independientes de la moda. Los cambios de la moda no afectan a nuestra admiración por las líneas gráciles del vestido Imperio ni tampoco a nuestra apreciación de una fuga de Bach o una estatua de Praxíteles. Pero con diseños malos, cuando en el curso del tiempo (a menudo un lapso muy corto) la influencia sugerente de la moda se agota, su deficiencia se convierte en el elemento más repulsivamente aparente y expone a los que la llevan al ridículo inmisericorde a manos de la posteridad. Nos es difícil disculpar ahora a los que llevaban el polisón o la manga de piel de cordero, y temblamos al pensar en lo que será el juicio de las generaciones futuras sobre muchos de los vestidos largos del año pasado, ciertamente «desaliñados», por no hablar de la funesta rigidez y sofoco del traje masculino. Seguramente debemos a nuestra propia estima la consideración necesaria para impedir vestirnos de una manera que incurra inevitablemente en el lastimoso desprecio de épocas posteriores.
5. 14, p. 36.

15. El futuro del vestido

1. Cf. Audsley, 2.
2. Cf. Flügel, 35, p. 123.
3. Cf. Capítulo III.
4. Stuart Chase y F. J. Schlink, en su interesante estudio sobre los métodos norteamericanos (*Your Money's Worth*) citan a una autoridad de la industria publicitaria afirmando que, a lo sumo, sólo el veinticinco por ciento de los negocios realizados en Norteamérica se hace en respuesta a la demanda natural, y que el gran país de la técnica de la venta obtiene sus ganancias a partir del setenta y cinco por ciento restante. Naturalmente, surge el problema de si una buena cantidad del dinero correspondiente a ese setenta y cinco por ciento no podría usarse de un modo que brindara en última instancia más placer y beneficio a todos los implicados.

5. Por ejemplo, E. J. Urwick, *Luxury and Waste of Life.*
6. «El momento más peligroso para un hombre... es cuando se pone la camisa. Es como meter la cabeza en un saco. Por eso prefiero esas camisas americanas, que se las pone uno como una chaqueta», D. H. Lawrence, *El amante de Lady Chatterley* (Alianza, Madrid, 2012, p. 352). El contexto hace parecer muy probable que el miedo en este caso se relacione con el complejo de castración.
7. Los posibles efectos inhibitorios de la ropa sobre el carácter —tanto buenos como malos— pueden ilustrarse en otro campo por el divertido pero sin duda algo exagerado relato de Stella Benson acerca de los efectos del traje nacional de Corea sobre el comportamiento de quienes lo usan: «Siempre creímos que los coreanos, como raza, eran excesivamente pasivos. La antigua función del sombrero de copa coreano, que se hacía originalmente de porcelana, era, según me dijeron, mantener la paz. Un hombre no podía empeñarse bien en una conducta desenfrenada con un pequeño sombrero alto de porcelana balanceándose delicadamente sobre su cresta. Antiguamente, la pena por romper un sombrero era a menudo la muerte, y siempre implicada la pérdida de honor. El resultado de este sabio designio fue inducir a una apacibilidad casi excesiva en el carácter coreano. E incluso después de que los sombreros de porcelana fueran reemplazados por imitaciones de cerdas brillantes y negras, no es sorprendente que una raza que estaba obligada por el honor a mantener su sombrero —por lo menos— espiritual intacto, haya sido presa sin resistencia de sus dos voraces vecinos, China y Japón. Sin embargo, ahora vemos a los coreanos de forma diferente. Ha surgido una generación joven que no ha usado nunca el místico sombrero. Así como el polisón guardaba el pudor de nuestras abuelas, así el sombrero de copa nacional alejaba a los coreanos de la furia, y la desaparición tanto del polisón como del sombrero de copa han hecho virar a la generación joven hacia el otro extremo. Los jóvenes coreanos se mueven sin duda espaciosamente en los viejos y voluminosos trajes acolchados coreanos —que se ponen del lado negro en invierno y del blanco en verano—, pero coronan esta apariencia ortodoxa con el kepis de los niños escolares japonenses. Y desde abajo de este descarado sombrero, los jóvenes coreanos prestan atención a las teorías de ruptura de sombreros ahora en circulación en la Siberia bolchevique y en la Nueva China», *Worlds within Worlds,* pp. 221-222.
8. Dearborn, 22, p. 42.
9. En una temperatura de interior de 21 grados centígrados (que se alcanza a menudo con los sistemas de calefacción central en uso) todo, salvo

la ropa más liviana, resulta incómodo, incluso para ocupaciones sedentarias, mientras que para cualquier clase de actividad corporal no se requiere ropa alguna.

10. Puede citarse el párrafo siguiente como representativo de las doctrinas de los entusiastas de la piel: «Este órgano admirable, el vestido natural del cuerpo, que crece continuamente a través de la vida, que tiene por lo menos cuatro conjuntos absolutamente distintos de nervios sensoriales distribuidos en él, que es esencial en la regulación de la temperatura, impermeable hacia dentro, pero que deja salir libremente el sudor excretorio, que, cuando está intacto, está a prueba de microbios, y que puede absorber rápidamente la luz del sol; este órgano es el más hermoso, versátil y maravilloso, y en su mayor parte es sofocado, empalidecido y cegado por la ropa y sólo gradualmente puede ser restituido al aire y a la luz, que son su entorno natural. Entonces, y sólo entonces, aprendemos de lo que es capaz». C. W. Saleeby, 83, p. 67.

11 Cf. Parmelee, 70, y Seitz, 88.

12. 48.

13. 21.

14. 24.

Bibliografía

He incluido aquí todos los trabajos sobre el vestido que han servido de base al presente volumen, junto con algunos otros que no he podido consultar, pero que han sido usados en gran medida por algunas de las autoridades a las que estoy principalmente agradecido. No se ha hecho ningún intento de completar los aspectos histórico, médico o sociológico.

1. Abraham, Karl. «Bemerkungen zur Psychoanalyse eines Falles von Fuss und Korsett Fetichismus», *Klinische Beiträge zur Psychoanalyse,* p. 84. Leipzig, 1921.
2. Audsley, George Ashdown. *Colour in Dress. A Manual for Ladies.* Londres, 1912.
3. Baumann, Erich. *Die Reform der Männerkleidung.* Gettenbach bei Gelnhausen, 1929.
4. Bibesco, Princesse. *Noblesse de robe.* París, 1928.
5. Blanc, A. A. P. C. *Art in Ornament and Dress.* Nueva York, 1887.
6. Bliss, Sylvia. «The Significance of clothes», *American Journal of Psychology,* vol. XXII, p. 217, 1916.
7. Bloch, Ivan. *Das Sexualleben unserer Zeit,* cap. VII. Novena edición, 1909.
8. Blum, André. *Les Modes au XVIIe et au XVIIIe siècle.* París, 1928.

9. Bonaparte, Marie. «Über die Symbolik der Kopftrophäen», *Imago,* vol. XIV, pp. 100 y ss., 1928.
10. Bourdeau, L. *Histoire de l'habillement et de la parure.* París, 1902.
11. Bousfield, Paul. *Sex and Civilization.* Londres, 1925.
12. Boyle, Frederick. «Savages and Clothes», *Monthly Review.* Septiembre de 1905.
13. Calthrop, Diom Clayton. *English Costume.* Londres, 1907.
14. Carlyle, Thomas. *Sartor Resartus.* Alba Editorial, 2007. Traducción de Miguel Temprano García.
15. Chadwick, Mary. «The Psychological Dangers of Tight Clothing in Childhood», *National Health.* 1926.
16. Chalmers, Helena. *Clothes on and off the Stage.* Nueva York y Londres, 1928.
17. Crawley, Ernest. Artículo «Dress» en *Encyclopaedia of Religion and Ethics.*
18. Cullis, M. A. «Farthingale: A suggested derivation», *International Journal of Psycho-analysis,* vol. XI, p. 87. 1930.
19. Daly, C. D. «Der Menstruationkomplex», *Imago,* vol. XIV, p. 11. 1928.
20. Darwin, Sir George H. «Development in Dress», *Macmillan's Magazine.* Septiembre de 1872.
21. Davies, John Langdom. *The Future of Nakedness.* Londres, 1929.
22. Dearborn, G. von Ness. «The Psychology of Clothing», *Psychological Monographs,* vol. XXVI, nº1. Princeton, N. J., 1918.
23. Dewing, M. R. O. *Beauty in Dress.* Nueva York, 1881.
24. Dunlap, Knight. «The Development and Function of Clothing», *Journal of General Psychology,* vol. I, p. 64, 1928.
25. Earle, Alice Morse. *Two Centuries of Costume in America, 1620-1820.* Nueva York, 1903.
26. Ecob, Helen G. *The Well-dressed Woman.* Nueva York, 1893.
27. Ellis, Havelock. *Studies in the Psychology of Sex,* vol. I, pp. 1-80; vol. VI, pp. 95-117.
28. Elster, Alexander. «Wirtschaft und Mode», *Jahrbuch für Nationalökonomie und Statistik,* vol. XVI. Folge, 1913.

29. — «Kleidung und Mode» en M. Marcuse. *Handwörterbuch der Sexualwissenschaft*. Segunda edición, 1926.
30. Fairholt, F. W. *Costume in England.* 1846.
31. Ferenczi. «Sinnreiche Variante des Schuhsymbols der Vagina», *Inter. Zeitschrift für Psychoanalyse,* vol. III, p. 111, 1915.
32. Fischel, Oskar, y Boehn, Max von. *Modes and Manners of the Nineteenth Century,* 4 vols. Londres, 1927.
33. Fischer, Hans W. *Das Weiberbuch.* Múnich, 1923.
34. Flaccus, Louis W. *Remarks on the Psychology of Clothes.* Pedagogical Seminary, vol. XIII, p. 61, 1906.
35. Flügel, J. C. «On the Mental Attitude to Present-day Clothes». Report on a Questionnaire. *Brit. Journal of Medical Psychology,* vol. IX, p. 97, 1929.
36. — «Clothes Symbolism and Clothes Ambivalence', *Inter. Journal of Psycho-analysis,* vol. X, p. 205, 1929.
37. — «Sex Differences in Dress», *Proceedings of the International Congress of the World League for Sexual Reform* (1929). Londres, 1930.
38. — «De la valeur affective du vêtement», *Revue Française de Psychanalyse,* III, 1930.
39. Fred. «Psychologie der Mode», *Die Kunst,* vol. XXVIII.
40. Freud, Sigmund. *Introductory Lectures on Psycho-analysis,* p. 132. Londres, 1922.
41. — «Fetichism», *Inter. Journal of Psycho-analysis,* vol. IX, p. 161, 1928.
42. — *Collected papers,* vol. II, p. 163. Londres, 1924.
43. Friedberger, E. «Männer und Frauenkleidung», *Die Umschau.* Junio de 1929.
44. Fuchs, Eduard. *Illustrierte Sittengeschichte,* 3 Bände, 3 Ergänzungsbände, Múnich, 1910.
45. De Giafferi, Paul-Louis. *L'Histoire du costume féminin de l'an 1037 à l'an 1870.* París.
46. Goya, H. «Nacktheit und Aberglaube», *Internationale Zeitschrift für Psychoanalyse,* vol. VII, p. 63, 1921.
47. H. R. «Zur Symbolik der Schlange und der Kravatte», Zentralblatt für Psychoanalyse, vol. II, p. 675, 1912.

48. Heard, Gerald. *Narcissus. An Anatomy of Clothes.* Londres, 1924.
49. Hottenroth, Fr. *Le Costume chez les peuples anciens et modernes.*
50. Hiler, Hilaire. *From Nudity to Raiment.* Londres, 1930.
51. Hill, Leonard. *Sunshine and Open Air.* Londres, 1924.
52. Hollós, Stephan. «Schlangen und Krawattensymbolik», *Inter. Zeitschrift für Psychoanalyse,* vol. IX, p. 73, 1923.
53. Jelgersma, H. C. «Eine eigenartige Sitte auf der Insel Marken in Holland», *Inter. Zeitschrift für Psychoanalyse,* vol. X, p. 272, 1924.
54. Jones, Ernest. *Papers on Psycho-analysis,* p. 136. Segunda edición. Londres, 1918.
55. — «Kälte, Krankheit und Geburt», *Inter. Zeitschrift für Psychoanalyse,* vol. IX, p. 260, 1923.
56. — «Der Mantel als Symbol», *Inter. Zeitschrift für Psychoanalyse,* vol. XIII, p. 77, 1927.
57. Jordan, Alfred C. «Hygienic Costume», *Sunlight.* Septiembre de 1929.
58. — «Healthy Dress for Men», *Franco-British Medical Review.* Noviembre de 1929. (También en *American Medicine.* Diciembre de 1929).
59. Köhler, Karl. *A History of Costume.* Londres, 1928.
60. Landauer, K. «Die kindliche Bewegungsunruhe», *Inter. Zeitschrift für Psychoanalyse,* vol. XII, pp. 387-388, 1926.
61. Levy, L. «Sexualsymbolik in der biblischen Paradiesgeschichte», *Imago,* vol. V, p. 27, 1917.
62. Lorand, A. S. «Fetichismus in status nascendi», *Internationale Zeitschift für Psychoanalyse,* vol. XVI, p. 87, 1930.
63. Lotze, H. *Microcosmus,* libro V, cap. II, pp. 592-595. Cuarta edición americana, 1897.
64. Löwitsch, F. «Raumempfinden und moderne Baukunst», *Imago,* vol. XIV, p. 293, 1928.
65. Macaulay, Eve. «Some notes on the Attitude of Children to Dress», *British Journal of Medical Psychology,* vol. IX, p. 150, 1929.
66. Miomandre, Fr. de. *La Mode.* París, 1927.

67. Müller-Lyer, F. *Phasen Der Kultur,* pp. 122-135. Múnich, 1920.
68. Mustoxidi. *Qu'est-ce que la mode?* París, 1920.
69. Norris, H. *Costume and Fashion in England.* Dos volúmenes publicados en la actualidad. Londres, 1924 y 1927.
70. Parmelee, Maurice. *Nude Culture.* Londres, 1929.
71. Parsons, Frank Alvah. *The Psychology of Dress.* Nueva York, 1920.
72. Pendleton. «Philosophy of Dress», *Blackwood's Magazine,* vol. LIII, p. 230.
73. Phelps, Elizabeth S. *What to Wear.* Boston, 1873.
74. Poucher, W. A. *Eve's Beauty Secrets.* Londres, 1926.
75. *Practical Dress Reform. Report of Committee on Designs of the Men's Dress Reform Party,* 39 Bedford Square, W. C. I. Londres, 1929.
76. Racinet. *Le Costume historique.* París, 1888.
77. Rank, Otto. «Die Nacktheit in Sage und Dichtung» en *Psychoanalytische Beiträge zur Mythenforschung. Leipzig,* 1919.
78. Reich, W. «Wohin fürht die Nackterziehung?», *Zeitschrift für psychoanalytische Pädagogik,* vol. III, p. 44, 1928.
79. Reik, Th. «Völkerpsychologische Parallelen zum Traumsymbol des Mantels», *Inter. Zeitschrift für Psychoanalyse,* vol. VI, p. 350, 1920.
80. Roubaud, Louis. *Au pays des mannequins.* París, 1928.
81. Sadger, J. «Haut, Schleimhaut, und Muskelerotik», *Jahrbuch für psychoanalytische und psychopathologische Forschungen,* vol. III, p. 525, 1912.
82. — *Die Lehre von den Geschlechtsverirrungen,* pp. 321-458. Leipzig y Viena, 1921.
83. Saleeby, C. W. Sunshine and Health. Londres, 1928.
84. Samson, J. W. *Die Frauenmode der Gegenwart.* Berlín y Colonia, 1927.
85. Sanborn, H. C. «The Function of Clothing and Adornment», *American Journal of Psychology,* vol. XXXVIII, p. 1, 1927.
86. Schurtz, Heinrich. *Grundzüge einer Philosophie der Tracht.* Stuttgart, 1891.
87. Scott, C. A. «Sex and Art», *American Journal of Psychology,* vol. VIII, p. 187, 1895.

88. Seitz, J. M. *Back to Nature: An Exposition to Nude Culture.* Dresde, 1923.
89. Selenka, Emil. *Der Schmuck des Menschen.* Berlín, 1900.
90. Sombart, Werner. «Wirtschaft und Mode», *Grenzfragen des Nerven- und Seelenlebens,* nº 12. Wiesbaden, 1902.
91. Spencer, Herbert. *Principles of Sociology,* vol. II, parte 4.
92. Stekel, W. «Der Mantel als Symbol», *Zentralblatt für Psychoanalyse,* vol. III, p. 601, 1913.
93. Stratz, C. H. *Die Frauenkleidung und ihre naturliche Entwicklung.* Stuttgart, 1922.
94. Storfer, A. J. *Marias jungfraüliche Mutterschaft.* Berlín, 1914.
95. Sully, James. *Studies in Childhood,* pp. 202, 319, 320, 371. Londres, 1896.
96. Surén, Hans. *Man and Sunlight.* Slough, 1924.
97. Sydow, Eckhart von. *Primitive Kunst und Psychoanalyse.* Leipzig, 1927.
98. Tertuliano. «Women's Dress», en *Fathers of the Church,* traducido por F. A. Wright, p. 52. Londres, 1928.
99. Thomas, W. J. «Psychology of Modesty and Clothes», *American Journal of Psychology,* vol. V, p. 246.
100. Tylor, E. B. *Anthropology,* p. 242 y ss. Londres, 1892.
101. Ungewitter, Richard. *Die Nacktheit.* Stuttgart, 1922.
102. Walford, Walter G. *Dangers in Neckwear.* Londres, 1917.
103. Webb, Wilfred Mark. *The Heritage of Dress.* Londres, 1912.
104. White, G. H. «A Marken Island Custom», *Notes and Queries,* vol. CLVIII, p. 273, 1930.
105. Wundt, W. *Völkerpsychologie,* vol. III, pp. 176 y ss., y 219 y ss.
106. Zulliger, Hans. «Nackte Tatsächlichkeiten», *Zeitschrift für psychoanalytische Pädagogik,* vol. III, p. 51, 1928.

Otras fuentes

Bradley, H. Dennis. *The Eternal Masquerade.* Londres, 1922.
Fenichel, Otto. «The Psychology of Transvestitism», *Int. Journal of Psycho-analysis,* vol. IX, p. 211, 1930.